当代高校英语翻译实践与探索

吴　哲　著

中国原子能出版社

图书在版编目（CIP）数据

当代高校英语翻译实践与探索 / 吴哲著. --北京：中国原子能出版社，2023.5
ISBN 978-7-5221-2724-8

Ⅰ. ①当… Ⅱ. ①吴… Ⅲ. ①英语–翻译–教学研究–高等学校 Ⅳ. ①H315.9

中国国家版本馆 CIP 数据核字（2023）第 093550 号

当代高校英语翻译实践与探索

出版发行 中国原子能出版社（北京市海淀区阜成路 43 号 100048）
责任编辑 白皎玮
责任印制 赵 明
印　　刷 北京天恒嘉业印刷有限公司
经　　销 全国新华书店
开　　本 787 mm×1092 mm 1/16
印　　张 11.5
字　　数 258 千字
版　　次 2023 年 5 月第 1 版 2023 年 5 月第 1 次印刷
书　　号 ISBN 978-7-5221-2724-8 **定 价** **76.00 元**

前 言

进入21世纪以来，中国已全面融入经济全球化、知识信息化的新浪潮，在以和平与发展为时代特征的地球村中扮演着越来越重要的角色，也面临着越来越多的机遇和挑战。随着我国与国外经济、文化等方面交流的增多，对外语人才的数量、质量、层次和种类提出了更高的要求。掌握一门外语以主动融入国际交流是目前乃至未来社会人才必备的重要素质之一，这已成为国人的共识。英语作为一门国际通用语言，已成为国际社会广泛采用的交流工具，越来越多的人将它作为第二语言或外语进行学习和使用。随着科学技术和全球化的进一步发展，英语的重要性无疑会更加凸显。

随着中国文化"走出去"国家战略的实施，国家对翻译人才的巨大需求已经上升到国家战略高度，翻译人才的培训也早已列入上海市政府的急需紧缺人才培训项目。无论是从国家战略角度还是市场需求角度，英语专业的翻译转型都有理由成为民办高校英语专业特色建设的发展道路。

本书在撰写过程中参考及引用了部分文献资料，在此向有关作者表示感谢；同时，也感谢出版社编辑的辛苦付出。由于笔者水平有限，时间仓促，难免有疏漏之处，敬请各位同行、专家提出修改意见及建议。

目 录

第一章 翻译理论概述 …… 1

第一节 中西翻译的发展历程 …… 1

第二节 翻译的不同视角 …… 5

第三节 翻译的有关理论 …… 7

第四节 英语专业翻译教学的意义 …… 10

第二章 新时期英语翻译教学理论概述 …… 15

第一节 现代高校英语翻译教学概述 …… 15

第二节 英语翻译的准备与过程 …… 23

第三节 翻译教学法的适度应用 …… 28

第四节 英语翻译的基本理论与原则 …… 32

第三章 高校英语翻译教学的现状与问题 …… 42

第一节 翻译教学主体交往的缺失与交往环境创设 …… 42

第二节 翻译教学现状与发展策略 …… 53

第三节 英语翻译教学的模式创新探索 …… 55

第四章 英汉语言文字差异与等值翻译 …… 61

第一节 英汉语言文字差异 …… 61

第二节 英汉语言文字的等值翻译 …… 75

第五章 英汉文化语言差异与等值翻译 …… 83

第一节 英汉修辞差异与等值翻译 …… 83

第二节 英汉习语差异与等值翻译 …… 91

第三节 英汉典故差异与等值翻译 …… 99

第六章 高校英语翻译的教学模式探索与差异研究 …… 105

第一节 国内外高校英语翻译教学模式概述 …… 105

第二节 以学生为中心的英语翻译教学 …… 113

第三节 翻译教学中应注意的环节与实践应用 …… 116

第四节　英语翻译教学中的文化差异研究……125
第七章　翻译能力的培养……129
第一节　语言的实践性……129
第二节　翻译能力的呈现……132
第三节　翻译能力培养中的人文素养……137
第八章　基于翻译能力培养的英语教学……142
第一节　高校英语教学中翻译能力培养的重要性……142
第二节　高校英语学习者的学习现状分析……144
第三节　影响高校英语教学和学习效果的因素……147
第四节　高校英语教学中的跨文化交际能力培养……151
第九章　全球化语境下高校英语翻译教学探索……157
第一节　语境的基本理论……157
第二节　语境与语言人文教学……166
第三节　语境视角下翻译教学探索……171
参考文献……176

第一章　翻译理论概述

第一节　中西翻译的发展历程

什么是翻译？有人认为翻译是一门科学，因为它有着自己的内在科学规律；也有人视翻译为一门艺术，因为翻译好比作画，先抓住客观人物的形态和神态，然后用画笔把他惟妙惟肖地表现在画面上；还有人将翻译看作一项技能，因为就其具体操作过程而言，它总是离不开方法和技巧。由此可见，视角的不同可能引起人们对翻译性质认识的差异。但是，总的来看，翻译是一门综合性学科，因为它集文学、语言学、社会学、教育学、心理学、人类学、信息理论、生态学等学科特点于一身，在长期的社会实践中已经拥有了自己的一套抽象的理论、原则和具体方法，形成了自己独立的体系，而且在相当一部分语言材料中这些方法正在逐渐模式化。

一、中国翻译发展历程

中国是一个具有几千年文明历史的古国。据文字记载，早在周代就有了翻译活动。夏商周时期，人们之间的通信十分频繁，许多不同的民族和部落居住在同一块疆域内是十分普遍的。这些不同的部族与居住在中原的民族在语言、饮食、风俗文化等方面有很大的不同。《左传·襄公十四年》记载，戎族酋长戎子驹支："我诸戎饮食衣服，不与华同，贽币不通，言语不达。"不同民族之间互相交往，就必须有翻译。在《周礼》《礼记》中均有对周朝翻译官职的记载。

《后汉书·南蛮传》记载了周代的口译："交趾之南有越裳国。周公居摄六年，制礼作乐，天下和平。越裳以三象重译而献白雉。"象，即翻译官，后专指翻译南方语言的翻译官。《礼记·王制》中说："中国、夷、蛮、戎、狄，皆有安居、和味、宜服、利用、备器，五方之民，言语不通，嗜欲不同：达其志，通其欲。东方曰寄，南方曰象，西方曰狄鞮，北方曰译。"除"译"之外，"寄""象""狄鞮"均为翻译官。

西汉人刘向在《说苑·善说》中记载了鄂君子皙请人翻译《越人歌》一事，是我国较早关于笔译的记录。《后汉书·列传·南蛮西南夷列传》中记载有白狼王唐菆写的《慕代诗》三章，即《远夷乐德歌》《远夷慕德歌》和《远夷怀德歌》。《列传》不仅记载了这三首诗的作者、译者姓氏，而且保存了这三首诗的原文汉字记音。这是我国诗歌翻译最早的文字记载。

从汉代起，由于在政治、军事上与北方交涉频繁。“译”逐渐成了总称。“翻”字也从东汉起使用。南北朝时期的佛经译著中已开始使用“翻译”二字。

中国历史上出现过四次翻译的重要时期。第一个时期是东汉至隋唐时期的佛经翻译，第二个时期是明末清初的自然科学翻译，第三个时期是近代的文学翻译，第四个时期是新中国成立后。这四个时期留下了丰富的译学思想和翻译资料，为现、当代翻译学奠定了基础。

二、西方翻译发展历程

一般认为，西方翻译理论可分为五个时期，即古代时期、中世纪时期、文艺复兴时期、近代时期和现（当）代时期。西方翻译理论较之于中国翻译理论更加系统、全面，有较完整的体系和清晰的发展脉络。

（一）古代时期

西方古代第一部重要的译作是《圣经·旧约》的希腊语译本。公元前 285 年，72 名知识渊博的希腊学者遵从埃及国王托勒密二世费拉德尔弗斯的旨意，聚集在亚历山大图书馆，为微居在各地的犹太人用希伯来语写成的《圣经·旧约》译成希腊语。历时 36 年方得以完成，称为《七十子希腊文本》。公元 4 世纪末 5 世纪初，著名神学家哲罗姆（347—420）奉罗马教皇之命，成功地组织完成《圣经》的拉丁文翻译，并将其命名为《通俗拉丁文本圣经》，该译本后来成为罗马天主教承认的唯一圣经文本。西方翻译理论发源于公元前 1 世纪。古罗马帝国政治家和演说家西塞罗发表了著名的《论演说术》。在这篇演说中他说：“我认为，在翻译时，逐字翻译是不必要的，我所做的是保留原文的整体风格及其语言的力量。因为，我相信，像数硬币一样地向读者一个个地数词，不是我的责任，我的责任是按照他们的实际重量支付给读者。”“按实际重量支付”即“保存原文的全部意义”。这段话首次谈到了直译和意译，明确提出反对逐字翻译。这个时期，翻译家们大都根据自己的翻译实践对翻译进行分析和论述，主要集中在直译还是意译这类问题上。奥古斯丁是与哲罗姆同时代的神学家、哲学家，对翻译理论有许多深刻的见解。他认为，翻译的基本单位是词；翻译有三种风格，朴素、典雅、庄严，其选用取决于读者的需求。他从亚里士多德的“符号”理论出发，认为忠实的翻译就是能用译语的单词符号表达源语单词符号指示的含义，即译语词汇和源语词汇具有相同的“所指”。这套理论对后世有深远的影响。

（二）中世纪时期

中世纪时期即西罗马帝国崩溃至文艺复兴时期。英国阿尔弗雷德国王（849—899）是一位学者型的君主，用古英语翻译了大量的拉丁语作品，常常采用意译法，甚至近于创作。11 世纪和 12 世纪，西班牙中部地区的托莱多形成了巨大的“翻译院”，主要内容是将阿拉伯语的希腊作品译成拉丁语，接续欧洲断裂的文化传统。中世纪末期出现了大规模的民族语翻译，促成了民族语的成熟。英国的乔叟翻译了波伊提乌的全部作品和薄伽丘的《菲洛斯特拉托》等，德国的维尔翻译了许多古罗马作品，俄国自基辅时期起翻译了不少希腊语和拉丁语作品,其中著名的翻译家有莫诺马赫、雅罗斯拉夫等。翻译理论的代表人物有罗马神学家、政治家、哲学家和翻译家曼里乌·波伊提乌。他提出翻译要力求内容准确,而不要追求风格优雅的直译主张,译者应当放弃主观判断权的客观主义观点,这在当时产生了较大影响。

（三）文艺复兴时期

从14世纪至17世纪初,西方翻译进入繁荣时期,产生了许多具有代表性的翻译家和有影响的翻译理论。英国翻译题材广泛,历史、哲学、伦理学、文学、宗教著作,无所不及。查普曼先后翻译了荷马史诗《伊利亚特》和《奥德赛》,成就卓越。他认为翻译既不能过于严格,亦不能过分自由。人文主义者廷代尔,以新教立场翻译《圣经》,面向大众,通俗易懂,又兼具学术性与文学性,取得了巨大的成功。然而,他的翻译触犯了当时的教会权威。1535年,教会以信奉宣扬异教的罪名将廷代尔处以火刑。荷兰德是英国16世纪最著名的翻译家,其翻译的题材多样,尤以历史翻译见长,著名作品有里维的《罗马史》、绥通纽斯的《十二凯撒传》等。法国的阿米欧于1551年翻译了《希腊罗马名人比较列传》,内容忠实,文笔清新自然。他主张译者务必充分理解原文,译文要淳朴自然。语言学家、人文主义者多雷在其《论如何出色地翻译》中提出了翻译的基本准则:译者要完全理解翻译作品的内容、要通晓所译语言、语言形式要通俗、要避免逐字对译、要注重译文的语言效果。德国主要有路德的《圣经》翻译,遵循通俗、明了、大众化的原则,在官府公文的基础上吸收了方言精华,创造了本民族普遍接受的文学语言形式,为德国文化的发展做出了杰出贡献。路德认为:翻译必须采用平民化的语言、必须注重语法和意思的联系、必须遵循一些基本原则。路德之所以能在翻译实践上取得成功,和他的理念是分不开的。德国另一位代表人物伊拉斯谟认为,翻译必须尊重原作,译者必须要有丰富的语言知识,必须保持原文的风格。

总体而言,这一时期对翻译的认识和讨论十分热烈,由此奠定了西方洋学的理论基础。

（四）近代时期

从17世纪至第二次世界大战结束的近代时期是西方翻译的黄金时期。1611年,英国出版了钦定本《圣经》,译文质朴典雅,音律和谐,是一部罕见的翻译杰作。不久,谢尔登译出了塞万提斯的《堂吉诃德》。蒲伯在1715—1720年在查普曼的基础上重译了《伊利亚特》和《奥德赛》。莪默·伽亚漠的波斯语作品《鲁拜集》于1859年有了第一个英语译本,后几经修订,跻身英国翻译史上最优秀的译作之列。17世纪法国文坛盛行古典主义,因此翻译以古希腊、古罗马的文学作品为主;18世纪,法国向往古老神秘的中国,翻译了不少中国作品,元曲《赵氏孤儿》就是这个时期翻译到法国的;19世纪以西方各国文学的翻译为特色,莎士比亚、歌德、但丁、拜伦、雪莱的许多作品都有了法语译本。这个时期的翻译理论较为全面、系统,具有普遍性。其代表人物有:英国的约翰·德莱顿、亚历山大-弗雷泽·泰特勒,法国的夏尔·巴托。德莱顿对翻译进行了较为系统、全面的研究,认为翻译是一门艺术,译者必须掌握原作的特征,服从原作的意思,翻译的作品要考虑读者的因素。同时还将翻译分为三大类：逐字译、意译和拟作。泰特勒在 1790 年撰写的《论翻译的原则》一书中提出著名的“翻译三原则”。

① 译作应完全复制出原作的思想。

② 译作的风格和手法应与原作保持一致。

③ 译作的语言应与原作同样的通顺。

进入 19 世纪，德国逐渐成为翻译理论研究的中心。代表人物有神学家、哲学家施莱尔马赫，文艺理论家和翻译家施莱格尔，语言学家洪堡特。翻译研究的重点集中在语言和思想方面，逐步形成了一定的研究方法和翻译术语，从而把翻译研究从某一具体篇章中抽象分离出来，上升为“阐释法”。这种方法由施莱尔马赫提出，施雷格尔和洪堡特加以发挥。施莱尔马赫在《论翻译的方法》一文中较为全面地论述了翻译的类型、方法、技巧，形成了比较系统的翻译理论，在 19 世纪产生了重大影响，至今仍具有一定的现实意义和作用。其主要内容包括以下几点。

① 翻译分为笔译和口译。

② 翻译分真正的翻译和机械的翻译。

③ 必须正确理解语言思维的辩证关系。

④ 翻译有两条途径，一条是尽可能忠实于作者，另一条是尽可能忠实于读者。洪堡特进一步认为，语言决定思想和文化，语言差距太大则相互之间不可翻译，可译性与不可译性是一种辩证关系。洪堡关于“可译性”与“不可译性”的论述在今天同样具有重要的借鉴意义。

（五）现（当）代时期

众所周知，20 世纪上半叶爆发了两次世界大战，翻译和翻译理论研究受到极大的破坏而驻足不前，其间几乎没有有影响的翻译和翻译理论研究。然而，第二次世界大战以后，翻译和翻译理论研究则在西方迅速恢复并很快进入一个繁荣时期。

西方现（当）代翻译理论时期指从第二次世界大战结束至今，这一时期在翻译范围、形式、规模和成果方面都是历史上任何时期都无法比拟的。翻译理论研究在深度和广度方面亦取得了突破性的进展。这一时期，由于受现代语言学和信息理论的影响，理论研究被纳入语言学范畴，带有较为明显的语言学色彩；同时，由于在理论研究中文艺派的异常活跃，又使翻译理论研究带有明显的人文特征。所以，翻译理论的研究大都走科学与人文结合的道路。而且，翻译研究更加重视研究翻译过程中所有的重要因素，包括语言使用者的社会因素等，以及它们之间的相互关系和产生的相互影响，并以此解决翻译中的各种问题，使翻译这门学科具有较为成熟的学科特征。

现（当）代翻译理论时期涌现出一大批在翻译理论与实践方面成绩卓著的人物，并逐渐形成了流派。主要包括：布拉格学派、伦度派、美国结构派、交际理论派、交际学派、美国翻译研究班学派、文学文化学派、结构学派、社会符号学派，这些学派的研究使西方翻译理论逐渐形成体系，趋于成熟。

第二节　翻译的不同视角

老子说："信言不美，美言不信。"英国著名小说家、诗人吉卜林说："东是东，西是西，东西永古不相期。"自古以来，不少人对翻译的认识做出了许多精彩的论述，这也从一个侧面反映出翻译的重要作用。古今中外的许多哲学家、思想家、文学家、艺术家、翻译家均对翻译情有独钟，用精辟的语言道出翻译之"事"。例如，不少人将翻译与绘画相提并论，有道是"隔行不隔理"。一代丹青大师齐白石就说："作画妙在似与不似之间，太似为媚俗，不似为欺世。"我国著名翻译家傅雷说："以效果而论，翻译应当像临画一样，所求不在形似而在神似。"

钱钟书著名的"化境"论说：文学翻译的最高理想可以说是"化"，既不因语文差异而露生硬的痕迹，又能完全保存原有的风味。无独有偶，威切斯勒将翻译家与音乐家相比较，认为翻译家和音乐家是同一性质的，他们都把别人的作品通过自己的艺术创造再现给人们。英国著名翻译理论家西奥多・萨瓦里也曾把文学翻译比作绘画，把科技翻译比作摄影。泰德勒则将翻译比喻为复制一幅画。画论译理，灵犀相通，可见齐白石所论实在是至理名言，之于翻译实则是精妙的法则：翻译作品不可"不似"原作，如"不似"原作，则决然不是翻译；翻译作品不可"太似"原作，如"太似"原作，又如何能称为艺术？只有"妙在似与不似之间"，才能既是翻译，又是艺术。

19 世纪以来，不少人开始以传统语言学理论为基础研究翻译问题，认为翻译是运用一种语言把另一种语言准确而完整地重新表达出来的语言活动；或是把一种语言的连贯性话语在保持其内容及意义的情况下，改变为另一种语言的连贯性话语的过程。进入当代，受当代语言学的影响，人们把研究的视点从语言本身扩展到交际语境、语域、语用等范畴，认为翻译是一种交际活动。美国语言学家、翻译家奈达是交际翻译观的代表人物。他认为，翻译是指在译语中用最贴切而又最自然的对等语从语义到文体再现原文的信息。在过去 10 年，以文化研究为重点的翻译研究形成了一个热门的领域。研究认为，翻译是不同国家和民族进行政治、经济和文化交往的产物，并反过来推动它们之间关系的发展，使一国的文化为别国所共享、所借鉴，从而促进各国民族文化的繁荣和创新。这一时期，不少西方学者使用"跨文化"来形容翻译的这一活动。其中代表人物为科纳切尔，他明确提出"跨文化以文本为依托，以跨文化信息转换为宗旨，翻译是译者适应翻译生态环境而对文本进行移植的选择活动"；另一个是从认知语言学视角研究翻译问题，即王寅的认知语言学翻译观，认为"翻译是一种认知活动，是以现实体验为背景的认知主体所参与的多重互动为认知基础的，译者在透彻理解源语言语篇所表达的各类意义的基础上，尽量将其在目标语言中映射转述出来，在译文中应着力勾画出作者所欲描写的现实世界和认知世界"。两位学者尽管从不同的视角对翻译进行了系统的研究，但都认为翻译应该综合考虑翻译过程中的诸多因素，最终实现和谐翻译，促进跨文化交际的顺利进行。

与此同时，不少人认为翻译是艺术创作的一种形式，强调语言的创造功能，讲究译品的艺术效果。如拉斐维尔、兰伯特等人就认为“翻译就是对原文的重新摆布”。当然，也有学者认为，翻译是一门实践性很强的艺术，既是模仿，又是创造。

值得一提的是，实用主义者从翻译的现实成分出发，把翻译看作客户委托做的工作。周兆祥就认为翻译工作不是什么超然于社会之外的艺术，而是配合社会发展需求而提供的雇佣兵式的服务。他说：“译者的主要责任，不是译好某些文字，而是为了委托者的最大利益，完成当次委托的任务。”罗宾逊也谈道：“不同的人对翻译有不同的看法，不做翻译的人视其为文本处理，译者则视之为一种活动。”

长期以来，人们对翻译的争论和论述还集中在翻译作品“可译”与“不可译”上，使之成为一个古老的悖论，为人们提出一个二律背反的命题。一方面，人们认为翻译为人们的沟通和交流发挥了巨大作用；另一方面，很多学者、作家、思想家、翻译家对翻译的真实性又表示怀疑。例如，意大利文艺复兴时期伟大的神学家但丁（1266—1321）就提出“文学作品不可译”的观点，他始终认为“翻译将破坏全部的优美和谐”。他说：“任何富于音乐和谐的作品都不可能译成另一种语言而不破坏其全部优美的和谐感。”西班牙大作家塞万提斯（1547—1616）则形象地将翻译比喻为“反面观赏弗兰德斯的花毯”（又译为佛拉芒挂毯），图案轮廓固然清晰，色彩却不见了。他在其长篇小说《堂吉诃德》中借主人公堂吉诃德的口这样说道：“不过我对翻译也有个看法，除非原作是希腊、拉丁两种最典雅的文字，一般的翻译就好比弗兰德斯花毯翻到背面来看，图样尽管还看得出，却遮着一层底线，正面的光彩却不见了，至于相近的语言，翻译只好比誊录或抄写，显不出译者的文才。”而法国启蒙思想家伏尔泰（1694—1778）说：“翻译，增加一部作品的错误并损害它的光彩。”德国语言学家施莱格尔更为直接：“翻译好比一场拼死拼活的决斗，最后失败的不是译者就是原作者。”意大利哲学家克罗齐一语惊人：“翻译好比女人，忠实的不漂亮，漂亮的不忠实。”英国诗人雪莱也说：“译诗是徒劳的，犹如将紫罗兰扔进坩埚里。”彼得·纽马克对翻译的比喻非常实际，他说：“许多翻译都是在一种方案与另一种方案之间的妥协。翻译是一种变戏法的动作，是一种碰运气的事，是在走钢丝。无论对译者或者对翻译批评者而言，只要有时间，他们总会对已翻译的东西改变主意或看法。”

德国翻译家洪堡特也就翻译的可译性与不可译性发表了两元语言观。他指出：“所有翻译都只不过是试图完成一项无法完成的任务。任何译者都注定会被两块绊脚石中的任何一块绊倒，他不是贴近原作贴得太紧而牺牲本民族的风格和语言，就是贴近本民族特点太紧而牺牲原作。介乎两者之间的中间路线不是难以找到而是根本不可能找到。”但是他又说：“在任何语言中，甚至不被我们所了解的原始民族的语言中，任何东西，包括最高的、最低的、最强的、最弱的东西，都能加以表达。”不难看出，翻译是难事，但又十分精彩。有趣的是，人们在论述翻译时都力图将翻译与丰富的色彩和鲜明的个性相提并论，这充分说明翻译内涵的丰富和外延的广阔。著者曾在翻译课中就同一作品的多种翻译为学生做比较时谈道：不同译者的文化背景、个性特质、社会表征等多种因素决定了他对翻译作品的理解和翻译的风格，这些东西体现在译品中使之产生差异并对读者产生影响，有时候概括为仁者见仁，智者见智，然而译品对读者的影响负有社会责任。译品在多大程度上忠实于原作并传递出原作的思想和风格，甚至细微的语言特征，这确实很难把握，并且难有一个统一的标准。人们说译品好或不好，同样和人们的教育程度和个人特质有关，并且很大程度上和人们受传统文化教育的影响十分密切。有人一生中翻译了很多作品，却很少有产生影响的：有人一生中只翻译了一部作品，却在相当长的时间内影响甚广；有人因译品名声大噪；有人的译品成为经典而自己却鲜为人知。由此提出一个令人感兴趣的问题：谁来从多种因素出发比较和认定译品的忠实和好坏？以《简·爱》为例，译品有二三十种，可以说除了译者特定的生活时代的一再烙印表现在译文中以外，应该说都各有千秋。然而，就整体而言，谁在最大限度上忠实于原作，传递出原作的思想和风格，又有谁愿意去做精准的比较和论断？

其实，翻译之精彩足以让人们以严肃的态度和宽阔的胸怀来认识和理解原作和译作、作者和译者之间的关系以及他们承载的文化和社会责任。德国文豪歌德（1749—1832）把翻译家比作"媒人"，他说："翻译家应被看作忙碌的媒人。他对一位还半遮方面的美人大加赞誉，说她真值得我们倾心。媒人就这样激起了我们对这位美人的爱慕，一定要对她本来的长相看个究竟。"美国女翻译家马格利特·佩顿借用自然科学对物质从一种状态变成另一种状态的描述对翻译做了十分新颖的比喻，她说："我喜欢把原作想象成一块方方正正的冰。翻译的过程就是这块冰融化的过程。待到冰变成了液体状态时，每个分子都变换了位置，没有一个分子与其他分子再保留原来的关系。它们开始了在第二种语言里形成作品的过程。分子有逃逸掉的，新的分子涌了进来填补空缺，但是这种成型和修补的轨迹完全是隐性的。在第二语言里确立起来的译品是一块新的方方正正的冰块，它虽与原来的冰块不同，然而外表看上去却是一模一样的。"德国浪漫主义运动的先驱赫尔德为人们揭示了一个真理：译作与原作不可能完全画等号。赫尔德说："一种语言在被翻译之前就如同一个处女，尚未与一个外国人同床共枕并生下混血儿。暂时来说，她还仍然保持着其纯洁与天真，展现的是其人民性格特征的真实形象。"

不难看出，对翻译既有侧重宏观的比喻，又有侧重翻译过程的描述的想象比喻。从以上对翻译的比喻，可以对翻译有一个初步的认识。通过这些比喻，人们可以对翻译的本质有一些认识，从而为学习翻译打下良好的基础。

第三节　翻译的有关理论

一、翻译的概念

翻译有广义与狭义之分。广义的翻译包括语言与语言、方言与民族共同语、方言与方言、古语与现代语、语言与非语言(符号、数码、体态语等)之间的信息转换。这个概念的外延是相当宽泛的,它包括不同语言间的翻译、语言变体间的翻译和语言与其他交际符号的转换等。广义的翻译主要强调“基本信息”的转换,不强调“完全的忠实”。广义的翻译也称作“符际翻译”。

狭义的翻译一般是指“语际翻译”,即用一种语言符号解释另一种语言,诸如英译汉、汉译英、法译英等不同语言之间进行的翻译。狭义的翻译是一种语言活动,是把一种语言表达的思维内容忠实地用另一种语言表达出来的语言活动。这个定义强调“翻译是一种语言活动”,确定了狭义翻译的性质,表明它是人类多种交际方式中语言交际的沟通。

英汉翻译就是把英语所表达的思维内容忠实地用汉语表达出来的语言活动,它包含着一个对原文含义的理解逐步深入、对原文含义的表达逐步完善的过程。

二、翻译的分类

关于翻译的分类,可以从不同角度进行划分。

根据工作方式,翻译可分为口译(Interpretation)、笔译(Translation)、机器翻译(Machine Translation)和机助翻译(Machine Aided Translation)。口译又可分为连续翻译和同声传译(Consecutive Translation and Simultaneous Translation)。机器翻译是现代语言学和现代智能科学相结合的产物,可望在某些领域替代人工翻译。

根据内容题材,翻译可分为文学翻译(Literary Translation)和实用翻译(Pragmatic Translation)。文学翻译包括诗歌、小说、戏剧、散文以及其他文学作品的翻译,着重情感内容、修辞特征以及文体风格的传达;而实用翻译包括科技资料、公文、商务或其他资料的翻译,强调实际内容的表达。

根据处理方式,翻译可分为全译、摘译、缩译、节译和编译等。

根据所涉及的两种代码的性质,翻译可分为语内翻译(Intralingual Translation)、语际翻译(Interlingual Translation)和符际翻译(Intersemiotie Translation)等。

根据所涉及的语言,翻译可分为外语译成母语和母语译成外语等,如英译汉、汉译英。除了以上所列几种划分方法之外,在实际运用中还有许多具体的分类法,这里不一一赘述。本书中所讲的翻译,主要是从狭义翻译(语际翻译)的意义上来谈的,特别是指英、汉语言的翻译。

三、翻译的标准

翻译的标准是用来约束翻译者活动的准绳和评定翻译作品质量的尺度,而且具有极其重要的意义。自从有了翻译活动,对于翻译标准的讨论就开始了。而且至今它仍然是众多译者、翻译研究者和爱好者津津乐道的话题,也正是在这些热烈的讨论中,翻译学科在不断地向前发展。

由于翻译的多功能性、翻译作品的多样性、翻译手法与风格的多样性以及作品受众的多层次性，翻译的标准也具有多元性，很难找到一个绝对的标准。但是在具体的翻译工作中还是可以找到一些可操作的标准来对译著进行衡量的。而在我国最有影响力的翻译标准至今仍是清代著名思想家、翻译家严复所提出的“信、达、雅”。所谓“信”即指忠实，译文要准确地传达原著的思想内容；所谓“达”即指译文要明白通达，通顺流畅符合译入语习惯；而“雅”则“求其古雅”，严复认为应将文章尽量译得富丽典雅，符合中国古文遣词造句的要求。这显然是有其局限性的。作为书面语言的翻译固然要正规一点，或者说“雅”一点，但是由于作品的风格不同又题材多样，有“雅”的也有不“雅”的，所以把“雅”字定为标准是偏颇的。就整体而论，“信、达、雅”不失为一个好标准，所以仍然为许多翻译工作者所沿用其原因在于这个字简单明了，而且层次鲜明主次清晰，即先求信，要忠实；再求达，要通顺；信达至上，而后求雅，提升译文水平层次。

而近代各翻译大家也各自提出了自己的观点，如钱钟书的“化境论”、梁实秋的“神似说”、鲁迅的“信与顺说”等。而从国际翻译研究来看也是争论热烈，观点层出不穷。

综合上述各种观点，就是要“忠实准确，流畅切合”。这个标准概括了翻译定义中两个方面，对于初步掌握了英、汉两种语言的学习者来说，这是一个较为合理适用的标准。

所谓“忠实准确”，一方面是指译文内容要忠实于原文，译文要把原作的语义内容在转述过程中详实而准确地表达出来，这包括文章中反映出来的思想、立场、观点、态度、感情、环境、背景等。另一方面忠实还指要对原作的特色，包括作品的民族特色、时代特色、地域语体特色、语言特色等进行忠实而准确的反映。另外根据翻译的定义，译文还要忠实于原著所起到的语境功能和社会功能，既不能夸大也不应缩小，要尽量准确地反映原著在原语境中的各种功能。

而“流畅切合”强调译文的语言应符合规范，通俗流畅，规范易懂，并且译文风格要与原著相切合。为求通俗易懂，而将孤傲高雅的文章译得淡如白水，为求规范，切忌将诙谐幽默的文章译得呆滞死板，或者为求可接受性强，而将内涵丰富引人联想的文章译得偏居一隅都是不合理的，这也是为什么要在通顺或流畅后加上切合的原因。总之，这一标准就是要求译者在尽量符合原著规范情况下追求与原著切近的风格。

必须要强调的是，“忠实准确”与“流畅切合”是辩证统一的，两者相辅相成。它们既相互对立又相互促进。处于首位的是内容忠实准确，而风格的流畅切合处于从属地位、次要地位。但次要并不意味着不重要，忠实而不流畅，读者不愿接受，也达不到忠实的作用；流畅而不准确，脱离了原著的内容与风格，就谈不到切合，也失去了流畅的意义。忠实而准确的译文往往是流畅而切合原著风貌的，而流畅、切合原著风貌的译文才会是准确而忠实的。我们将英语译为汉语时，往往不容易达到这两个标准，或是顾及了忠实准确而不够流畅切合，或足够流畅切合时，则不够忠实和准确。这有可能是因为原著比较复杂深奥，做之难做，不好表达，或是译者水平不高不能表达。

另外，根据原著类型的不同，对标准的侧重也不太一样。政论性、批评性作品要求更注重忠实准确。以保证其科学精确性和政治严肃性,而文学性、艺术性作品强调风格流畅切合.以充分展现原著与原作者风格,起到推广丰富文学文化的作用。

第四节　英语专业翻译教学的意义

一、英语专业学生翻译能力的重要性

翻译能力主要指的是母语及非母语使用者针对某类语言句法以及语义应用规范的掌握。这一能力可看作是交际能力表现形式的一种,不仅包括翻译,还需要使用者知道如何翻译。《译学词典》中对翻译能力做出了如下界定:将原语语篇翻译为需求语篇的能力,对译者的翻译思维能力、双语能力和文化素质等有所要求。翻译能力不仅是指用来翻译的手段,更是译者在翻译时为了解决翻译问题而利用的语言资源。相对于其他交际能力来讲,翻译能力并不是语言学领域各个成员都具备的一种能力,只有掌握一定翻译技巧和有实践经验的人才能完成翻译工作。翻译能力是用来评价译者能力的重要指标,传统翻译理论认为翻译和技能是相同的。例如,有人将能力定义成是复杂知识和技能的集合,这个概念没有与其他语言技能,如听、读、写等明确区分开。而翻译能力是在译者知识库不断丰富的基础上发展起来的,因此,在定义翻译能力时,需要考虑到其他相关因素。应意识到翻译为语言应用能力,该能力的培养离不开教学和实践。

影响学生翻译能力的主要因素包括以下几种。第一,语言文化上的差异。在翻译过程中,翻译对象与基本单位是语篇,由于英语读者与汉语读者生活的文化环境不同,则在知识结构上存在一定差异,对语篇中信息的接收和理解也会不同。在培养英语专业翻译能力时,需要充分考虑英、汉两种文化间的差别,并通过解决语言鸿沟来实现翻译能力的提高。第二,语言基本功。语言基本功同样会对学生翻译能力产生影响。翻译能力涉及多方面知识,包括译者英语知识和汉语知识,要求学生掌握的汉语知识有语法、逻辑和修辞等,而英语知识除了语法、逻辑等,还需要不断学习各种基础知识,并将这些理论知识应用到翻译中。如果学生语言基本功较差,则会对翻译能力的培养造成不利影响。上述主要是对翻译能力影响因素进行阐述,而在对英语专业学生翻译能力进行分析时,还需要对翻译能力的特性有所了解。在翻译领域已经达成翻译能力是由相关成分能力共同组成的这一共识。这些独立构成成分在翻译过程中有重要作用,是翻译教学效果实现的基础条件。为了加强学生的翻译能力,在制定翻译数学大纲时,需要充分考虑这些相关成分的作用,以便保证翻译教学方案设定的合理性。有研究学者进一步对翻译能力特征展开了探究,指出翻译能力主要体现出复杂性、近似性、历史性、特定性、开放性以及异质性等特征,这些特点贯穿在翻译的整个过程中。

具体来说，复杂性是翻译相对于其他学术领域来讲最为显著的特征的，除此之外便是它的异质性。翻译对不同译者和不同情况来讲，对译者翻译技巧的要求有所差异，如商界、法律界译者应具备的知识水平是一致的。对于译者来讲，不需要掌握所有领域的技巧，只需要在某一领域具备能有效翻译语篇的能力就可以了。译者的交际能力、知识储备能力以及理解能力等，会在译者翻译过程中起到重要作用。翻译这门学科还具有开放性特点，对语篇翻译标准没有明确规范，从这一角度来讲，在对译者翻译能力进行评价时，还需要考察他们的创造性。学生接触的新材料新知识越多，则灵感越多，译文则会展现出译者风格。在实际翻译中，上述提到的翻译特征通常是同时存在的，同样是译者翻译能力的重要评价指标。基于翻译能力基本特征，可观察到翻译能力中还包括一些联系紧密的次能力，这些能力对于不同译者来件有所差异，但是这些能力缺一不可，以便保证翻译工作的顺利开展。可将翻译过程中需要体现的能力分为学科能力、文化能力、转换能力和文本能力等。其中语言能力属于翻译过程中的一个重要能力，可体现出译者对翻译技能的掌握，在具体翻译过程中，需要保证翻译的灵活性，不能仅依靠字典进行翻译，还需要结合语境进行调整。文化能力的作用不言而喻，一些语篇的翻译与文化差异有紧密联系，文化的专业术语将会为译者带来一定的翻译难度。文化能力要求译者有较强的洞察力，进一步调整文化差异上的约束。译者自身都具备不同的文化能力，但在解决翻译问题时会按照母语文化模式进行，部分译者不能有效区分母语与目的语间的文化差异，但应有将两者区分开的自主意识，从而减少翻译中的错误。

转换能力是译者具备一定翻译能力的关键，这一能力指的是在进行文本与文本间的转换时，需要借助相关的技巧和策略。译者可能具有丰富知识、较强的个人能力和一定的语言技巧，但是只有在具备较好的转换能力的基础上，才能发挥其他能力在翻译过程中的作用。只知道翻译方式是不够的，需要在实践中，加强译者的理解能力、重新表述能力和翻译技巧的选择能力。除了上述翻译过程中需要具有的能力外，还应认识到能力间关系。简单来说，上述能力可在一定程度上同其他译者进行交流分享，而转换能力是译者特有的能力。从某种角度出发，认为转换能力在翻译能力中占据主导地位，运用该能力，能实现语言、文本和学科方面知识的整合，进一步满足翻译需求。对于译者来讲，只有经过不断实践和总结，才能培养出转换能力。因此，也可将转换能力看作是一种动态的认知形式。学生对翻译能力的掌握，可帮助他们对国外文化和语言习惯等有所了解，并且考虑到翻译能力与其他能力间的紧密联系，当学生掌握一定翻译能力后，将势必具备较强的交际能力，是翻译能力在学生发展上重要性的体现。由此，要求教师能加强对学生翻译能力的培养，使得学生通过加强自身翻译理论培养，丰富翻译理论知识来实现其综合能力的提高。

英语翻译教学与英语语法教学、阅读教学以及词汇教学间存在互补性。通常情况下，翻译教学活动大多是用来测试学生对英语词汇和英语语法的掌握程度。实际教学中，会选择单句进行翻译训练，没有真正将其当作教学重点来对待，这一教学模式在过去被称作教学翻译，旨在更好地掌握学生英语学习效果。但是，当前翻译教学不仅需要学生掌握相关的翻译技巧，还要在教学活动中，引导学生树立合理的翻译观念，促使他们形成良好的翻译思维。

以往的翻译教学已经为学生学习英语知识奠定了坚实基础，在这个基础上进行扩展和延伸，便形成了翻译教学，是理论转向实践的重要环节。作为一种特殊的交际能力，在培养学生翻译能力时，不仅要求学生具有一定的双语能力，还需要他们了解足够的国外文化。尤其在信息化时代，翻译对象也朝着多元化方向发展，在翻译过程中，需要根据翻译对象和翻译内容的特点来选择翻译方式。而学生翻译能力的提高只能在翻译教学作用下实现，因此，应认识到学生翻译能力提高和翻译教学在学生发展上有重要的意义。

二、新时期英语专业学生的翻译能力

在对新时期英语专业学生翻译能力进行分析时，可首先从翻译能力的定义出发。翻译能力是指译者利用已有的技能系统以及所需知识体系来完成翻译行为的能力。在这一定义中，重点强调了译者应具有的掌握知识技能及运用这些技能的能力，是译者具有翻译能力的前提。学者 Delisle 定义翻译为一种重新表述和解释的能力，实现这一能力的基础在于语言知识。而 Bell 认为翻译能力指的是译者需要具备一定技巧和知识来完成某项翻译活动。在对翻译能力进行研究时，发现翻译能力构成因素具有复杂性的特点，国外研究者利用成分分析法来解释翻译能力的组成，如 Wilss 指出翻译能力是由译者接受能力构成的，特别强调了语言能力的作用。在他的观点中，译者需要在语言范畴具有一种能力，需要译者能全面了解目的语，并能对目的语进行有效整合。Campbell 认为翻译能力主要由译者气质、对语篇的掌握能力及其监控能力构成的，通过针对语篇内容，对翻译语句和词汇进行调整，以便达到较好的翻译效果。当前时代下，对翻译能力的研究逐渐完善，不仅集中在对语言和语篇能力的研究，还应考虑到译者对国外文化的了解，翻译技巧的掌握和选择等。对翻译能力研究的不断深入，主要是受到人们对翻译能力认识水平的提高、对翻译本质的掌握以及时代发展程度等因素的影响。值得注意的是，在 Campbell 的看法中，将译者气质及译者监控能力全部归纳到翻译能力中，充分考虑了译者内部因素以及其他非智力因素对翻译能力产生的影响，使得这一领域的研究有所突破。而国内对这一翻译能力领域的研究起步较晚，较为常见的研究方法为成分分析法，在将翻译能力划分为多种构成要素后，对各种构成要素进行解释，并分析内涵和价值。杨晓荣认为翻译能力包括翻译技巧、翻译原则和语言运用能力等。

文军建立的翻译能力体系包括策略能力、语言文本能力等，之后改进的翻译能力体系又加入了策略能力、理论研究能力以及 IT 能力等。在对国内外有关翻译能力研究成果分析后可发现，研究者观点有明显差异。从一定程度上看，观点的差异性是由翻译技能构成要素多元化和研究进展不一致决定的。由于翻译行为、翻译过程较复杂，目前针对翻译能力的界定和识别还无法达成共识。总的来讲，人们在翻译实践中逐渐发现翻译行为涉及多种能力，对翻译有了更加全面的认识，得到的理论也更具科学性。尤其是加强了对语言能力及转换能力的重视，进一步扩展了翻译能力的组成。实现在职业能力方面，研究者从自由职业译者这一角度来展开研究，表明翻译能力还与译者职业和专业能力有关。这种将翻译能力和技术与译者职业结合起来的研究手段能满足翻译特征，有利于人们真正认识翻译能力并进行针对性的能力培养。对于英语专业学生来说，他们的翻译能力主要需要通过翻译教学活动的开展来提高，并在实践中掌握翻译技巧。新时期，英语专业学生的翻译能力主要体现在单句的翻译上，大多学生可利用已有知识，得到准确的翻译成果。但是在整篇翻译中不仅对学生词汇量和语法知识有所要求，还需要他们能结合文化背景和目的语的语法习惯等，进行整篇的翻译，对学生翻译能力有更高要求。这种情况下，学生在翻译过程中，通常会出现翻译效果不显著的特点。学生翻译效果不显著，主要是因为学生的文本能力、文化能力、转换能力等翻译能力的主要构成部分还较差，在进行语篇翻译时，体现出能力上的缺陷。针对这一问题，高校英语翻译教学正逐渐转变教学模式。根据翻译领域对人才的需求，加大学生在语篇翻译上的培养，以便提高学生与翻译能力相关的其他能力，促进高校翻译教学的良好发展。

另外，在评价译者翻译能力时，还应视译者的心理和生理能力，深入到译者自身因素来确保研究结果的有效性。PACTE 小组构建的能力模式中，便将译者心理和生理因素等作为翻译能力的关键组成部分，为之后的研究提供了新的思路。随着关于翻译能力研究的深入，译者对语篇主题的掌握能力逐渐成为研究热点，大多研究者将译者对主题的把握看成是翻译能力中的重点组成部分。例如，BeH 的翻译能力组成体系中，就考虑了主题知识与翻译能力之间的关联。同时，针对翻译能力领域的研究还体现出重视翻译行为发生环境这一趋势，研究者观点表明，译者应具备分析翻译环境的能力以及收集适用于翻译环境的相关资源的能力。而 Orozco 认为语言能力主要指的是译者结合翻译环境的需求来应用相关知识和专业技能的能力，同样说明了对翻译环境的把握能力在译者翻译能力提高上的重要性。从这一角度出发，在对英语专业学生翻译能力进行分析时，需要从学生个人特点出发，采取合理的评估手段，将学生心理能力、生理能力看作是重要的评价指标，全面分析新时期英语专业学生的翻译能力。通过对学生翻译能力进行详细分析，可观察到对英语翻译有较大兴趣的学生，通常具备较强的翻译能力，并且能快速接受翻译教学内容，将其应用到翻译实践中。新时期，学生翻译能力相对较高，主要是由于高校翻译教学正不断发展完善，充分重视学生在教学活动中的主体地位，为学生制定合理的教学方案，有利于学生翻译能力的提高。

翻译能力包含多种构成要素，为了最大限度发展学生的翻译能力，应对这些要素的主次关系有所了解，进一步明确学生的发展方向。在翻译能力构成中，始终存在一种能力占据核心地位。因此，在学生翻译能力培养方面，需要在平衡发展学生能力的基础上，重视他们核心能力的提高。核心能力的明确有利于在翻译教学过程中抓住重点，保证学生具有较好的翻译能力。在翻译能力多种构成要素中，转换能力对翻译能力的影响较为突出。学生翻译能力整体上体现出以转换能力为主的情况，即是转换能力能代表其他能力的强弱。除了认可转换能力在翻译能力中的重要地位，还需要重视转换能力对于其他能力的统协作用，如对语篇能力、文化能力和语言能力的协调整合。现阶段，高校翻译教学逐渐将教学重点转变为对学生综合能力的培养，尤其在学生翻译能力在学生英语知识学习上重要性的凸显，使得高校加强了对翻译教学的重视，并要求教学根据翻译能力构成要素，逐渐形成以培养转换能力为主，同时培养学生的语言能力、语篇能力和文化能力等的教学模式。实际上，可被转换的内容包括语言的、语用的、语义的等多个方面，在转换过程中，需要译者利用自身已有的多种能力，适当地选择翻译策略。在翻译教学完善发展的基础上，为学生翻译能力以及其他相关能力的提高创造了有利条件，使得现阶段学生翻译能力能满足相关领域对人才的需求，并且学生翻译能力不仅体现在语篇、语义和语言等相对外在的能力上，更体现在他们自身内部能力的提高上，对学生未来发展有重要意义。

通过对翻译能力加以界定，可进一步对学生翻译能力培养的侧重点有明确的掌握，并制定合理的翻译教学目标，实现学生翻译能力得到良好培养的目的。在明确学生培养的主体方向后，可再次根据翻译能力的组成因素，细化教学模式和教学手段。培养学生翻译能力就是对学生多种能力的共同培养，充分发挥翻译教学在学生发展上的重要作用。另外，对翻译能力中的核心组成部分进行明确，可帮助教学主体把握教学活动重点，明确教学核心目标。而对语言能力以及翻译能力加以区分，有利于在教学过程中注重不同能力的提升，最终实现学生总体能力有所增强的目的。总的来讲，翻译能力的复杂性决定翻译教学的整体性和综合性。促使新时期英语专业学生具备较强的翻译能力，并在充分掌握翻译技巧与翻译策略的基础上，自觉地进行自身在语言、语用和转换能力等方面的发展，在长时间的实践翻译下，保证自身多种能力的平衡发展，是翻译教学在学生综合能力培养上积极作用的体现，有利于学生更好掌握翻译知识。

第二章　新时期英语翻译教学理论概述

第一节　现代高校英语翻译教学概述

一、我国翻译学素质教育的基本目标

（一）语言分析和运用能力

翻译的工作对象是语言，工作目的是符合预期目的和交流任务的语际意义的对应转换，这就要求译者首先要在语言分析上下足功夫，其中包括语义（意义和意向）分析、语法结构分析和语段（语篇）分析，在结构和成分分析的基础上正确把握语言的内容与形式，能做到操控自如。可以说，翻译教学的一切计划、措施、科目设置和教学环节及进程安排，都应当不失培养能力的宗旨，而且首先是语言分析和操控能力的安排。

（二）文化辨析和表现能力

语言与文化相连，尤其是意义，与文化密切相关。语义分析不能脱离文化参照。在很多情况下，语义辨析涉及文化诠释，已超出了单纯的语义辨析范围，文化参照成了决定语义的根本依据。而且，语言的文化色彩遍及词语层、短语层、句子层及语段（篇章）层，语音、文字、文体、风格等各个功能层级也都有必须析出文化意义的问题。这一切有赖于译者的辨析能力。

（三）审美判断和表现能力

伴随语言文化分析的是审美判断，其实，翻译中的审美判断不限于文艺文体，任何文体（包括公文、科技文等）都有一个用词、用句是否适体、得当的考量，这就是审美。高层级的审美任务（包括意象、意境和风格把握等）更复杂，更有待于系统能力的培养。审美判断能力源于审美经验，绝非生而有之，关键在于培养。

（四）双向转换和表达能力

双向语言表达能力属于高级的语言转换活动。“双向”指既能从语言甲（源语）到语言乙（译语），又能从语言乙（译语）到语言甲（源语）。翻译要能做到“双向”并非易事，因此双向表达能力是翻译能力的重要指标。首先，“表达”有一个思维的内在过程，它是语言分析成果、文化辨析成果、审美判断成果这三个方面的思维活动成果期待于表达的整合和

"全程归递",它标志着思维已进入了有组织的高级形态;其次,表达式标志着经过整合、归递的有组织的高级思维内容的"句法赋形",要能达到这个标准,非经过有计划的培训不可。

(五)逻辑分析和校正能力

上面已经提到了语言表达中的逻辑问题。其实表达中的逻辑问题源于思维逻辑,亦如上述。思维逻辑表现为概念、判断和推理的科学性(包括清晰性、有序性和前后一致性),这对翻译是十分重要的。有时候,词、句意义把握并无错误,问题出在逻辑上,整个翻译便功亏一篑。

以上五项就是翻译能力培养的主要方面,也可以说是翻译能力结构的五个维度。实际上,翻译能力培训的过程,也就是强化受培训者的认知的过程,是他从对翻译、对学习翻译知之不多到知之较多,最后达到知之甚多的过程。

二、翻译教学方法研究

世上没有任何科学根据可以让人们描述一种理想的教学方法。翻译教学也是如此,本书不可能罗列所有的教学方法,也不可能确定最好的教学方法,而只能尝试在分析相关文献和观察翻译教学实际的基础上,结合相关教育教学理论,提出一些有益于教学的原则。

(一)突出学科特点原则

在翻译教学中主要指强调翻译学的特点和教育学的属性。具体来说,无论是教学内容的选择,还是教学方法的运用,既要结合翻译自身的理论,又要考虑教育学的发展态势。譬如在口译教学中要考虑口译的即时交际、瞬时记忆、注重达意等特点,结合教育学关于记忆、思维等的理论来确定教学方法。

(二)以学习者为本原则

随着人本主义理念的普及,学习者成为教学的主体,充分发挥主观能动性,建构知识,提升能力;而教师起到主导作用,为促进者、指导者和合作者。

(三)互动合作原则

社会学习理论强调行为、个体与环境之间相互交错的影响。而合作学习论者主张为学习者创设学习环境,指导他们在异质小组中互相合作,提高个人学习效果并达成共同学习的目标。在翻译教学中,运用网络、多媒体等现代教育技术增强教学氛围的互动性、提高教学各因素之间的合作,有助于提升教学效果。

(四)问题探究原则

随着创新教育理念的推行,对于拓展学生的视野和思维,提高其问题意识、创新能力的要求越来越高。发现学习理论强调学生作为积极的知识探究者的作用。在翻译教学中,鼓励引导学习者在广泛搜集资料的基础上,不断进行思索和探究,有利于培养应变能力强、敢于创新的翻译人才。

（五）开放发展原则

教育本身具有开放发展性，翻译教学也不例外。建构主义强调学习主体与客体之间的相互作用。知识建构过程是不断发展的。这里的开放发展有两层含义：一方面，学生在学习过程中实现认知和个性的和谐发展；另一方面，随着现代教育技术、教育学、语言学等理论技术的发展，教学理念、教学方法等也是动态的、演变的。

传统的翻译教学一定程度上受行为主义刺激 - 反应论的影响，虽然也有一定的学习效果，但与以学习者为本、强调互动的教学理念大相径庭。我们应以学生为主体，以任务为形式，以现代教育技术为依托，创设互动合作的学习氛围，鼓励翻译理论反思和技能训练，并在实践中检验教学和学习效果。

三、高校外语翻译教学的基本教学模式

（一）以学习者为本，倡导自主式教学

该教学方法主要以人本主义教育理念为依据，教师在课堂上一方面关注学习者的整体需求，另一方面考虑学习者之间的个体差异，因材施教，激发其学习动机和兴趣，培养其自主学习能力。人本主义理论关注个人的感情、知觉、信念和意图，以学习者为本、以兴趣为前提、以激发成就动机为出发点，使学生在感知认知的过程中获得自我发展。意义学习把逻辑与直觉、理智与情感、概念与经验、观念与意义等结合在一起。

依据这一观点，在翻译专业教学中，无论是语言知识课、翻译知识课、语言技能课还是翻译技能课，都应该针对学生的学习需求，激发其学习兴趣和动机，结合其年龄、性别、性格、认知风格、学习策略等方面的不同，根据教学内容设置相应的学习任务，使整体性教学与个别化教学相结合，顺利完成教学目标。同时，教师有责任指导学生选择有效的学习方法和学习策略，鼓励学生确定学习目标，培养自我评估意识，使其能够在一定范围内控制学习内容，指导自身的学习行为。

针对学生知识技能的掌握程度、性格、学习风格（视觉学习者、听觉学习者、触觉学习者等）、元认知策略、认知策略、社交情感策略等方面的不同，采用同伴教学、分组讨论、角色扮演、翻译工作坊、学习档案袋、成果展示等不同方式激发其主观能动性，使其乐于知、乐于学。

实践表明，在教学过程中尊重学生的学习风格有助于他们选择相应的学习策略，提高学业成就。同时，学生自己也可以在自我反思评价的基础上，选择学习资源（网络、教师、教材、同伴、专家、学术杂志等）或学习方式（讨论式、专题式、演讲式、任务式、探究式等），真正做到自主学习。

（二）以任务为中心，鼓励合作探究式教学

该方法主要以建构主义和合作学习理论为依据。发现学习理论主要强调教师要为学生

创造独立探究的情境，培养其好奇心，使其具有内在学习动机，在发现学习的过程中组织并获取信息。知识的获取是一种积极的认知过程，是学生通过独立思考获得新知识的过程。合作学习的倡导者主张运用小组等形式，最大限度地促进学习者自身与他人的学习。合作学习是一种为获得学习效果而达成共同学习目标的教学方法体系。

合作探究式教学主张学习者在一定情境下通过合作探究等形式，借助必要的信息资源积累和发现过程主动建构知识。其中教师并非知识的灌输者，而是学习的促进者和鼓励者，强调学生学习的主动性、目的性和合作性等。

该方法同时强调在翻译教学中以任务为中心。一是因为翻译的实践性和跨学科性较强，以任务形式组织教学活动有助于增强教学效果；二是目前任务型教学理念已经比较普及，未来的大学生早在基础教育阶段对该教学模式就有所接触，且了解其程序及功能，有助于开展教学。该方法应用范围广泛，无论是翻译理论学习还是翻译实务演练，无论是知识建构还是技能操练，都可以进行任务型合作探究。

具体来说，可以围绕某个学习主题，设定某个教学目标，将学生进行分组，组织他们按照一定的程序、顺序、进度等，通过运用相关教学资源和学习策略，在合作探究中完成某项活动，有一定的学习成果并达到评估要求。在翻译理论课教学中，鉴于翻译理论纷繁庞杂，教师可以采用专题式或人物志式就相关理论问题（翻译标准、译者作用、译学框架等）先进行阐释归纳，然后设定研究任务，提出要求并提供学术网址、杂志名称、相关研究概况等资料，将学生分成 4～5 人一组，要求他们在查找资料、咨询专家、互相研讨等的基础上，根据自身体验和思考结果，在一个月内撰写一篇 5 000 字左右的符合学术规范的论文。最后，根据创新性、理论意义与实践意义、语言文学水平、学术规范等要求，评定论文质量，统一记入小组成绩，并作为课堂评估的一部分。这样有助于培养学生的探究能力和合作精神，也在一定程度上提升了他们的科研意识，加深了他们对翻译理论的理解和感悟。

一般情况下，在真正的翻译实践中，译者通常会针对自己的译文检查几次来纠正错误及表达，然而据调查，学生在翻译时很少会在翻译后进行检查，这也是专业译者与非专业译者的区别。所以在教学过程中，教师应该要求学生在翻译的整个过程中对译文文本进行检查，这种检查并不是重新阅读一遍，而是需要重新思考。

首先，学生应该从翻译材料本身开始，检查源语中是否存在一些错误。其次，学生要回到源语和相关的源语材料中来与译文进行对比，看一看两种文本是否存在一定的偏离（从语言角度）。通过对比，教师应当为学生提供一些翻译理论基础并让这些理论基础运用到翻译实践中，这样学生才可能对一些翻译理论理解得更加深刻，并且逐渐地培养一定的洞察力来运用到以后的其他翻译实践中。在这一过程中，教师的角色是一个传统的教师，他们需要要求学生进行译文检查并找出问题，他们还需要为学生讲解一些翻译理论基础并引导学生将理论与实践相结合。而学生在这一阶段则是一个参与者的角色，并且能够在翻译过程中起到一个积极主动的作用。在检查译文的过程中，灵感和创造力对于译者来说尤其重要。此外，还有一点需要在这里提及的就是一些课外需要做的。事实上，课堂时间是极其有限的。但是对于翻译来讲最重要的要素就是要有足够的练习，其能够增加学生的翻译实践与知识并提高学生的语言能力，无论是在课堂上还是在实际交流过程中，语言知识都是翻译的基础，它是和翻译能力紧紧相连的。因此应该将这些知识看成是翻译的一个核心部分。然而，在某种程度上，知识结构也影响翻译。想要解决两者间的矛盾，这一模式建议教师应该尽可能地给学生提供书籍、杂志及网站，来让他们选择其中的一些进行课外的训练与知识的扩充。教师还应该安排一定的时间来检查学生的课外自学完成情况或者给学生一定的时间来答疑。有效的课外练习监督是翻译教学过程中不可分割的部分。在这一阶段，教师的角色是信息的提供者和咨询者，他们要给予学生足够的学习资源或比较优秀的译文文本，并帮助他们解决整个过程中涉及的问题。而学生的角色则是一个命令的执行者和问题的提出者。他们需要做教师要求他们做的所有事，并针对不懂的地方及时向教师反馈以寻求解决方案。

（三）重视互动式教学

该教学方法主要以社会学习理论为依据。该理论把行为、个体（主要指认知等其他个人因素）和环境看作是相互影响的、互为联结的一个系统，三者相互作用，但作用强度因活动、个人及环境条件的不同而不同；强调人类的许多学习都是认知性的，而人类学习主要来源于反应的结果和观察，榜样的展现会产生观察学习效应（观察者习得了一种新奇的反应）、抵制效应（观察者加强对自己已有行为的抑制）、解除抵制效应（观察者削弱对自己已有行为的抑制）、社交促进效应（引发观察者行为库中已有的反应）等不同结果。学习者在学习过程中互为启发、相互影响，主动构筑知识结构。

在具体教学中，这种交互作用可以体现为课堂学习活动、教师、学生与学习环境之间所存在的相互作用，而这些因素之间的积极互动必然会促进学习者知识与技能的训练。这种交互作用在传统的注入式教学中是不可能的，因为在传统的以黑板、粉笔、教材为主的学习环境中，教师一般占据主体地位，占有学习资源（如教材），在课堂上拥有话语权；而学生处于被动接受的地位，在课堂上几乎没有话语权。这时的信息交流是单向的、缺乏民主互动的。应该在教学中营造宽松的氛围，优化教学和学习环境，促进各教学因素之间的交互作用，提升教学效果。该教学法适合与多媒体、网络技术等相结合，因为现代教育技术为交互作用提供了更加宽松适合的环境，可以进行双向或多向的师生、学生之间以及人机等的交流。特别是在讨论具体的翻译技能或者合作完成某项翻译任务时，电子邮件、博客、网络音频等为跨文化交际提供了相对民主便捷的交际方式，而搜索引擎所能找到的国内外各学术网站、报刊文摘、引用数据库等提供了大量的资源，又如口译教学中为了促进互动，师生、学生之间互相配合可以模拟国际会议、商务谈判等口译活动，同时通过同伴反馈、教师反馈、专家反馈、计算机反馈等方式帮助学生认识搭配不当、逻辑混乱、欠额翻译、超额翻译等问题，指导学生及时修改和练习。当然，在传统的翻译专题讨论或者讲解式课堂教学中，师生之间、学生之间的及时互动也有助于活跃翻译课堂气氛，避免理论阐释或技能分析的单一枯燥，促进教学成效。

（四）运用现代教育技术，丰富翻译教学手段

随着现代教育技术的发展，多媒体、网络、语料库等在外语教学中广泛应用，不仅丰富了教学材料，也改变了传统单一的“黑板＋粉笔＋课本”的教学方法和手段。目前，多媒体信息系统把文本、声音、图像等进行集成，信息呈现形式既包括静态的、动态的，也包括视觉的、听觉的，而且易于操作，可以实现人机交互的界面内交互。

互联网为学习者和译者提供了大量开放的超文本信息资源，也为实时交流和非实时讨论提供了技术支持与便利条件，方便了师生、学生之间互动交流。而电脑语料库（包括原始语料库、赋码语料库、平行语料库、学习者语料库、网格式语料库等）因其信息容量大、语料真实、便于检索等优势也在外语教学研究中发挥着日益重要的作用，不仅用于编写教材，还用于研究学习语言。尤其是课堂教学中，语料库将大量有真实语境意义的实例以数据或语境共现的形式呈现，有助于学习者进行知识认知和建构。

可以说，现代教育技术所带来的方法手段的变化将成为外语教育现代化的突破口。在翻译教学中，现代教育技术促进了翻译教学手段的现代化：无论是教师授课、学生学习还是师生交流，多媒体和网络已经成为重要的信息呈现方式、资料来源渠道和沟通交流媒介。机器翻译、自动编辑与校对软件的使用，信息传送等也成为教学内容之一。尤其是口译或同声传译教学，如果没有语言实验室、翻译箱等设备则形同虚设。目前通过网络、电视、广播等收集翻译信息和例证（包括纯语言类文章和实用类文章等），在翻译课堂上用多媒体呈现授课信息已经比较普遍。有的教师将所教授的翻译理论流派的主要内容、教案、教学反思等上传到网上，同时与相关网站链接，呈现相关知识背景、研究动态、发展趋势等，以加深学生的理解；有的教师借助多媒体与学生分组探讨翻译中的热点问题（如译学框架、译学趋势、翻译研究动态、译业行规等），创设师生互动氛围；有的教师尝试开发翻译教学软件，建构翻译教学平台，以在课堂上对学生的翻译过程进行动态监控、及时反馈、个性指导，学生自身也可以随时了解自己的学习情况；有的教师在广泛搜集资料的基础上，自建教学资源库如翻译英语语料库、大会翻译资源库、法律翻译资源库、英汉语文化资源库、翻译流派资源库等，应用到课堂教学中，鼓励学生到资源库中检索某一翻译现象在口笔译实践中出现的频率、常见的处理方式及效果等，在分析利用语料库资源（如文本等值概率分析、译文风格分析等）的基础上总结规律，提升研究能力。总之，随着信息技术的飞速发展，电脑已经从辅助全面走向了教学前台。

四、高校外语翻译教学的基本目标

陈小曼、郑长贵认为，判断翻译作品质量的标准就是“原文之形，译文之义”，而为了将这一标准描述得更加具体，《课程要求》描述了高校外语翻译教学基本目标的三个层次的要求。其中，一般要求是学生“能借助词典对题材熟悉的文章进行英汉互译，英汉译速为每小时约300个英语单词，汉英译速为每小时约250个汉字。译文基本准确，无重大的理解和语言表

达错误”。对学生的较高要求是“能摘译所学专业的英语文献资料，能借助词典翻译英语国家大众性报刊上题材熟悉的文章，英汉译速为每小时约 350 个英语单词，汉英译速为每小时约 300 个汉字。译文通顺达意，理解和语言表达错误较少，能使用适当的翻译技巧”。而对学生的更高要求是“能借助词典翻译所学专业的文献资料和英语国家报刊上有一定难度的文章，能翻译介绍中国国情或文化的文章。英汉译速为每小时约 400 个英语单词，汉英译速为每小时约 350 个汉字。译文内容准确，基本无错译、漏译，文字通顺达意，语言表达错误较少”。一般要求即可被看作高校外语翻译教学的基本目标。

五、高校外语翻译教学的内容

前面提过，翻译是综合语言输出形式，也是一种语言应用翻译，还融合了说和写的能力，因此，翻译教学中需要包含以下内容。

（一）英汉语言差异

由于翻译是目的语和母语两种语言间的变换，翻译教学的首要内容就是两种语言间的差异。对于我国的高校外语翻译教学而言，翻译就是英语和汉语之间的变化，因此，我国的翻译教学必须注重英汉两种语言之间的差异。连淑能从 10 个方面对英汉两种语言进行了对比。这 10 个方面分别为：综合语与分析语、聚集与流散、形合与意合、繁复与简短、物称与人称、被动与主动、静态与动态、抽象与具体、间接与直接、替换与重复。其中，前半部分是英语的特点，后半部分是汉语的特点。当然，英汉语之间的差异远不止这 10 个方面，但这些方面的特点基本上总结了英汉语言之间的差异。高校外语教师在翻译教学中很有必要给学生传授一些此方面的知识，这可以有效减少中式英语或者英式汉语出现的频率。

（二）英汉文化差异

翻译还被认为是一种跨文化交际活动。而由于诸如地理环境、意识形态、宗教信仰、历史等方面的不同，不同文化下的语言在从表达形式到表达内容等很多方面都有区别，因此翻译与文化紧密相连。李建波从语用意义、历史典故、文学作品等方面对英汉语言中的文化差异进行了探讨，并讨论了“高校外语翻译教学中处理文化差异的基本原则与方法”。翻译教学中适当地介绍母语与目的语之间的文化差异有助于减少理解上的误差，缩小两种语言间的距离，增强跨文化交际的顺畅度。

（三）常用翻译方法

翻译是各族人们沟通思想、交流的重要手段，也是学习外语的重要方式之一。翻译分为翻译理论方法和翻译实践两部分，二者之间是辩证统一的关系。翻译实践是翻译理论方法的基础，又常被用来检验翻译理论方法是否有效；翻译理论方法是对以前的翻译实践经验的总结，对这些理论方法的掌握有助于提高翻译水平，促进翻译实践。张培基等认为，翻译常用的方法有增词法、重复法、省略法、正反 - 反正表达法、词类转译法、分句 - 合句法等，而在实际的英汉翻译过程中，除了一些常用的翻译方法之外，翻译者还需注意两种语言中特定句子结构及形式、特殊语言现象的翻译，如被动语态、名词从句、定语从句、状语从句、长句、习语、拟声词、外来词等。

（四）翻译核心策略

为了更好地将翻译内容通过目的语加以传递，或者在母语与目的语之间实现完美的转换，翻译过程中必须坚持一定的翻译策略，常见的翻译策略有三组：归化与异化、直译与意译、拆分与组合。

1. 归化与异化

归化与异化的概念最先由美国翻译理论家劳伦斯提出，它是翻译的策略与评判标准。归化译法以目的语文化为最终归宿，译者要以目的语文化中的读者为目标读者，因此，归化是通过采用目的语读者所习惯的方式来对原文的内容和信息进行表达；而异化则以源语文化为最终归宿，译者要以源语文化中的读者为目标读者，因此，异化是通过采用源语读者所习惯的表达方式来对原文的内容和信息进行表达。相对而言，归化有助于产生更流畅的译文，读起来可以使读者产生亲切感，有利于交流的顺畅；而异化有助于确保原文意义的真实性，读起来更有异国情调。

2. 直译与意译

直译与意译是翻译中常用的策略，主要聚焦于译文在形式及内容上与原文的一致关系。直译强调的是译文在形式及内容上与原文完全一致，即参照原文的信息和风格进行翻译；意译强调的是译文的内容与原文一致但表达形式却与目的语一致，当前文学作品多采用意译的方式进行翻译。直译以源语读者为主要对象，而意译则以目的语读者为主要对象。

3. 拆分与组合

拆分与组合的翻译策略更加适用于英译汉，而非汉译英。拆分主要指拆分英语句子中的语法结构，因为英语是形合型语言，无论句子有多复杂，句子内部都是由一定的语法手段及逻辑手段连接起来的，所以英译汉时要先通读整个句子，然后根据语法结构和逻辑关系将句子拆分，主要是主从句的拆分、句子主干与其他辅助成分的拆分。在完成句子结构的拆分之后就需要进行句子的组合，组合是汉语句子的组合，是将原句所表达的意思按照汉语习惯进行重新组织的过程。由此可见，拆分与组合其实可以看作归化的一种形式。

六、高校外语翻译教学的方法

与高校外语教学中的其他领域的教学一样，翻译教学也需要讲究方法。在一定教学方法指导下的翻译教学将更加符合教学实际，也更能满足学生需求。栾奕认为，翻译教学应该讲究方法，而翻译教学中常见的教学方法有九种：重视理论和实践的结合、重视翻译教学和语言教学的结合、重视经验论和方法论的结合、重视汉英互译的结合、重视翻译教学中的学习自主性的培养、重视翻译教学中的任务型教学法、重视翻译教学与现代教育技术的结合、重视汉英语篇对比、重视工具的使用。

从这些翻译教学方法可以得知，翻译教学中既要注重语言知识的积累，又要注重学生学习习惯的培养，还要注重学生翻译理论和翻译方法的应用，更要注重翻译理论和实践的结合。唐晓也提出将错误分析法运用在高校外语翻译教学中的建议，认为这一方法既可以使教师“有效了解学生学习情况、检查教学效果”，又可以“利用翻译中的错误信息有针对性地组织教学，采取相应的教学方法，促进教学质量的提高”。

第二节　英语翻译的准备与过程

翻译是运用两种语言的复杂过程，它包括正确理解原文和准确运用另一种语言再现原文的思想内容、感情、风格等。由于翻译工作的复杂性，适当的准备工作是不可缺少的。通过准备，翻译才能顺利进行。

一、翻译的准备

翻译应该进行必要的准备，以利于翻译能一路顺风，善始善终。

正式动手翻译之前可以做的工作很多，主要精力应放在查询相关资料上，以便能对原作及其作者有一个大概的了解，同时为了保证质量和节省时间，还应熟悉整个翻译过程可能使用的工具书和参考书。

（一）了解作者

对于作者，需要弄清楚他的简略生平、生活时代、政治态度、社会背景、创作意图、个人风格等。比如若要翻译一名作家的一篇小说，为了获得有关作者的一些基本信息，可以阅读作者自己的传记、回忆录，或者别人写的评传，或者研读文学史、百科全书、知识词典等，还可阅读用汉语解说的相同辞书，如《中国大百科全书》（中国大百科全书出版社）、《辞海》（上海辞书出版社）、《辞海（增补本）》（上海辞书出版社）、《简明不列颠百科全书》（中国大百科全书出版社）、《外国名作家传》（张英伦等编，中国社会科学出版社）、《外国人名辞典》（上海辞书出版社）、《外国历史名人》（朱庭光编，中国社会科学出版社）。

（二）了解相关背景知识与超语言知识

背景知识是指与作品的创作、传播及与作品内容有关的知识，超语言知识按语言学的定义指交际行为的环境、文章描述的环境及交际的参加者等。两个概念的外延合起来大约涵盖了前辈翻译家说的“杂学”。

具体来说，背景知识与超语言知识大致包括以下几个方面的内容。

1. 作品产生的背景

小而言之，作品产生的背景指作者创作的时间、地点、动机、心态、创作经历等；大而言之，则要包括源语的整个文化状态。

2. 事件发生的背景

事件发生的背景即文学作品的故事情节发生、发展的背景，背景有大小之分、真实与虚构之分。

3. 专业知识

翻译某个学科、某个专业的作品，就应具备该学科、该专业的基础知识，这是翻译实用性资料的基本要求。

4. 常识

有的知识算不上专业知识，只是源语文化中的常识，但在翻译的理解中却不可掉以轻心。

5. 作品传播知识

即原作成书后的传播情况，如版本、评注、译文及社会效益等。

掌握背景知识对语言、逻辑、艺术和主题分析等都具有十分重要的意义。任何一部作品都是一定历史条件下的产物，所以有关作品反映的年代以及有关国家、人民的文化、社会、宗教、政治、历史、地理、风俗等也要略知一二，可以浏览一些关于概况、游记的书籍和期刊。如《各国概况》（人民出版社）、《英美概况（新增订本）》（来安方编，河南人民出版社）、《国际时事辞典》（商务印书馆）、《外语工作者百科知识词典》（张后尘编，科学出版社）。

（三）了解作者的创作手法

为了准确地把握作者，至少应该阅读作者的代表作，并从中体会作者的思想倾向、创作手法、表述特点等，尤其是翻译一些经典作品时，更应选读作者的某些其他作品，这样对作者的了解就会深刻一些。

（四）了解作者的语言风格

作者的语言风格也是十分重要的，译者可以试读若干段落，琢磨语篇的语体修辞特点和行文的词汇语句特色，初步接触作者运笔表意的特异之处，对自己翻译时驾驭译语的语言会有较大的参考价值。

（五）准备工具书

翻译是一个双语转换的过程，所以英语和汉语方面的语言工具书是必不可少的，除了一些常用的工具书外，还要准备以下工具书，这些准备工作在翻译过程中一定会有很大的帮助。如：《新英汉闻典》（上海译文出版社）、《英华大词典》（商务印书馆）、《英语搭配大词典》（江苏教育出版社）、《中级英语修饰语搭配词典》（湖北辞书出版社）、《英语惯用短语词典》（湖北人民出版社）、《美国俚语大全》（中国对外翻译出版公司）、《现代汉语实词搭配词典》（商务印书馆）。这些辞书主要是供查阅使用，学习者最好熟知各种辞书的特点，并且掌握检索的基本方法。

二、翻译的过程

翻译的过程是十分繁杂的，其工作重点是如何准确地理解原文思想，同时又恰当地表达原文意义。换言之，翻译的过程就是译者理解原文，并把这种理解恰当地传递给读者的过程。它由三个相互关联的环节组成，即理解、表达和校改。这三个环节是相互联系、往返反复的统一流程，彼此既不能分开隔断，又不能均衡齐观。

在此，把翻译过程中的理解、表达、校改三个环节分别进行简略论述。

（一）理解

1. 翻译中理解的特点

翻译中的理解在许多方面有其自身的特点。

第一，翻译中的理解有着鲜明的目的性，即以忠实表达原作的意义并尽可能再现原作的形式之美为目的，因此，它要求对作品的理解比一般阅读中的理解更透彻、更细致。翻译的理解系统从宏观上看，要包括原作产生的社会、历史和文化背景；从微观上看，则要细致到词语的色彩、语音，甚至词形。从某种意义上来说，以翻译为目的的理解比以其他为目的的理解所面临的困难都要多。以消遣为目的的理解显然无须去分析作品的风格，更无须每个词都认识。即使以研究为目的的理解也无须面面俱到，而只是对所关注的内容（如美学价值、史学价值、科学价值、实用价值等）的理解精度要求高一些。

第二，以翻译为目的的理解采用的思维方式不同于一般的理解。一般的理解，其思维方式大都是单语思维，读汉语作品用汉语思维，读英语作品就用英语思维。以翻译为目的的理解采用的是双语思维方式，既用源语思维，又用译语思维。源语与译语在译者的大脑里交替出现，正确的理解也逐步向忠实的表达推进。

第三，以翻译为目的的理解—表达过程的思维方向遵从的是逆向—顺向模式。一般的抽象思维的方向是从概念系统到语言系统，而阅读理解中的思维则是从语言系统到概念系统，是逆向的。一般的阅读理解捕捉到语言的概念系统后任务便完成了，而翻译则要从这个概念系统出发，建构出另一种语言系统。

2. 顺向思维过程

（1）理解中应注意的方面

理解是翻译过程中的第一步，是表达的前提。这是最关键，也是最容易出问题的一个环节。不能准确透彻地理解原文就无法谈及表达问题。理解首先要从原文的语言现象入手，其次还要涉及文化背景、逻辑关系和具体语境以及专业知识等。

第一，理解语言现象：语言现象的理解主要涉及词汇意义、句法结构、修辞手段和习惯用法等。

第二，弄清文化背景。英美的文化背景和我们不同，由此产生了与其民族文化有关的习惯表达法。翻译时必须弄清历史文化背景，包括有关的典故等。

第三,理解原文所涉及的专业知识。

第四,透过字面的意思,理解原文内在的深层含义。翻译时需弄清具体含义,切忌望文生义。特别是对文学作品,还要抓住其艺术特色,并深入领会其寓意。

第五,联系上下文语言环境。认真阅读上下文,了解语言环境,也就是要在一定的语言环境中才能理解得深刻透彻,只有联系上下文,才能理解原文的逻辑关系,才能确定词语的特定含义。透过表层理解深层意义,同样要靠上下文语言环境。

从语言学的观点看,孤立的一个单词、短语、句子,很难看出它是什么意思,必须在特定的语言环境中,有一定的上下文才能确定它的意义,才能得以正确的理解。

例如:In the sunbeam passing through the window are fine grains of dust shining like gold.

译:细微的尘埃在射进窗内的阳光下像金子般闪闪发光。

句中的 fine 一词在此处做“纤细”“微小”解,不能译为“好的”,这是一词多义。

语言的组合语境、情景语境和社会文化语境对理解原文非常重要。如英语单词“fall”在“I will go to the U.S. this fall”这样的组合语境中是“秋天”的意思,而在“fall down”中是“摔倒”之义。并且“fall”的“秋天”含义在英国文化背景下一般不会出现。又如“fire”在战场上和火灾现场则分别为“打”和“火”。而“Could I help you?”出自店员和出租汽车司机口里意义则不大相同。前者意思是“想买什么?”,后者则可译为“要车吗?”。

在对原文的理解这一环节,必须通过语言现象揭示出原文中词与词、词组与词组、句子与句子,乃至段落与段落之间的内在本质联系。首先,对原文多义词在特定上下文中的具体词义的理解,必须根据一个词与其他词的结合和搭配来进行逻辑分析,才能做出准确理解。其次,对一词多类的词,还需要在词与词的结合中判断其词类。然后是英语句子语法结构,一般比较容易理解,但有时也会遇到语法结构不够严密或比较复杂的句子,这就需要结合上下文来分析、判断、区别。最后,必须抓住原文的风格特点,才有可能以同样的风格在译文中表现出其特点。

综上所述,理解在翻译过程中至关重要,而要做到理解准确,除精通语言外,还要熟悉文化背景,正确处理语义与逻辑和语境的关系。

(二)表达

表达是翻译过程中的第二步,是实现由源语至译语信息转换的关键。理解是表达的基础,表达是理解的目的和结果,表达好坏取决于对源语的理解程度和译者实际运用和驾驭译语的能力。

理解准确为表达奠定了基础,为确保译文的科学性创造了条件。但理解准确并不意味着一定能翻译出高质量的译文,这是因为翻译还有其艺术性。而翻译的艺术性则依赖于译者的译语水平、翻译方法和技能技巧。就译语而言,首先要做到遣词准确无误,其次还要考虑语体、修辞等因素,切忌随便乱译。如“a little, yellow, ragged, lame, unshaven beggar”语义比较清楚,有人将其译为“一个要饭的,身材短小,面黄肌瘦,衣衫褴褛,瘸腿,满脸短髭”。

这就在表达中出现了各种语体混杂和遣词失当的错误。没有弄清汉语的“髭”相当于英语的moustache，且为书面用语，而“要饭的”“衣衫褴褛”等词并非属于同一语域。另外，表达还受社会方言、地域方言、作者的创作手法、写作风格以及源语的影响。

翻译时还必须根据具体的情况选择合适的语言单位。如果把句子作为翻译单位，在句子内部又要考虑词素、词、词组、成语等作为翻译单位的对应词语，同时在句子外部还需考虑句子与句子之间的衔接和风格的统一，等等。由于两种语言之间的差异，译者在翻译单位的对应方面仍会遇到表达的困难。因此，译者必须对两种语言的不同特点进行对比研究，从而找出克服困难的某些具体方法和技巧。

由此可见，理解源语只是翻译过程的第一步，译文准确妥帖与否还受很多因素的影响，表达恰当才是翻译的实质。

（三）校改

校对和修改译文也是翻译过程中不可缺少的一个环节。翻译得再好，也难免会有疏忽和错漏的地方，需要认真校改加以补正；即使没有错译或漏译的地方，有些术语、译名、概念以及行文的语气风格也会有前后不一致的情况，必须通过校改使之一致起来。在文字上，译文还须加以润饰，比如把表达不够准确的词语改成能够完全传神达意的词语，把逻辑上不贯通或语气上不顺的句子改好、理顺等；在分段和标点符号的使用上，应按译文语言的习惯来进行处理。

具体而言：核对人名、地名、数字和方位等是否有错漏；核对译文中大的翻译单位有无错漏；修正译文中误译或欠妥的翻译单位；校正错误的标点符号；文字润色、统一文体，使译文流畅。

校改是理解的进一步深化，通过校改可以深入推敲译文。一般来讲，译文要校改2～3遍。第一遍重在核实较小的翻译单位，如词、句，看其是否准确。第二遍着重句群、段落等大的翻译单位并润色文字。第三遍则要过渡到译文的整体，看其语体是否一致，行文是否流畅协调，切忌佶屈聱牙或通篇充斥生僻罕见、陈腐过时的词句。总之，第一、二遍由微观入手，第三遍则上升到宏观校核。当然，如时间允许，多校对几遍也很有必要。

（四）理解、表达和校改三者之间的关系

上述理解、表达与校改都是翻译过程中不可缺少的环节，而且这三个环节是相互联系的。特别是理解与表达，是很难分开的。在翻译实践中，译者理解原文时，必然要同时考虑选择什么样的表达方式；在表达时，必然又要加深对原文的理解。对原文某一词语的初步理解不够准确时，就有可能使用与上下文不相适应的表达方式。这时就会迫使译者不得不再一次深入理解原文，从而找出更恰当的表达方式。由此可见，在翻译实践中理解与表达是一个多次反复，而又互相联系的过程。至于校改，一般来说是在完成理解与表达的初译过程之后进行的。但是理解与表达过程中多次反复的分析与斟酌，实质上也就包含了反复校改的过程。而且在最后校改的阶段，也必然伴随着理解与表达的活动。所谓“校”，就是指通过

对译文表达形式的校阅，来检查对译者对原文的理解是否准确无误；所谓“改”，就是把译文中欠妥的表达形式进一步用更好的语言形式表达出来。

第三节　翻译教学法的适度应用

一、语法翻译法的发展与影响

语法翻译法创建了在外语教学中利用母语的理论，成为外语教学史上最早的一个教学法体系。它的出现为建立外语教学法这一门独立的科学体系奠定了基础。语法翻译法是外语教学中历史最长与使用最广泛的方法之一，却也并非一成不变。翻译法重视语言知识的传授，忽视口语教学，为了完善翻译法，便产生了自觉对比法。自觉对比法继承了翻译法的“语法为纲”而发展了对比，使学生把注意力集中于语言形式本身，把外语同母语进行对比。认知法是在翻译法的基础上发展起来的，它强调掌握句子结构为重点，克服了翻译法的极端化、片面性，并吸取了其他教学法的长处，发展了翻译法。因此，认知法也被称为新语法翻译法。

语法翻译法历经修整，仍旧以各种各样的面貌在现代社会里广泛流传着。直至今天，在许多学校里，它仍然是一种标准的语言教学方法。语法翻译法自产生起，就呈现出发展的态势，从开始的只注重词汇和语法教学，慢慢过渡到以文字为依托，读、听、写、说齐头并进的教学模式。到 20 世纪中叶，语法翻译法又吸取了现代相关学科的研究成果，发展成为近代的翻译法。

二、适度渗透翻译教学

李泉认为：“翻译在课堂教学中是必要的，但并非否定直接教学听说法等交际教学方法，用母语教学，也存在很多弊端。”假如仅仅通过口头翻译解释词义，即使学生明白，却未必能用好。因为语法中，中英文没有完全对应。只讲用法，即使偶尔用对了，却未必了解词语的真正含义，原因在于用法与规则也不是一成不变的。因此，在具体的教学过程中，我们必须既解释词义又讲清用法，因地制宜、因时制宜地将翻译教学融入我们的英语课堂教学，使学生能真正掌握与熟练运用该词。

随着各种教学方法（如直接法、听说法、视听法、认知法等）的相继出现，语法翻译教学法逐步被摒弃并退出了历史舞台。翻译教学在二语习得中有不可取代的作用。尤其在英语口语交流罕见的地区，翻译仍是必不可少的。母语对于外语学习，固有其负面影响，却也会产生重要的促进作用，必须扬长避短。在二语习得过程中，完全摒弃翻译教学，既不应该，也不现实，母语也是一种可以开发利用的资源。

三、适度运用翻译教学与语法翻译法

语法翻译法是用母语翻译教授外语的一种传统的外语教学法，即用语法讲解加翻译练习的方式来进行外语教学。翻译是重要教学手段(尤其是句子翻译)，又是教学目的。课堂教学过程中语法讲解与翻译操练相互增进。语法翻译法注重培养学生的阅读能力与翻译能力，重视语法规则与词汇的记忆。但是，随着科学技术的进步以及各种心理学和语言学理论的兴起，传统的语法翻译法受到理论界广泛的批评与摒弃。

提倡适度运用翻译教学，正是充分认识到传统的语法翻译法虽然有过分强调语言知识传授，不重视交际技能培养的缺点，但同时也具有使用方便、便于控制教学进程、测试方式直观、教学成绩见效快等优点。它既能培养学生的阅读能力，也有利于学生对目标语言的深入理解，能帮助学生巩固知认，打好基础，掌握语言结构，从而促进外语学习。

适度运用翻译教学，指在任务型教学的基础上，将分析、比较英汉两种语言在结构和表达上的差异作为重点，从课文中选出有代表性的例子，找出其内在规律。翻译教学还可以引入文化背景知识的学习，因为一定的文化背景知识有助于促进语言应用能力的提高。

语法翻译法更注重阅读能力以及理解力，而翻译教学则注重阅读与表达。语法翻译法强调的是笔头的输出，而翻译教学兼顾笔头和口头的输出技能。语法翻译法强调语言本身的翻译，而忽视了文化、语言环境、文体等因素，过分强调语法结构，教学中以教师为中心。这一点与翻译教学法有诸多的不同，翻译教学法以学生为中心，课堂上有多种交流方式，翻译实践以分析法和归纳法为主。因此不能简单地把这两者等同起来。采用翻译教学，除了在英语课堂适度运用翻译，教师还应加强学生的课后练习并及时进行错误分析。平时的积累和大量的练习，必定能够促使学生更好地学习英语。

四、适度运用翻译教学与交际法

交际法突出交际能力，旨在提高学生的英语应用能力。其理论依据是仅仅学习语言知识是不够的，还得有更多的操练语言的机会以获得应用语言的能力。交际能力是运用我们学过的语言知识点来正确而有效地在各种场合中和不同的人进行交际的能力。语法翻译法是一种传统的语言教学方法，而交际法则是一种比较时髦而流行的教学法。一边是根深蒂固的传统，一边是众人追捧的时髦，两者是否水火不容？究竟有没有一种最完美的教学方法呢？对其进行反思，能否更好地促进我们的教学？任何事物都有其正反两方面。交际法具有灵活性，却太过随意。交际法教学活动以学生为中心，重视语篇教学，培养交际能力，却忽视了语言的纯洁性，假设的情景也缺乏真实性。并且言语交际有很大的主观性和随意性，学生很难获得系统的语言知识。

如前所述，语法翻译法以学习语言的语法系统为中心，有着自己的可取之处，但是，弊端也不断凸显，已经不能适应时代发展的步伐。而交际法是一种以语言功能项目为纲，发展交际能力为目标的教学法体系，然而在实际运用中它仍然有很多不足并受到很多限制。因此，必须扬长避短，互补地运用，在交际教学中适度运用翻译教学。

五、适度运用翻译教学与任务型教学法

任务型语言教学是指以意义为中心，以参与、体验、互动、交流、合作的学习方式，充分发挥学习者自身的认知能力来完成交际任务的外语教学方法。该理论认为，掌握语言大多是在活动中使用语言的结果，而不是单纯训练语言技能和学习语言知识的结果。近年来，这种教学理论在我国英语课堂教学中逐步推广，是我国外语课程教学改革的一个走向，比较以往各种教学方法，广大语言学家和英语教学者对任务型教学较为推崇。

任务型教学有助于更好地实现教学目标，有利于解决我国当前外语教学中普遍存在的症结，培养学生的英语学习兴趣并提高其应用能力。在学习过程中，学生综合运用多种技能和知识，有利于语言各方面能力的发展。同时，应清醒地认识到，采用任务型教学模式，课堂效率低，难以保证大班课堂教学任务的完成；课堂的组织和任务的实施过分依赖教师，很难保证大面积提升教学质量；难以有效监督和控制学生的个体活动，反馈效率低。中国地域广阔，东西部发展不均，就我国目前师资水平和班级规模看，完全采用任务型教学并不可取。而上面所述翻译教学的一些优点恰好可以对此进行弥补。

六、适度翻译对英语教学的作用

（一）适度翻译与词汇教学

在教学过程中，首先要加强词汇教学。词汇是组成语言的最基本材料，如同盖房子，词汇是砖瓦，没有词汇的积累，语言这个房子便就无从盖起。英国语言学家威尔斯认为：“没有语法不能表达很多东西，没有词汇则不能表达任何东西。”确实，影响理解和应用的最重要因素是词汇。恰当使用翻译法，可有效促进英语教学的实施和学生知识的巩固。在英语课堂教学过程中，并非所有内容都可用实物、形体语言表达，有时难以创设情景说明，而此时借助翻译来帮助学生掌握英语知识，可以事半功倍。例如 fresh（新鲜的）、flash（闪光）、flesh（肉），用英文解释很费时，但如果借助翻译就能一目了然，既节约课堂教学时间又便于学生的比较记忆。此外，面临新的英语词汇时，教师往往会给学生提供一些汉语例句，给学生创设一定的应用情境来帮助学生理解和记忆。比如：decide on、AIDS at risk、the way (to do/doing)、virus。

例：我们必须决定两件事，对艾滋病患者的最佳援助方式和对具有病毒感染危险者的最佳教育方式。

译：We must (or have to) decide on two things: the best way to help people who already have AIDS and the best way of educating people who are at risk of being infected with the virus.

通过对此句子的翻译，学生可理解和掌握上述词汇并学会应用。这种方法也是广大教

师在日常教学中广泛应用的。根据克拉申的输入理论，教师在课堂上必须确保语言输入的可理解性。然而，如果教师完全用英语组织课堂教学，学生会遇到一些超出认知水平的信息，而感到不知所措，学习效率必然低下。借助翻译，用母语解释难理解的信息，可提高可理解性输入的质量。此外，学英语的最终目的是应用，利用翻译对某一字词的掌握情况进行巩固训练，不仅可以巩固学生的词汇知识，还可以提高其学习兴趣。

（二）适度翻译与语法教学

在英汉互译过程中，不仅要考虑到两种语言词汇的运用，还要考虑到语法结构的区别。因此，让学生进行英汉互译能够促进其对语法、句法结构的理解，并发现英语和母语之间的异同，促进双语能力的发展。

（三）适度翻译与阅读教学

在英语阅读教学中适度运用翻译，有助于学生理解语篇。此外，翻译法简便易行、可操作性强、便于实施。其具体优点如下。

第一，有助于对难句和长句的理解。恰当地采用翻译方法，深化句子结构的理解，讲解疑难句及习语，能使学生准确理解原文，提高阅读理解能力，激发学习兴趣。

第二，有助于提高对语篇的理解力。翻译就是集语言的接受性和运用性于一体的综合性技能，能全面体现学生的语言水平。翻译的过程，也就是语言理解力、交际能力综合运用的过程，有助于学生最大限度地理解原文。

第三，有助于检测学生的阅读理解效果。翻译包括理解和表达两个阶段，必须对文章完全理解，才有可能翻译正确，所以可以用翻译来检测学生的掌握程度，找到学生的不足之处，从而对症下药。

第四，有助于培养学生的双向思维习惯。翻译教学可以帮助学生准确地获取书面信息，培养双向思维习惯，从而达到语言实际交流的目的。在阅读教学中，翻译也并非简单的语言转换。它蕴含语言、文化、思想等多方面内容，集中体现了理解、推理、表达等综合能力。在阅读教学中恰当使用翻译法，对长难句加以分析，对语言背景加以铺垫，能增强学生的语言知识和文化知识，达到阅读理解和文化知识双丰收。

（四）适度翻译与写作教学

写作是通过创造性思维活动，运用语言文字符号，以篇章的形式来表达对世界某种认知的过程。而翻译是用一种语言把另一种语言所表达的内容忠实地表达出来的过程。译者必须具备掌握这两种语言的能力，因为母语和外语的水平高低直接影响着译作的质量。实际上许多著名的译者同时也是伟大的作家，如郭沫若、郁达夫、鲁迅、余光中、钱钟书等人。因此，写作能力对于一名译者来说也是非常重要的。同时，在写作训练过程中养成的修改习惯和自我纠错能力，必然会对翻译工作大有帮助。

翻译和英语写作是异曲同工、相辅相成的，只有翻译能力提高了，才能用英语表述得更完整、更贴切。因此，无论是优秀的翻译作品，还是用地道的英文作文，都必须懂得汉英语言转换的真谛是什么。传统观念认为，翻译教学是进入大学以后的事，离高中教学相去甚远。其实，高考书面表达多数情况是给出中文材料，要求学生用英语表达，这跟翻译有很大的联系。没有翻译的基本功，就无法译出好文章。事实上，不要说英语初学者，即便学习英语十几年或几十年的专家学者，要完全使用英语思维也是一件难事。

翻译理论过于深奥难懂，对其过分注重会给学生造成额外负担。而翻译技巧是在实际运用过程中的经验总结，容易理解和掌握。适度传授翻译知识与技巧，结合教学实际与生活，能切实、快速地提高学生的英语写作水平。借助它们，学生能够在英语写作中熟练、灵活地运用所学到的东西，较大幅度地提高英语写作水平，提而英语实际应用能力。

第四节　英语翻译的基本理论与原则

一、翻译的内涵与性质

翻译是语际交流过程中沟通不同语言的桥梁，是在准确（信）、通顺（达）、优美（雅）的基础上，把一种语言信息转变成另一种语言信息的行为。翻译是将一种相对陌生的表达方式，转换成相对熟悉的表达方式的过程。作为人类最早从事的智力活动之一，翻译在人类历史上已经有几千年的悠久历史。在中国，早在周朝时期就有明确的翻译活动和翻译官职的记载；在西方国家，“翻译史在公元前 3 世纪就揭开了它的第一页”。无论是东方还是西方，语言的翻译几乎和语言本身一样古老。

（一）翻译的定义与外延

1. 翻译的定义

翻译是一种语言活动，而语言又是文化的载体，翻译在发生时又是某一社会语境的交际过程，因此翻译的外部要素又涵盖文化和交际的层面。汉语“翻译”和英语“translation”一词都具有多义性，在不同的语境下具有不同的指向。汉语“翻译”一词：第一，可以表示一种活动，表示进行翻译的过程，如“她在搞翻译”；第二，可以表示这种翻译活动的结果，即译文，如“我很喜欢这篇文章的翻译”；第三，表示一个抽象概念，如“我们选修翻译理论与实践这门课”；第四，表示翻译活动的主体，即翻译者，如“她当了两年翻译”。同样，英语“translation”这个词在不同的语境下也具有不同的内涵。

从传统的语言学角度谈翻译，翻译是“把一种语言文字的意义用另一种语言文字表达出来”“在保留意义的情况下从一种语言转变成另一种语言”。这样的翻译定义简要确切、通俗易懂，但是它只涉及语言的翻译，对非言语符号系统却避而不谈。随着现代语言学的发展，基于索绪尔的语言理论，即把语言区分为语言（语言体系）和言语（语言的实际运用），学者们逐渐注意到语言和言语的区别。

英国翻译学界的伦敦语言学派代表人物之一卡特福德对翻译定义的解释是：“把一种语言（源语）的文本材料替换成另一种语言（目的语）中对等的文本材料。”另一代表人物巴尔胡达罗夫提出：“翻译是把一种语言的言语产物（话语），在保持内容方面也就是意义不变的情况下，改变为另外一种语言的言语产物的过程。”

我国资深翻译理论家张今认为：“翻译是两个语言社会之间的交际过程和交际工具，它的目的是要促进本语言社会的政治、经济和文化进步，它的任务是要把原作中包含的现实世界的逻辑映象或艺术映象，完好无损地从一种语言中移注到另一种语言中去。”

我国翻译家孙致礼认为：“翻译是把一种语言表达的意义用另一种语言传达出来，以达到沟通思想情感、传播文化知识、促进社会文明的作用，特别是推动译语文化兴旺昌盛的目的。”

我国翻译家张培基认为：“翻译是运用一种语言把另一种语言所表达的思维内容准确而整体地重新表达出来的语言活动。”

在现代语言学派理论的指导下，翻译若在实践中把翻译和语义、语法作用的分析紧密结合起来，力求产生一种与原文语义对等的译文，并立足于具体的，产生于特定场合、特定时期的文本材料基础上进行翻译，翻译的本质属性涉及的主体要素包括作者、译者、读者三者之间以及源语、译语两语之间的关系。

2. 翻译的外延

语言学理论者和符号学理论者从语言内部结构以及其内部构成规律来定义翻译，缺少对语言系统外部的关注，忽略了许多与翻译相关的要素，如政治因素、意识形态、文化传统、信息交流与传播等，影响了翻译理论的实践指导意义。

翻译是一种在一定的社会语境下发生的言语活动，而不是在一个真空的、不受任何外界干扰与影响的环境中进行的纯粹的语言活动。在翻译活动中，有许多因素影响制约着这一语言活动，继而影响并决定着其担负的信息交流与传播的任务是否完成，交际活动是否成功。因此，在研究语言内部的结构性与规律性的同时，也必须研究翻译所涉及的其他外部语言因素对其的影响。

翻译的本质特征是意义传达活动，即运用一种语言把另一种语言所蕴含的思想内容完整、准确地重新表达出来。从表面上看，翻译似乎仅仅是语言层面上的事情，但实际上译者的翻译过程更是文化信息传递的过程，因为语言既是文化的组成部分，也是文化的符号，其使用方式和表达内容都具有一定的文化内涵，语言受文化的影响和制约。从文化的角度探讨翻译，翻译便是“译者将一种语言文字所蕴含的意思用另一种语言文字表述出来的文化活动”。翻译理论者们肯定文化在翻译中的地位，同时强调文化对翻译的制约作用，把翻译看作宏观的文化转换。在翻译文本时，译者不但要以正确的形式尽量完整地传达出准确的语义，还应了解源语和目的语的文化，因为许多事物在一种文化中存在，对另一种文化而言可能是缺失或是迥异。因此，翻译活动本身就涉及一个文化问题，涉及两种文化的对比研究和互动关系。

（二）翻译的性质

人们对翻译的性质的认识经历了一个由现象到本质、由低一级的本质到高一级的本质的历史发展过程。人们首先认识到的是翻译过程中语言外壳的变身。如《翻译名义集（卷一）》中说："夫翻译者，谓翻梵天之语，转成汉地之言。音虽似别，义则大同。"中国现代文学家朱自清先生也说："我是中国人，我现在所说的译，就是拿外国文翻译成中国文。"此后，人们慢慢认识到，语言外壳的变易只是一个表面现象，更重要的是原作内容的传译。于是，人们根据自己对原作内容的不同理解（意义、意思、思想、意味、概念、内涵、精神、味道、情调、意趣、神韵、风格等），提出各种各样的定义，说明人们对翻译的性质的认识不断加深。

林汉达说："我们可以说，翻译只有两种：一种是正确的翻译；一种是错误的翻译。什么叫作正确的翻译呢？就是尽可能地按照中国语文的习惯，忠实地表达原文中所有的意义。"

徐永说："翻译是译者用一种语言（归宿语言）来表达原作者用另一种语言（出发语言）表达的思想。"

金岳霖说："翻译大致说来有两种，一种是译意，另一种是译味。这里所谓译味，是把句子所有的各种情感上的意味，用不同的语言文字表示出来；而所谓译意，就是把字句意念上的意义，用不同种语言文字表示出来。"

瞿秋白说："翻译应当把原文的本意，完全正确地介绍给中国读者，使中国读者所得到的概念等于英、俄、日、德、法读者从原文得来的概念……"

茅盾说："'直译'的意义就是不要歪曲了原作的面目，要能表达原作的精神。"

王以铸说："好的翻译绝不是把原文的一字一句硬搬过来，而主要的是要传达原文的神韵。"

郑振铎说："除了忠实地翻译原作的意义外，一种对于原文的著作风格与态度的同化，在译文里也是很必要的。能够办到这一层，这个翻译，才能算是好而且完全的。"

以上都是根据翻译实践经验提出来的，因而大体上也是正确的。但是这些定义都是常识性的、经验性的定义，并不是真正科学的定义。后来，人们又认识到原作的内容同原作的形式有密不可分的关系。因此，又有一些翻译理论家尝试从这个角度给翻译下定义。例如苏联文艺学派翻译理论家索伯列夫说："翻译的目的就是把一种语言中的内容和形式移植到另一种语言中去。"这个定义，严格来说是不科学的，因为在原作的形式中就包含有语言因素，而一种语言是不可能移植到另一种语言中去的。苏联语言学派翻译理论家费道罗夫给翻译所下的定义，要比索伯列夫的定义周密一些。费道罗夫的定义是："翻译就是用一种语言把另一种语言在内容和形式不可分割的统一中所有已表达出来的东西，准确而完全地表达出来。"

随着现代语言学的发展，人们对翻译的性质又有了更深一步的认识。人们认识到，翻译首先是一种言语活动，一种交际活动。翻译不但与语言有关，也和交际环境及言语活动参与者的实践经验与知识结构有密切关系。苏联翻译理论家巴尔胡达罗夫认为："翻译是把一种语言的言语产物，在保持内容方面也就是意义不变的情况下，改变为另外一种语言的言语产物的过程。”他认识到翻译理论不可能建立在纯语言学的基础之上，还必须考虑到各种非语言的因素。这一观点的优点在于，它认识到翻译是一种言语活动、交际活动；缺点在于没有认识到翻译还是一种思维活动，即一种逻辑思维和形象思维交织在一起的活动。当代美国翻译理论家奈达把信息论引入翻译理论，他认为翻译过程就是信息语言代码的转换过程，使人们对翻译的性质有了进一步的认识。翻译是传输信息的过程，而不只是传输意义的过程，而且，奈达提出了防止信息失真和信息中断的方法。但是他的理论也有一个根本性的、不可克服的缺陷——信息是功能的属性，信息论缺乏深刻的历史（社会）感。因此，一旦涉及意识形态问题，特别是复杂而又微妙的文学现象，他的理论就显得无能为力了。再进一步，人们才对翻译活动的社会历史内容有所认识。例如蓝峰指出：“究其本质，（翻译）仍不外乎一种社会实践活动。它包含着个体与群体双重性质的内容。作为个体活动，在每一次具体的翻译实践中，翻译主体（译者）决定着翻译工作方法，并在很大程度上决定着翻译对象的取舍……作为具有群体性质的社会活动，翻译是双向文化交流的主要物化形式，是某一语言文化群体在改造环境和自身时借助外力的实践运动……同其他形式的文化交流一样，翻译具有强烈的功利性和目的性，也就是鲁迅说的‘拿来主义’。”

这些见解都给人很大启发。因此，只有根据辩证唯物主义和历史唯物主义，才能对翻译的性质给予科学的说明。虽然翻译表面上是译者个人的活动，但是译者对于翻译材料、翻译方法及翻译标准的选择却不能不受到他所属的社会集团的要求和愿望的制约。如果译者属于进步的社会集团，他的翻译活动就反映着社会发展的需要和方向；如果他属于没落的社会集团，他的翻译活动就同社会发展的需要和方向背道而驰。

总之，翻译作为一种社会实践活动，是群体的普遍制约性和个体的高度自主性的对立统一。至于作为个体活动的翻译的性质，也需要用列宁的反映论来加以阐释。按照列宁的反映论，原作乃是作者对现实世界的逻辑反映或艺术反映，翻译则是把原作中包含的现实世界的逻辑映象或艺术映象进行再认识再反映。有人用摄影艺术来比喻创作和翻译，创作是直接取景拍照，翻译则是翻拍。这种比喻有一定道理。但是，不论创作还是翻译，都要经过人的头脑，都不像摄影艺术那样死板。原作中包含的现实世界的逻辑映象或艺术映象，乃是原作者根据一定世界观对现实世界的反映，其中不但包含着现实世界的印象，而且包含着原作者对现实世界的理解和评价，即原作者作为社会人和科学家（艺术家）的面貌。而在译文中重新反映出来的现实世界的逻辑映象或艺术映象，不但包含着原作中的现实世界映象以及原作者的面貌，还包含着译者按照自己的世界观对前两者的理解和评价，即译者作为社会人和科学家（艺术家）的面貌，因此，从反映论角度来看，翻译是一种十分复杂的现象。

翻译是两个语言社会之间的交际过程和交际工具，它的目的是要促进本语言社会的政治、经济和（或）文化进步，它的任务是要把原作中包含的现实世界的逻辑映象或艺术映象，完好无损地从一种语言中移注到另一种语言中去。要把现实世界的逻辑映象或艺术映象从一种语言中移注到另一种语言中去，并不像把酒从旧瓶移注到新瓶中去那样简单。这是因为,包含在原作中的现实世界映象是在它的天然的语言土壤中物质化和客观化了的,同它的表现材料须臾不可分离,正像画同画布和颜料须臾不可分离一样。因此,要把这种现实世界映象移注到另一种语言中去,就必须使这种映象重新反映在译者的头脑中,然后再在另一种语言中重新物质化和客观化。而这另一种语言却不是这种映象的天然土壤,因而移植过程就不能不充满着矛盾和困难。这些矛盾和困难是由五个方面的原因造成的:第一,一种文化和另一种文化之间有一定距离;第二,一种语言和另一种语言之间有一定距离;第三,译者对原作的理解和原作的本意之间有一定距离;第四,译者的表达能力和译者对原作的理解之间有一定距离;第五,译者的气质和创作个性同原作者的气质和创作个性之间有一定距离。因此,作为个体活动,从绝对意义上讲,翻译是一种歪曲事物本性的相当不自然的现象。但是,作为群体活动,从相对意义上讲,翻译又是一种十分自然的现象。因为如果没有翻译这一交际工具,两个语言社会之间就难以实现任何重大的交际活动。从历史上看,翻译对世界历史的发展的确起过,而且至今还在起着巨大的作用。所以,翻译又是一种十分自然的现象。翻译之所以具有这种自然又不自然的特性,正是由于自然语言有一种奇特的矛盾特性:它既是人类交际的工具,又是阻碍人类交际的工具。

二、翻译的标准和原则

对翻译标准问题的探讨历来是中外翻译界的热点话题,特别是在我国,翻译标准一直是翻译理论界讨论的焦点问题。那么什么是翻译的标准?《译学词典》是这样定义的:“翻译标准指翻译活动必须遵循的准绳,是衡量译文质量的尺度,是翻译工作者不断努力以期达到的目标。”

从事任何翻译实践都要遵循一定的标准或原则。然而,由于各种主观因素,人们看待翻译的角度不同,采用的标准也就各异。因此,翻译界至今对翻译的标准和原则还没有完全一致的定论。

(一)中国具有代表性的翻译标准和原则

1. 善译

清末外交家、学者马建忠提出了“善译”的观点。“善译”标准是译者要熟悉两种语言,清楚语言间的差异;要弄清原文的意旨神情和文体风格,把它传达出来;译文与原文要对等,读者读了译文后的感受要与读原文的感受相同。其实,后来西方的一些翻译理论家如费道罗夫和奈达提出的“等值翻译”“动态对等”与他的这个观点是类似的,但由于马建忠本人没有从事翻译实践活动,他没有用实践去证实自己的理论,因此,他的“善译”标准没有得到后人的重视,但对今天的翻译工作仍具有很大的指导意义。

2. 信、达、雅

清代翻译家严复提出了“信、达、雅”的标准。他指出:“译事三难:信、达、雅。求其信已大难矣。顾信矣不达,虽译犹不译也,则达尚焉……《易》曰:‘修辞立诚。’子曰:‘辞达而已！’又曰：‘言之无文，行之不远。’三者乃文章正轨，亦即为译事楷模。故信、达而外，求其尔雅。”

“信、达、雅”是严复吸收古代佛经翻译思想并基于自己的翻译实践活动，对翻译经验和切身感受的概括与总结，严复在提出把“信”作为翻译首要标准的同时，又强调了“达”的作用。在严复的“信、达、雅”标准中，最受非议的是“雅”。他说的“雅”，即“尔雅、古雅”，指的是译文应采用汉代以前的文言文。而且“雅”容易误导大众，如果原文不“雅”，译文“雅”的话就不“信”了。因此，现代翻译学家赋予了“雅”新的含义，要求译文要艺术地再现和加强原作的风格特色来吸引读者。译文应保持原作的风格，不能以译者的风格代替原作的风格。如果原作是通俗的口语体，不能为了“雅”而译成文绉约的书面体；如果原作是文雅洗练的，译文则应保持其“雅”的风格，不能译成通俗的口语体。严复认为，翻译要做到“信、达、雅”是很难的，其中，“信”是最重要也是最难做到的。在确保“信”的前提下，又需求“达”。求“达”是为了确保“信”，不“达”则不“信”。为了“达”，就必须采用“达”的翻译方法。也就是说，要充分考虑中西文法、句法的不同，把原意吃透之后再“下笔抒词”，而不是逐字翻译。“信”“达”之后，还要“雅”。三者虽有前后主次之分，但又是相互依存的。

严复提出的“信、达、雅”翻译标准，引起了很多翻译界人士的关注和评论，并且一直在中国翻译理论上占有极高的地位，成为我国翻译界影响最深、最具生命力的翻译标准。

3. 忠实、通顺、美

学贯中西的翻译家林语堂在其《论翻译》中提出了“忠实、通顺、美”的标准，这一提法实质上是将严复的标准进行了继承与拓展，用“美”的标准代替了严复“雅”的标准。他认为译者不但要求达义，而且要以传神为目的，译文必须忠实于原文之字神句气与言外之意。

4. 神似

现代翻译家、文艺评论家傅雷提出：“以效果而论，翻译应像临画一样，所求的不在形似，而是神似。”他认为任何作品，不精读四五遍绝不动笔，是为译本基本法门。首先要将原作（连同思想、感情、气氛、情调等）化为我有，方能谈到移译。

5. 化境

现代作家、文学研究家钱钟书指出：“文学翻译的最高标准可以说是‘化’。把作品从一国文字转变成另一国文字，既能不因语文习惯的差异而露出生硬牵强的痕迹，又能完全保存原作的风味，那就算得入于‘化境’。”即把原作翻译过来时，文字换了，可原文的思想、感情、风格都不留痕迹地由译入语传达出来，译文读者读来就如在读原作一样。钱钟书将“化境”比为原作的“投胎转世”，躯体换了一个，而精魂依然故我。

6. 意美、音美、形美

曾获得翻译文化终身成就奖的翻译家许渊冲认为，翻译不仅要译意，还要译音、译形，争取意美、音美、形美。他总结的“译经”对翻译工作有着很好的指导作用，其内容是：“译可译，非常译；忘其形，得其意。得意，理解之始；忘形，表达之母。故应得意，以求其同；故可忘形，以存其异。两者同出，异名同谓：得意忘形，求同存异，翻译之门。”

7. 翻译标准多元互补论

所谓“翻译标准多元互补论”，是指一个由若干个具体标准组成的相辅相成的标准系统，它们各自具有其特定的功能。该理论提出者——国际中西文化比较协会会长辜正坤认为，具体的翻译标准应该是多元的而不是一元的。翻译标准可以分成抽象标准和具体标准两大类，这两大标准构成一个互相制约和补充的有机系统。抽象标准具有一元性，具体标准具有多元性，其理论的要点有以下四方面。(1)翻译标准是多元的。(2)翻译标准是一个有机的实时变动的标准系统。在这个系统中，最高标准是最佳近似度。这是一个形同虚设的抽象标准，真正有实际意义的是一大群具体标准。(3)具体标准中又有主标准和次标准的区别，主标准也称为可变主标准。(4)多元标准是互补的。辜正坤教授认为翻译应该博采众长，使译文无限接近原文。由于文学接受者(含翻译工作者)的文化素养和审美心理有差别，他们对译文价值的认知程度也会出现差异。对此，翻译标准就会因人而异，其结果没有也不可能有一个绝对的标准。翻译的标准应该是多元化的，而且各种标准只有在互相补足的情况下才能发挥自己的优势，才能成就上佳的译文。

该理论从辩证的、客观的角度出发，肯定了各种标准的优点，处理好了具体和抽象的问题，论证了各种标准同时存在的意义和同时运用多种标准的可能性与合理性。这种在原来的一元标准论基础上建立起来的多元标准系统，具有很大的包容性，在翻译实践中能够灵活而且广泛地运用。

(二)国外具有代表性的翻译标准和原则

1. “好的翻译”的总原则和翻译的三条基本原则

18 世纪末，英国爱丁堡大学教授泰特勒给“好的翻译”定的总原则是：“好的翻译应该是把原作的长处完全地移注到另一种语言，以使译入语所属国家的本地人能明白地领悟、强烈地感受，如同使用原作语言的人所领悟、所感受的一样。”

泰特勒在该书中还系统地提到了进行翻译和评判翻译的三条基本原则。

① A translation should give a complete transcript of the ideas of the original work.(译文应完全传达原文的思想。)

② The style and style of the translation should be consistent with the original.(译文的风格和笔调应与原文一致。)

③ The translation should be as smooth as the original.(译文应像原文一样流畅。)

泰特勒提出的三原则成为后来诸多翻译家所遵循的信条，并对 19—20 世纪西方的翻译理论产生了积极影响。

2. 确切翻译原则

苏联的翻译理论家费道罗夫在 1953 年出版的《翻译理论概要》一书中提出了“确切翻译原则”，认为翻译的确切性就是表达原文思想内容的完全准确和在修饰作用上与原文的完全一致。这是苏联第一部从语言学角度研究翻译理论的专著，其核心内容就是“等值论”或

“等值翻译”。

费道罗夫认为有两项原则对于一切翻译工作者来说都是共通的：(1)翻译的目的是尽量确切地使不懂原文的读者(或听者)了解原作或讲话的内容；(2)翻译就是用一种语言把另一种语言在内容与形式不可分割的统一中已表达出来的东西准确而完全地表达出来。

费道罗夫是第一个从语言学角度对翻译理论进行系统研究，并向传统的翻译理论研究发起挑战的学者，他坚持认为译文与原文之间完全可以确立确切对等的关系。

3. 形式对等和动态对等

美国著名翻译理论家奈达从语言和翻译的基本原理出发提出了形式对等和动态对等理论。前者在形式和内容上强调语言信息本身，因而能够体现“源语形式特征机械地得以复制地接受语译文的质量”；后者则体现另一种译文质量，即“原文信息在接受语中得以传递，以至译文接受者的反应与原文接受者的反应基本相同”。

奈达指出，两种语言之间有时不存在对等成分，采用形式对等可能会带来问题，如译文读者看不懂译文。此外，形式对等还可能使源语的语法以及文体风格发生扭曲，从而使信息理解出现误差。动态对等注重的是原文意义的再现，所谓动态对等，是指译语接受者与源语接受者能获得大致相同的反应，是和源语信息最接近的、自然的对等。

奈达认为，在翻译过程中，译者必须尊重接受语的特征，不要随意创造语言，要不断思考该怎样才能更好地表达接受语。按照奈达的观点，判断译文的优劣不能停留在对应的词义、语法结构和修辞手段的对比上，重要的是接触译文的人有哪种程度的正确理解，换言之，译文对译文接受者所起的作用，应与原文对原文接受者所起的作用大体相同。

4. 文本中心论

英国著名翻译理论家纽马克教授提出了文本中心论。他把要翻译的对象看成文本，并根据语言的功能把文本分为表达型、信息型和呼唤型三大类。表达型包括严肃的文学作品、声明和信件等；信息型包括书籍、报告、论文、备忘录等；呼唤型包括各种宣传片、说明书和通俗小说等。他认为不同的文本应该用不同的翻译方法。纽马克把翻译方法分为语义翻译和交际翻译两种，前者强调忠实于原作“原作者”，后者强调忠实于译作“读者”，不同的评价标准，不同的“等效”要求。

综上所述，可见翻译的标准提法很多，可以说是各抒己见，百家争鸣。我国现在作为翻译实践的准绳和衡量译文好坏通用的翻译标准是忠实、通顺。

忠实是翻译中最重要的原则，指译文应在内容与风格上忠实于原文，译者应忠实而确切地传达作者的思想，译者没有权力为了满足自己的喜好而随意改变原作的意思；通顺则要求译文与原文一样流畅、自然，同时要求译文的语言清晰、地道。忠实与通顺是相辅相成的。忠而不顺，读者读不懂，也就谈不上忠；顺而不忠，失去原作风格、内容，通顺也就毫无意义。因此，译者必须对原作有透彻的理解，然后把所理解的东西用译语加以确切表达。翻译要在忠实于原作内容的前提下，力求译文形式的通顺，又要在译文通顺的前提下，尽可能做到忠实于原作的形式。

三、翻译的作用和意义

作为人类社会历史最悠久的活动之一，翻译几乎与语言是同时诞生的。从原始部落的亲善交往、文艺复兴时期古代古籍的发现和传播，直至今天世界各国之间文学、艺术、哲学、科学技术、政治、经济的频繁交流与往来，维护世界的稳定和持久和平，翻译都发挥了不可估量的作用。

翻译的目的就是为了相互理解、消除差异、力求统一，但是要真正地做到统一却是不可能的。只是力求在进行翻译的活动时，尽可能使译文准确传达出源语的内容和文化内涵。

从根本上讲，翻译所起的最为本质的作用之一，便是其基于交际的人类心灵的沟通。翻译因人类的交际需要而生。因为有了翻译，人类社会才从相互阻隔走向相互交往，从封闭走向开放，从狭隘走向开阔。借助翻译，人类社会不断交流其创造的文明成果，互通有无，彼此促进。正因为有了沟通人类心灵的跨文化交际活动，才有了人类社会今天的发展。所以我们可以断言翻译在促进世界进步上的作用是巨大的。在人类发展的过程中，不同地域的人们，不同民族的人们要互相沟通、进行交流，翻译也是不同民族、不同语言之间的信息传递和文化交流的工具。因为语言作为一种社会力量，伴随着人们的社会实践和生产实践，推动着人类的进步和文明的发展，几乎就是在文明开始向前迈出第一步的时候，翻译也在人类文明的进程中产生作用了。季羡林在《中国翻译词典》的序言中说："只要语言文字不同，不管是在一个国家或民族内，还是在众多的国家或民族间，翻译都是必要的。否则思想就无法沟通，文化就难以交流，人类社会也就难以前进。"可见，翻译的意义和作用是多么重大。正因为如此，翻译为了人类相互交流的需要而产生，所以寻求思想的沟通，促进文化的交流，就是翻译的目的或任务之所在。

翻译是与民族的交往共生、与文化的互动同在的。翻译是跨文化的语言转换艺术，文学作品超越国界，通过翻译又超越语种，进而越过地域和历史形成的某些特定社会习俗与人际关系，要求译者从某种语言的创作中发掘该种语言社会的独特的文化，并将这种文化传递到另一种文化语境中。这种文化的互相促进、交流和渗透就是翻译带来的成果，也是翻译的意义和价值所在。

庞德在论及英国文学时也说道："引为自豪的英国传统文学，也是建立在翻译作品上的。每一次新的繁荣都是由翻译作品的激励而起。每个伟大的文学作品，也都出现在翻译作品众多的时代。"西方的几次文化转型，极大地促进了翻译事业的发展，而翻译事业的发展又促进了文明的进步和科学的发展。例如，希腊罗马时期，罗马帝国在军事上征服了希腊，但也同时把希腊文明传播给整个欧洲；文艺复兴时期新兴资产阶级的兴起，打破神学和经院哲学对人民思想的束缚，建立为人服务的世俗性质的新文化和新思想体系，掀起学习希腊、阿

拉伯语著作的热潮，从古典文化中去寻找思想武器；19 世纪末资本主义全球性发展、工业发展、科学进步更促进了翻译事业，跨文化的传播活动显得十分重要；到 20 世纪，经济的全球一体化趋势使翻译达到了几乎无处不在、无时不有的程度。

翻译在世界文明进程中扮演着重要而独特的角色。社会的发展、文化的积累和丰富与文明的进步是密切结合在一起的，所以在探讨翻译之于社会的作用时，实际上已经涉及了翻译与文化发展的关系。随着翻译研究的不断发展，翻译文化意识的日益觉醒，人们对翻译的认识、对其作用和意义的理解也不断地深入。

第三章　高校英语翻译教学的现状与问题

第一节　翻译教学主体交往的缺失与交往环境创设

一、翻译教学主体交往的缺失与局限

（一）交往实践模式与教学交往

西方哲学中所发生的从自我到他我的转向被称为“主体间性转向”，而伴随着这种转向，“交往”作为解决主体间性问题的设想，成为研究的核心概念。现代社会，交往的重要性更是日益凸显。交往被看作人的基本存在方式，是共在的主体实现彼此之间的交流和沟通，从而实现相互作用和相互理解的过程。交往对于主体和主体性而言具有至关重要的意义，交往不仅决定了对主体和主体性的基本规定，还影响了主体认知能力的发展。可以说，没有交往，人的社会和文化特质就无从谈起；没有交往，主体就无所存在。

交往不仅发生在主观与客观世界之间，在不同的主体之间以及主体和自身之间同样也有交往的发生。西方哲学具有悠久的历史，交往也已具有了非常丰富的含义。但这些含义概括起来不外乎三种：第一种交往发生在主体与客体之间，是作为主体的人改造或者创造客体的过程，其表征是人与自然的关系，交往实践模式表征为“主体—客体”模式。第二种交往发生在主体与主体之间，强调共在主体间的相互作用、交流、沟通和理解。这种交往并不包括人与自然的交往，其表征为人与人之间形成的社会关系，交往实践模式表征则是“主体—主体”模式。第三种交往强调主体与客体、主体与主体双重关系的统一，即人与物、人与人双重关系的统一。这种关系不单单表征为人与自然或者人与人之间的关系，而是“在人与自然的关系中已涵盖了人与人的关系，在人与人的关系中已预设了人与自然的关系”。

1.“主—客”模式与教学交往

“主—客”交往实践模式是传统实践观中的交往模式。自笛卡尔以来，近代西方哲学家们非常关注对个体性主体哲学的探究，他们试图解释主体是如何认识客体的。由于这种模式只关注主体与客体之间形成的二元对立关系，对于主体之间的交往活动和形成的交往关系却视而不见，因此，这种交往实践模式的局限性显而易见：它解释的是主客之间倾向于静态的交往关系，不能反映交往主体之间动态多元的交往本质。这种模式的根本性缺陷是其单一的主体观，即忽视了人的社会性，将人与人之间形成的关系排斥在外，因此也就无法揭

示主体活动和主体性建构的本质。

传统实践观中的“主一客”交往实践模式对于教学中的交往模式影响深远。这种影响首先表现在教学主体对于知识的态度和理念上，传统实践观认为知识是绝对的、静态的、独立于主体之外的，对于客观世界的一切知识，主体都是可以认识认知的，通过教学能够实现学生对知识的认识和认知；其次，在教学理念上也能看这种交往实践模式的影响。在这种认识论基础上，教学目的就是让学生通过对知识的掌握，实现对客观世界的认识，教学过程就是实现学生对知识的掌握和对客观世界的认识。教学内容是来自客观世界的各种知识，最有效的教学方法是传授法，即教师面对全班进行知识的传授和讲解，学生进行倾听。在这种教学理念下，教学中最为常见的交往形式是教师与班级群体交往，其他交往方式很少。在这种交往关系中，教师作为知识的化身和掌握知识的权威，在师生交往中处于绝对的权威地位。

2. “主一主” 模式与教学交往

与“主一客”交往实践模式发生在认识论上的意义不同，“主一主”交往模式发生在现代本体论意义上，关注的是更为本质的问题，即主体与主体之间的交往问题，也就是所谓的“主体性”问题。比较有代表性的理论有埃德蒙德·胡塞尔的交互主体论和哈贝马斯的交往理论。

有感于实证科学对现代人的生活和思维所造成的影响，埃德蒙德·胡塞尔对“科学世界”和“生活世界”两个关键概念加以区分并提出了“交互主体论”，强烈主张人们回归生活世界并通过交往去探寻生活的真正意义。他认为只有在生活世界中人们才能真正地进行生动的、充满“人格主义态度”的交往。而“交互主体性”在这种交往中具有决定性意义，互为主体的交往个体之间是平等的、民主的，他们体现出的是“主一主”关系，这种关系与本质上互为目的和工具的“主一客”交往关系截然不同。在胡塞尔看来，主体之间应该形成的是一种“同情”关系，在这种同情关系下，我们需要通过理智的态度和思考实现精神的转化，即将别人的精神转化为自己的精神，由此实现自己与他人之间在地位上的完全平等。可以看出，胡塞尔非常强调主体之间心灵和精神层次上的交往。其实，这种交往仍然延续了“主一客”交往模式，因为在这种交往模式中，交往双方都将自我设为主体而将对方设为客体。如此一来，交往双方就同时作为交往主体和交往客体而存在。只能说这是一种双重的“主一客”关系，它并没有真正避免或者克服“主一客”交往模式所具有的局限和弊端，在本质上，它仍然是“主一客”交往模式。

理解是主体之间顺利进行有效交往的前提，理解的缺失必然导致交往的障碍和失败，而生活世界的被殖民化则导致深度交往障碍即遭受系统扭曲的交往的出现。

“真实”“正当”“真诚”和“意义”这四个原则是交往的有效性和持续性的保障，而普遍语用学则为行动者与他人的交往提供了规则。能够看出，这些核心概念在很大程度上强调的是精神层次。

应该说，“主一主”交往实践模式在很大程度上超越了“主一客”交往实践模式，更加接近交往的本质问题，这种交往模式关注人与人之间的实际交往和沟通，重视交往的社会性，强化了交往概念在社会形态理论中的地位和作用，深化了批判理论的广度和深度，在批判伪科学主义和实证主义方面采取了新视角，在新的历史条件下具有深刻的积极意义。但由于这种模式忽视了交往客体的地位和作用，因此主体与主体之间的交往常常会因为客体中介的缺失而表现出浓厚的唯心主义和相对主义。其实，教学交往只是实现教学目标的手段，实现学生能力的发展才是目的，脱离了客体中介的教学主体交往常常会导致交往的表面化和虚无主义。

3.“主—客—主”模式与交往教学

（1）交往实践观

“主—客—主”交往实践模式的理论基础是交往实践观，这种交往实践观继承和发展了马克思历史唯物主义交往观。马克思和恩格斯指出，生命的生产表现为自然关系和社会关系在内的双重关系，这种双重关系实际上体现的就是“主—客—主”交往实践模式。从马克思、恩格斯的著作中，可以窥见马克思历史唯物主义交往观的发展轨迹。在《1844年经济哲学手稿》一书中，从经济领域出发，马克思对于交往的问题进行了关注并使用了大量的关于交往的表述。在《关于费尔巴哈的提纲》一书中，马克思关注的有人的本质和人所处的各种关系，例如人与自然、人与人、人与社会之间的关系等。这些关注都为其创立交往理论做了理论上的准备。《德意志意识形态》一书对于马克思、恩格斯的交往思想进行了全面系统的阐释，可以将其看作马克思历史唯物主义交往观所确立的标志。在《资本论》中，马克思明确指出：商品的价值实现、资本的价值增值在实质上反映的是主体之间的交往关系，并不是人们普遍认为的物与物的交往关系，而主体之间的交往关系和物与物的交往关系共同体现了交往实践的关系。在《人类学笔记》中，马克思则从世界普遍交往的高度来观察审视东西方社会发展的进程。

（2）交往教学

交往实践理论有效地弥补了当代交往理论的不足与缺陷，有助于许多当代现实问题的解决。在人类社会之初，人们虽然在劳动中实现了大量的交往，但生产劳动并非教育的形态起源，教育的形态起源是人类的交往活动。鉴于教育的交往起源和交往实践理论的优势，从交往角度研究教学就显示出非常积极的意义和价值，吸引着国内外的学者进行相关的研究。迄今，这方面的研究已经非常成熟，形成了独具特色的交往教学论。

虽然交往教学论作为理论流派出现在20世纪70年代，但实际上交往教学的思想在国内外很早就有所实践。在中国，早在春秋时期，孔子就提出了“不愤不启，不悱不发”的教学理念，在实际的教学实践中运用启发诱导的教学方法，这种实践典型表现为师生之间的对话和交流。孔子不仅在师生之间开展对话和交流，还非常重视生生之间的交流。“独学而无友，则孤陋而寡闻”便是这一思想的集中体现。在古希腊，苏格拉底在自己的教学中实践问答式教学方法，通过师生之间问答、争辩和交流的方式让学生发现真理。

从现代教学理论发展的基本走向也可以看出交往教学的强大渗透力。维果茨基早在

20 世纪 30 年代就认为发生在学校中的教学是交往的特殊形式。到了 70 年代，交往教学理论流派在德国由 K. 沙勒和 K-H. 舍费尔创建，称为“批判—交往教学论”。这种理论将教学过程看作交往过程，提倡师生之间在合理的交往原则指导下，通过交往实现教学目标以达到学生的“解放”。到了 20 世纪 80 年代后半期，在苏联出现了“合作教育学”学派。顾名思义，“合作”提倡教育主体之间尤其是师生之间的交往与合作。而影响力巨大的建构主义教学观更是重视动态的交往互动对于知识形成的重要意义，充分体现出交往教学的精神。

（二）翻译教学主体交往现状

对于当前英语专业本科翻译教学主体的交往现状，我们以师生为中心，主要关注师—生交往、生—生交往、师生—翻译市场交往和其他交往等几个方面的状况。

1. 师—生交往

（1）交往努力与交往频率

交往努力是教学主体为实现交往目的而在教学交往过程中付出的各种努力和表现出的积极行为。各个教学主体如果能够努力创造条件进行交往，就会创造出和谐的主体关系，非常有利于教学的进行和教学效果的提高。教学交往中需要多向的交往努力，单向的努力有可能会使交往中断，尤其是在师生之间的交往上更是如此，只有依赖于师生双方的努力，才能保证其交往的广度和深度。只有双方都表现出积极的态度并付诸相应的行动，才能保障交往的畅通和良好交往关系的建立。师生间的交往努力不仅包括师生对彼此交往关系的积极认识，更为重要的是师生依据相关的认识，及时有效地对自己的交往行为进行调整，积极恰当地创造交往关系，实现真正意义上的交往。交往频率是交往主体在单位时间内的交往频次，虽然交往频率并不代表交往的质量，但过低的交往频率肯定会影响交往效果。

（2）交往内容

在交往内容上，大多数的师生交往是针对课堂教学内容的，除了就教学内容进行交往外，情感交往也应该是师生之间交往的重要内容。联结交往主体的最佳纽带是情感，人们交流的目的之一也是为了在情感和精神上获得一定程度的满足，对于教育交往而言更是如此。教育交往以实现人的培养和发展为终极目标，离开了情感交往，这种目标就无从谈起。而在现代教育交往中，交往主体之间的情感交往急剧减少，取而代之的是情感淡漠的交往甚至是完全没有积极情感的交往。应该说，在翻译教学中，师生之间在精神交往方面是一片荒原。而这片荒原的存在意味着师生之间在情感和精神方面和谐纽带的缺失，而这根纽带恰恰是促进翻译教学效果提升和教学目标实现的催化剂，更是教育在实现培养“人”的目标中的“药引子”。

（3）交往方式

在交往的方式上，师生之间也往往局限于问—答形式，典型的有课堂上教师提问学生回答、教师询问学生应答和学生提出疑问教师作答三种方式。在第一种方式中，教师选择翻译教学中涉及的问题或者翻译练习向学生提问，学生给出相应回答，教师再对学生的回答进行评价或者补充。在第二种方式中，教师就翻译学习的状况或者某个翻译练习任务的完成对学生进行询问，学生进行相关的应答，这实际上是教师对学生翻译学习情况的一种了解方式和途径。在第三种方式中，学生向教师提出自己在翻译学习中的问题和疑惑，请求教师的帮助和指导。总体而言，师生之间的交往方式非常受限，仅仅是停留在问一答形式，而师生共同研讨型、辩论型的交往形式非常少。

这种问一答式的交往方式属于典型的单向度交往，学生处于被客体化的地位，体现出师生之间不平等的交往关系：教师在某个翻译问题上是权威，能够给出正确答案；在翻译练习上是标准，能够提供标准译文。教师的问是检查检阅，学生的答是应对检查检阅，学生的问是寻求终极答案，教师的答是提供标准答案，师生之间没有跳出问一答的交往方式，也没有脱离传统的师生关系。这种师生之间交往的方式对于翻译教学而言其弊端是非常明显和突出的，尤其表现在翻译实践方面。众所周知，翻译没有标准答案和最终译文，阐释学原理和译者主体性理论已经为此提供了强有力的理论证明和依据。翻译实践的这种特点要求师生之间采取一定的研讨型和辩论型的交往方式，在这种交往当中，学生会非常自然地了解翻译的本质，并锻炼自己的翻译能力。而传统的师生交往关系只能让学生在翻译学习和翻译实践中盲从权威，追求单一标准和终极译文，这些都违背了翻译的本质，与翻译教学的目标也是背道而驰的。

在交往方式上，当前翻译教学中的师生交往还有一个特点，那就是教师一学生群体的交往方式占主流，教师一学生个体的交往方式在很大程度上呈缺失状态。师生之间的交往按照涉及的主体可以分为教师一学生群体交往、教师一学生小组交往和教师一学生个体交往。根据教学内容、教学目标和实际的教学环境等因素，师生之间应该选择适当的交往类型。总体而言，对于知识的讲解和传授，适合采用教师一学生群体的交往方式。对于某项教学活动的开展，教师一学生小组的交往方式更为合适。此外，教师还必须给予不同的学生个体以适当的关注，这种关注除了能够促进学生个体的学习之外，还能够深入学生心灵，有利于学生健全人格的培养。

2. 生一生交往

教学中的另一类主体交往发生在学生与学生之间，将其简称为生生交往。充分健全的生生交往不仅有利于良好学习环境的构建，更能够促进学生学习，增强学习效果。与师生交往不同的是，生生交往在时间、空间、交往方式和交往内容方面都应该更具优势。那么在当前的翻译教学中，生生交往的状况如何呢?

对于翻译教学中生生交往状况的调查，主要关注学生之间的合作学习情况。合作学习是生生间就学习进行的重要交往形式，是学生与学生之间通过协作的方式共同完成某个学习任务，或者通过协商的方式解决学习中的问题或者困惑。合作学习可以发生在两个学生之间，也可以发生在三个或者三个以上的学生群体之间。学生之间进行合作学习非常有利于提高学习效率、提升学习效果。另外，合作学习也有利于学生良好关系的创建，有利于学生健康身心的发展和良好人格及素养的形成。

总体而言，在当前的翻译教学中，生生之间的交往无论是在交往积极性、交往时间、交往空间，还是在交往内容等方面都是很不充分的。多数学生反映就交往内容而言，他们一般不会超出翻译课程的教学内容，无论是共同讨论、协作完成翻译任务，还是就相关的疑问和问题进行协商，多数交往都是围绕上课内容进行的，而在交往时间和空间方面，离开了课堂和教室，很少有人再就翻译问题进行交往。而在交往过程中就翻译问题产生不同意见时，多数学生往往选择中断交往的方式而不是就相关的问题进行辩论和继续探讨。

二、交往环境创设

（一）翻译教学主体交往环境认识

认识翻译教学主体的交往环境，包括对以下因素的认识和认知：翻译教学主体交往环境的内涵、分类和功能，多极翻译教学主体与交往环境的关系，多极翻译教学主体交往环境与传统翻译教学环境的区分，等等。

1. 翻译教学主体交往环境内涵

"环境"一词在古汉语中至少有两种词义。第一种是指"周围的地方"。例如，在《新唐书·王凝传》中有这样的句子："时江南环境为盗区，凝以强弩据采石，张疑帜，遣别将马颖，解和州之围。"第二种是指"环绕所管辖的地区"。截至近代，"环境"一词的内涵扩大，其所指由物质性拓展到非物质性、由显性延伸到隐性，其词义扩展到"周围的自然条件和社会条件"。如茅盾在《青年苦闷的分析》中写道："只有不断地和环境奋斗，然后才可以使你成长。"

当今，"环境"一词已具有了更加丰富的内涵，但对于环境的不同界定还是有很雷同的出发点。总体来说，人们普遍认为，环境均是相对于某一事物来说的，是指围绕着某一事物并对该事物产生某些影响的所有外界事物，即环境是指某个主体周围的情况和条件。

对于环境内涵的理解虽然没有共识，但有一点是共同的，那就是对环境的种种界定往往是以人为中心点，将人周围的相关因素视作环境。在这种界定中，人与环境是二分的。这种将人与环境相分离的做法实际上是人类中心主义的典型表现。环境就是影响特定主体行为或者活动的综合情境和一切因素的总和。在实施特定的行为或者进行特定的活动时，主体本身实际上也是环境的重要组成因素，主体与其他环境因素相互作用，共同影响主体行为或者活动的完成情况和效果。这种将主体本身视作环境构成因素的做法有利于人们形成对环境的正确认识，恰当处理与环境的关系并有效地进行环境创设，对人类的认识行为和实践行为是有益的。

在英语专业翻译教学中，交往主体有翻译教师、学生、来自翻译市场的代表、外语系/学院教学指导小组、校教学组织管理部门、高等学校外语专业教学指导委员会英语组等。既然环境是影响特定主体行为或者活动的综合情境和一切因素的总和，那么英语专业翻译教学主体的交往环境就是影响这些多极主体的交往行为和交往活动的综合情境与各种因素的总和。

2. 多极翻译教学主体交往环境分类

对于环境的划分，人们的普遍做法是按照其属性，将其分为自然环境、人工环境和社会环境。其中，自然环境是未经过人的加工改造而天然存在的环境，人工环境是在自然环境的基础上经过人的加工改造所形成的环境，或人为创造的环境。人工环境与自然环境的区别主要在于人工环境对自然物质的形态做了较大的改变，使其失去了原有的面貌。而社会环境则是指由人与人之间的各种社会关系所形成的环境，包括政治制度、经济体制、文化传统、社会治安、邻里关系等。

对于多极翻译教学主体的交往环境，可以采用不同的标准对其加以分类。例如，按照交往发生的空间，可以将其分为校内交往环境、校外交往环境，前者包括课堂教学交往环境和其他校园交往环境，后者则包括翻译市场交往环境和社会交往环境，等等。按照交往发生的时间，可以将其分为教学前交往环境、教学中交往环境和教学后交往环境，其中教学前和教学后交往环境可能在课堂和教室之外，而教学中交往环境则集中在课堂教学阶段。另外，我们还可以将其分为真实交往环境和虚拟交往环境、硬交往环境和软交往环境、显性交往环境和隐性交往环境等。

考虑到翻译教学主体交往环境的创设，以内容构成为参照来划分翻译教学主体的交往环境更加具有可操作性和指导意义。翻译教学主体交往环境在内容构成上可以分为三个范畴，分别是物理性交往环境、心理性交往环境和技术性交往环境。

（1）物理性交往环境

人们通常将教学意义上的物理环境局限于课堂物理环境，在时间上没有突破课堂教学阶段，在空间上没有超出教室，交往的主体也仅限于教师和学生。这里对翻译教学主体物理性交往环境的讨论是在教学过程的整体观照下进行的，在交往时间上不仅包括教学中阶段，也包括教学前和教学后阶段。在交往空间上则突破了教室，将其他校舍、办公室等校内环境和翻译市场等校外环境囊括其中，交往的主体包括翻译教师、学生、来自翻译市场的代表、外语系 / 学院教学指导小组、校教学组织管理部门和高等学校外语专业教学指导委员会英语组等。

翻译教学主体的物理性交往环境是指多极翻译教学主体进行交往的场所布置、交往设备和工具等以物质形态存在的有形环境。在时间上包括翻译教学前、教学中（主要是翻译课堂教学）和教学后三个阶段的物理交往环境。在这几种环境中，教学中阶段的物理交往环境得到的关注最多，教学中阶段的物理交往环境以课堂教学为背景，其空间构成以教室为中心，包括教室内的光线、颜色、声音、教学设施摆放（例如桌椅的摆放）、班级的规模大小，等等。

物理性交往环境在教学中发挥着重要的作用。以师生与翻译教学管理主体（校教学组织管理部门）间的交往为例，如果选择创设的物理环境适当，管理主体就会从师生那里搜集到更多有效的教学信息，师生也会得到更多富有价值的信息反馈，从而为翻译教学的改善和教学效果的提升做好准备。

（2）心理性交往环境

这里所说的以翻译教学主体交往为取向的心理交往环境在主体范围上不仅包括教师和学生，也包括来自翻译市场的代表、外语系/学院的教学指导小组、所在学校的教学组织管理部门等。在时间上涵盖多极翻译教学主体在教学前、教学中和教学后不同阶段的心理；在空间上则由教室和学校延伸到翻译市场和社会。概括来说，以翻译教学主体交往为取向的心理交往环境指的是对多极翻译教学主体的交往产生影响的各种非物质因素的总和，包括交往主体在交往过程中于认知、情感、动机、兴趣等诸方面的综合表征，也包括他们在交往过程中所形成的人际关系和氛围。

以翻译教学主体交往为取向的心理交往环境也可以分为积极的、消极的和对抗的三种类型。其中积极的心理交往环境指的是多极翻译教学主体都能够积极参与翻译教学交往，主体之间不仅形成了民主和谐的交往关系，而且能够互相尊重、互相负责，形成有利于实现交往目的的氛围。

积极健康的心理交往环境是多极翻译教学主体之间顺利开展交往的前提和保障，并直接影响了交往的效果。另外，积极的心理交往环境也对交往主体尤其是学生的人格塑造和情操陶冶产生巨大影响。以学生的学习动机为例，如果学生在翻译学习中具有良好的学习动机，那么这种动机就会转化为巨大的学习动力，促使学生积极地与相关的主体开展交往，最终有利于其翻译学习效果的提高。再以师生之间形成的人际交往关系为例，如果教师在与学生的交往过程中建立起与学生之间民主平等的交往关系，就会促使学生在师生交往中采取积极主动的态度，而且由于和教师之间有良好的交往关系，学生对于翻译课程也会爱屋及乌，最终促进翻译学习效果的理想实现；反之，如果学生在与教师的交往中产生压抑、猜疑甚至是仇恨的情绪，那么这种情绪就会影响学生对于翻译课程的喜好和最终教学效果的实现。

（3）技术性交往环境

以翻译教学主体交往为取向的技术性交往环境是指多极翻译教学主体在交往中采用的技术集合，这种集合是整个交往环境中的重要参数。传统教学中的技术是指在教学中采用的技术性手段，包括课堂教学中使用的多媒体技术手段、计算机、投影仪、各种播放器、显示器、闭路电视等，对于这些技术的运用多局限于课堂教学阶段，使用这些技术的往往是教师。

技术性交往环境对于翻译教学主体的交往具有积极意义，主要表现在以下几个方面。第一，技术性交往环境为翻译教学主体富有实效地开展交往提供了技术支持。在理想的技术环境中，信息在不同教学主体间的传播和接受效率都会大大提升，其效果也远远优于没有技术支持的教学效果。第二，技术环境为教学主体的交往在时间和空间上进行了极大的拓展和延伸。借助一定的技术，教学主体不仅在教学中这一阶段可以有效开展交往，还可以在教学前和教学后阶段进行交往，从而在空间和时间上使交往无处不在、无时不在，便利了主体之间开展离场交往和非实时性交往。第三，技术环境提供的模拟真实环境有利于学生了解翻译职场中的行为和运作机制。即使不亲临现场，学生也能了解相关的知识和规律，这在翻译课时非常有限的情况下尤其必要。第四，技术环境将不可能发生的直接交往转化为间接交往。由于种种原因，多极翻译教学主体之间不可能总是进行直接交往。但是利用相关的技术支持，不同主体之间可以进行间接交往，例如师生之间在课堂教学之外不可能总是进行直接交往，但课前和课后的交往又非常必要，技术环境就为这种交往的发生提供了可能，师生可以利用网络媒体进行交流，实现直接交往与间接交往互补。第五，技术环境使交往主体共享教学资源成为可能。教育信息化的核心是教育信息资源的共享。

（二）翻译教学主体交往环境创设

1. 创设意义

翻译教学主体交往环境的创设对于翻译教学具有积极的现实意义与实践意义，这种意义表现在以下几个方面。

（1）使主体交往成为可能

翻译教学主体的任何交往行为都发生在一定的交往环境之中，交往环境是主体开展交往的依托，离开了这个依托，主体的交往行为就无从发生。交往环境不仅为主体的交往提供诸如空间场所等物质性因素和技术手段等支持，也为主体的交往在心理和氛围方面提供了精神性和心理性因素。交往环境是交往行为发生的前提条件，只有在一定的交往环境中主体交往行为的发生才会成为可能。正如人的生存需要水、空气等基本要素一样，交往环境也为主体的交往提供了基本要素，这些要素对于主体交往的重要性堪比水和空气对人生存的重要性。

只有在一定的交往环境中，翻译教学主体的交往才会成为可能。从本质上说，交往互动实际上体现了交往个体与环境之间相互影响的关系。交往环境的创设是翻译教学主体交往体系建构中的一个必不可少的步骤。从一定意义上说，创设交往环境就是为翻译教学主体的交往做准备，为翻译教学主体的交往在物质上、心理上和技术上提供支持和保证，创设了交往环境就等于为交往主体的交往搭建了一个特定的交往舞台，离开了这个舞台就没有交往行为的发生。

（2）制约影响交往行为

按照环境心理学的观点，人的行为与环境的关系密切，总体来看，人的一切行为不仅总是在特定的环境中发生，而且与环境有着某种对应关系。翻译教学主体的交往环境是一种特殊的社会环境，对翻译教学主体的交往行为产生了深远的影响和制约作用，在翻译教学过程中发挥着独特的功能。从这一点上说，应该重视翻译教学交往环境的创设。

（3）影响交往效果和交往目的的实现

翻译教学主体交往环境创设的状况对于主体的交往行为产生着制约和影响作用，直接

影响了交往效果和交往目的的实现。一般来说，在良好完备的交往环境中，交往主体的交往行为会顺利流畅，交往效果就会相应提高，交往目的也会顺利实现；反之，交往效果就会差强人意，交往目的也难以实现。因此，在交往环境的创设中，必须对其加以完备和完善以提高交往效果，实现交往目的。

相关的教育实验研究表明，为学生创新素质的健康发展创造良好的环境是创新教育的根本所在。教师并不能直接给予学生创新素质，创新素质是学生自主发展的结果，而且只有在适宜的教育教学环境下，这种发展才能成为现实。因此，为学生创新素质的健康发展创设适宜的教育教学环境是教育工作者的重要责任。

2. 建构主义学习观与交往环境

建构主义学习观的理论基础是建构主义理论，其核心观点是反对传统教学中的教师向学生灌输知识的做法，认为学生应该成为教学活动的中心，强调学生在知识学习中的主动性，即主动探索知识、主动发现知识、主动建构所学知识的意义。建构主义在知识观、学习观、学生观、师生角色观、学习环境和教学原则等方面都与传统观点有很大的不同，在这几个不同的方面，建构主义都表现出对环境的极大重视。

建构主义的知识观强调知识的情境性，学习过程中总是需要针对问题的具体情境对原有知识进行再加工和再创造，时间、空间和环境影响了知识的建构。在学习观中，建构主义认为知识来源于人与环境的交互作用，学习过程实际上是学习者与学习环境的互动过程。

在学生观中，建构主义认为学生在特定的环境中已经形成了自己的先前经验和先前认识。学生在学习过程中的主观认识和经验积累非常重要，学生在先前经验的基础上，经过主体个人经验的合理化建构了新知识。建构主义的师生角色观认为教师应该创设适当的环境实现学生对知识的理想建构。在建构主义看来，教师本身就是学习环境的组成部分。建构主义教学理念以学生为中心，极为关注学生学习的自主性，而环境在实现这种自主性方面具有极为重要的意义。广义的学习环境包括教师在内的各种教学因素，这些因素共同支持学生的自主学习。

在学习环境方面，建构主义认为学习者对意义的建构和知识的获得总是发生在特定的环境之中。在教学原则上，建构主义更是重视环境的作用，认为学生的学习环境应该成为教学目标制定的重要参照，教学过程中应该给学生提供真实的环境以供学生进行学习活动，所提供和设计的环境应该具备一定的复杂性，能够激发学生进行创造性思考和思维。

建构主义提倡学习者自主学习、探索学习、发现学习和合作学习，而这一切都依赖于适当的环境，因此建构主义非常强调对环境的创设。这种创设的针对性非常强，一定要与当前的学习主题密切关联，要尽量创设真实的学习情境。

3. 创设原则

多极翻译教学主体交往环境的创设必须遵循以下原则：目的性原则、系统性原则、多极主体共同参与原则、主体融入与超越原则、不同环境互补原则以及充分利用当地资源原则等。

（1）目的性原则

实现交往是建构翻译教学主体交往体系的全部宗旨，交往目的对翻译教学主体的所有交往活动发挥着导向性作用。应该说，交往目的统领着整个翻译教学主体交往体系的建构，是所有交往行为的努力方向，翻译教学主体交往体系中的所有参数都应围绕交往目的的实现进行设定，交往环境作为这个系统中的重要参数，其设定自然也应体现目的性原则，以实现交往目的为宗旨。例如，师生与翻译市场之间的交往目的主要是培养学生的翻译实践能力，那么在师生与翻译市场之间交往环境的创设上，就应该注重创设以真实翻译项目为基础或者模拟真实翻译项目的交往环境，以培养学生的翻译实践能力。

（2）系统性原则

系统指相同或相类似的事物按一定的程序和内部联系组合而成的整体。“系”指相互联系，“统”指将各部分统一为有机的整体，“系统”是由许多相互联系和相互作用的部分按照一定层次与结构所组成并具特定功能的有机整体。翻译教学主体交往系统包括的参数有交往主体、交往过程、交往目的、交往中介、交往环境以及交往模式。在整个翻译教学主体交往系统中，交往环境只是整个系统中的一个参数，与其他交往参数共同组成整个交往系统并通过与其他参数之间的相互联系和相互作用维持整个系统的运转。因此，探讨交往环境的创设离不开对交往系统的整体观照，也必然要求创设者充分考虑交往环境与其他交往参数的关联以及不同参数之间的关系。

（3）以教师和学生为主、多极主体共同参与原则

多极翻译教学主体是翻译教学交往环境的“主人”，所有的主体必须充分参与交往环境的创设，这从一个方面体现了交往环境创设的整体性原则。但多极主体共同参与交往环境的创设并不意味着没有创设中心，实际上翻译教学交往环境的创设应该以师生为主，毕竟师生是整个交往过程中最为活跃的因素。在这里，尤其要加强学生在交往环境创设中的充分参与。

（4）主体融入与超越原则

主体的任何交往行为都发生在一定的环境之中，同时主体本身也是交往环境的构成因素。因此，交往主体必须融入交往环境，交往环境的创设必须注重交往主体与环境的统一性，注重两者之间的内在关联，强调两者之间的整合与和谐。同时，交往主体又是交往环境的创设者和改进者，能够选择、审视和评价自己所处的交往环境。因此从这一意义上来说，交往主体又能超越交往环境。总体来说，交往主体与交往环境之间存在着既相互独立又有联系、既有矛盾又相互统一的关系，这就要求交往主体在创设交往环境时能够融入交往环境，同时又能够超越交往环境。

（5）不同环境互补原则

不同类型的交往环境在主体交往中发挥着各自独特的作用，同时也有自己的局限之处，任何一种类型的交往环境都不能单独发挥交往环境的整体功能。因此，在创设交往环境时，我们必须关注物理性交往环境、心理性交往环境和技术性交往环境在功能上的互补。

第二节　翻译教学现状与发展策略

一、翻译教学的现状

目前，关于翻译教学争论的问题很多，持有不同的翻译教学观点往往会有完全不同的翻译教学体系和培养模式。其中的关键问题是翻译教学理论与翻译教学实践如何结合，翻译素质和翻译技能如何培养。我们的翻译教学虽然取得了一定的成绩，但也存在着许多问题。

（一）把翻译教学等同于外语教学

许多学校常常以语言教学的模式来讲授翻译教学，教师把大量时间和精力用在纠正语法、惯用法等方面。翻译课仿佛外语课一般，其目的似乎是检查学生在外语学习上的进步或后退。我们的教材上经常有“把下列句子译成英语”这样的练习，这其实是对学习者的误导，因为这种练习只不过是让学生一遍又一遍地复习语法和生词，语言实践完全失去了翻译本身所需要的神似和形似。事实上，翻译教学不是外语教学，而是外语教学的辅助。通过翻译实践，可以发现学生在外语学习方面的弱点。翻译教学属于特殊的教学范畴，它是集理论和实践于一身的教学。翻译教学是教导学生如何利用翻译过程中所需要的理论和原则指导翻译实践，翻译教学必须是在翻译理论指导下的教学活动。有的同学对翻译理论和翻译技巧等知识知之甚少，常常把原文按字面意思翻译出来，却译不出其中的内涵和韵味。

（二）缺乏语篇意识的培养

由于东西方文化的差异，汉语文体和语篇发展同英语文体和语篇发展有着很大的不同。中国学生受母语的影响，常常用汉语的语篇结构去套用英语的语篇结构，结果全篇译文是英语的文字，汉语的结构，好像洋人穿着唐装，看起来总是不太舒服。目前，一些院校的翻译教学常常忽视对语篇和文体的认识，认为语篇和文体是写作课或阅读课中的内容。由于缺乏语篇和文体方面的知识，许多学生用不适合该文体的文字进行翻译，用不正确的语篇结构谋篇布局，翻译出来的东西自然就不伦不类。

（三）缺乏对目的语国家的文化知识的积淀

翻译的时候，我们常常会遇到一些生活常识、历史事件、典故或英语习语方面的问题。这些背景知识是学生文化功底的反映，但我们的语言教学常常忽视与之相关的文化内容而孤立地教授抽象的语言现象。我们的学生无论是笔试成绩还是口头表达能力都很好，对语法、词汇的运用也恰到好处，但当这些学生从事翻译工作时，由于对英语国家文化知识缺乏必要的了解，因此弄出许多笑话。语言是为了更好地交际和交流，缺乏对文化知识的了解，肯定会产生理解上的障碍，进而影响使用。

（四）薄弱的汉语功底

一篇好的译文，既要求对原文的理解正确无误，又要求译文的语言应用得通顺流畅，要达到后者的要求，就必须有较高的汉语水平。有的学生常常心里明白译文的含义，却苦于无法用恰当的汉语表述出来。译出的句子根本不符合汉语结构，洋话连篇，不知所云。因此，翻译教学中的一个关键性的环节就是汉语教学。目前，很多高校不再开设汉语言文学，不得不说这是一个很大的失误。

二、翻译教学的发展策略

（一）实施翻译理论和翻译实践相结合的教学

翻译是一个动态的译者思维和决策的过程。翻译学习者首先应体会较为成熟的译者的思路和翻译原则，然后再学习他们的具体翻译方法和技巧，翻译理论和原则较之具体的翻译方法更具有普遍性和指导性。作为教师，在进行翻译教学之初，应向学生介绍翻译理论，使学生对翻译的标准和原则有一个初步的了解，然后在此基础上进行大量的实践。翻译是一门技巧，它需要不断地训练才能达到完善。虽然翻译是在翻译理论的指导下进行的，但是，翻译实践不是理论研究，学生需要的不是理论术语，而是理论指导下的实践。因此，在教学中不必花费过多的时间和精力学习理论。在翻译教学的同时，不妨开设某些背景学科，如社会语言学、传播理论、文学批评、资料使用和编辑业务等。在进行翻译实践时，选择的语言材料应注意从内容到形式的多样性，强调对学生的译作进行中肯的讲评，研读职业译者翻译的同一文本的不同译本，并且分析优秀译作的独到之处。通常来说，学生从对他们自己的译作进行的富有成效的讲评中学到的知识远比他们从背景理论或罗列一大堆原则的做法中学到的要多得多。

（二）注重对语篇意识的培养

译者承担的翻译任务大可是一部著作，小可是一篇文章或一份简短说明书等。对翻译学习者来说，主要是翻译短小文章或长篇文章的节选段落（其篇章结构及内容都有一定的完整性）。翻译教学中，教师要逐步培养学生的语篇意识，即从大处（篇章和段落）着眼，小处（词和句）着手的翻译思路。首先，要引导学生分析文体类型及风格。文体不同，语篇在翻译策略及方法上会出现不同程度的差异。文体类型按翻译练习的需要可分为叙述描写、说明论说及应用文体三大类。叙述描写主要指小说、回忆录、游记、抒情类散文以及报刊上的记事文章。说明论说主要指社科、科技理论类书籍或论文，报刊文章、社论、评论及议论类散文等。应用文体一般包括公函、广告、说明书等。不同文体，其翻译策略是不尽相同的。至于风格，则指作者在语言表现风格上的特点，如华丽与平实、繁复与简洁等。一般来讲，译者要力求使译文在文体及风格上与原文保持一致。

（三）加强对目的语国家的文化知识的学习

翻译教学教师要鼓励学生充分利用课外时间扩大自己对目的语的语言和文化知识的储备。首先，教师要正确引导学生在课外去阅读一些英美文学作品和英语报纸、杂志，增加中国文化（包括汉语）、世界文化及所学语言国家概况等知识，留心积累有关文化背景、社会习俗、社会关系等方面的知识。这将十分有利于培养学生跨文化交际的意识和跨文化交际的能力。其次，教师要鼓励学生多看一些英美原版电影和录像片。这不仅是因为大部分电影或录像片的内容本身就是一种文化的某个侧面的缩影，还在于通过观看片中演员的表演，学生可以了解和学到许多与英语文化有关的非语言交际的方法和手段。此外，教师还可以多安排学生选修一些具有专业倾向的学习内容，如外交、经贸、新闻、师范等。

（四）加强英汉语言的宏观对比

英汉对比包括微观与宏观两个部分，后者对翻译教学更具有指导意义。这主要有形合与意合、葡萄型结构与竹竿型结构、静态与动态、浓缩型与展开型、抽象与具体、物称与人称、中心前置与中心后置、主谓型语言与主题说明型语言、替代和重复、英汉审美价值与表现法比较、英汉信息传递模式的比较等。例如，英语美在结构严谨、意合力强、音律悦耳、意境深远，重主观感受。所以，汉英翻译时一些附于客观描写之中夸张的心理感受常常略去不译。这样的汉英语言宏观对比，常常使翻译效果事半功倍。其中，叙事原则、论理原则、对比原则、信息值比较原则和语篇连贯原则更能迅速便捷地进行英汉信息传递。这样，学生在翻译时，思维能从低层次的语言形式层面跳出，在高层次的语义和逻辑关系层面驰骋。英汉语言的宏观对比最终应发展到篇章上来。只有在篇章中才能充分培养学生的逻辑分析能力，并使学生形成对语篇衔接和连贯的意识，对全篇风格和意向性的整体把握，等等。

今后的翻译教学不再是单纯的文学翻译教学，它是综合知识体系教学的高度概括，是以培养学生翻译能力为目标的教学，对教师有着较高的要求：教师要把握正确的教学方向，多指导，勤点拨，不断丰富自身的知识修养。翻译常常需要思考和灵感，要给学生充分的时间进行思考。实践是提高翻译能力的捷径，要不断地多给学生实践的机会，要同翻译理论相结合，灵活运用翻译原则和标准，进而不断提高翻译水平。

第三节　英语翻译教学的模式创新探索

一、以学生为中心的英语翻译教学

（一）“以学生为中心”教学的概念

“以学生为中心”的教学，是由于教师仅作为知识的传授者和指导者已远不能满足教学的需求，因此教师应通过多种途径突出学生的中心地位，形成课堂上的新型师生关系的一种教学模式。这种教学模式认为翻译是对两种语言的创造性运用，因此翻译活动应涵盖在交际框架下的语言活动、文化活动、心理活动等。这种教学模式重视英语翻译教育的发展趋势，特别重视的是翻译教学环境和学生作为教学主体这两个因素。由于翻译教学环境趋向于提倡建立一种交际性的课堂教学形式，也就是要努力创建一种能培养学生独立开展创造性语言转换以及语言交际的环境，因此也就应该特别重视社会背景和文化迁移在翻译教学中的作用。此外，这种教学模式认为教师不应再被认为是翻译训练中的带头人、翻译材料的介绍人或译文好坏的评判者，而应在翻译教学的过程中，明确学生才是积极的创造者，而不是消极的接受者。要重视学生的不同个性、学习风格、学习策略以及在学习过程和学习内容上的智力因素。总而言之，以学生为中心的翻译教学就是要充分重视学生在学习过程中的积极作用，充分调动学生学习的积极性和自信心，要尽量让学生自己控制学习内容和选择方法，鼓励学生参与到教学活动的各个环节中来，鼓励学生更多地对自己的学习负责。

（二）“以学生为中心”教学的特点

1. 教师引导，学生乃主体

在传统翻译教学模式中，教师通常处于相对的权威地位。所以，常常可以看到教师在台上一板一眼地讲，学生在台下不停地记笔记，这也是一种“填鸭式”的教学方法。而“以学生为中心”的教学模式则要求实现教师角色的转变，也就是要将教师角色由主演转变为导演，从而更好地引导、辅助学生学习翻译；而将学生转换为主演，掌握翻译知识并付诸实践。

2. 教师和学生融洽合作，教学突出实践

与传统翻译教学模式“以教师为中心”不同，“以学生为中心”的翻译教学模式强调翻译教学过程中学生的主体性。认知理论认为，教学不是知识的“传递”，而是学生积极主动的“获得”。在“以学生为中心”的翻译教学模式中，在课堂上教师与学生应形成积极的合作关系，也就是说双方扮演翻译教学中的合作者。

实行“以学生为中心”的教学模式并不代表教师失去权威性，仍要以教师作为课堂活动的引导者，采用多种途径突出学生的中心地位。传统的教学法一般是“以教师为中心”的教学方式，这种教学方式通常将改错作为教学手段，将教师提供的参考译文作为翻译课的终极目标，不符合真实情况下翻译的本质特点，在一定程度上扼杀了学生学习翻译的主动性与创造性。可见，传统的翻译教学方式由于过分依赖教师的主导地位，从而在很大程度上忽视了学生的主体地位，也就很难激发学生的积极性，不仅学生没有选择回答问题的权利，而且教师也很难把握学生的真实需求。

“以学生为中心”的翻译教学模式，首先就是让学生在“译”中学习技能。同时，翻译是一门理论与实践相结合的课程，王鸣妹在自己的论文《如何改进英语翻译教学》中提出了“好的理论以实践中获得的材料为依据，好的实践又以严谨推断出来的理论为指导……”的观

点。她认为学生在学习英语翻译的过程中要以理论为基础指导，通过进行大量的实践练习和与参考译文对比来使他们更好地掌握所学的翻译技巧，从而可以进一步提高翻译能力。

正如黄青云在其论文《翻译观念与教学模式也应“与时俱进”》中提到的“新的现代教学理念认为，在翻译课上，是先鼓励学生去译，习”。也正是因为学生在译的过程中，需综合运用原有的知识经验及其他相关资料，所以，学生可以从新的角度去思考已学过的内容，理解这些理论和翻译技巧或方法，最终达到掌握相应知识和积累经验的目的。

3. 共同参与评价

“以学生为中心”的教学方式要求改变传统的以教师为主体的评价方式，而要实现评价主体多元化，选择学生间、师生间自评和互评相结合的多层面评价方式。至于如何将评价权利充分赋予学生，则应通过以下几个步骤来实现：① 教师应先将学生分成若干个小组；② 在完成一种翻译方法或技巧的详解和示例后，教师应给学生布置课前选定的相应翻译练习；③ 学生完成练习之后，可以考虑进行小组讨论进而评选出能够获得小组成员共同认可的较好译文；④ 教师检查完各小组译文之后，应对其分别加以评价，并指出这些译文中翻译较好的部分和不妥之处；⑤ 教师还应为学生提供参考译文，并鼓励学生指出其中可能存在的不足之处，进而达到师生共同探讨某种译法的效果。

4. 重视学生独立翻译能力的培养

“以学生为中心”的翻译教学模式旨在培养学生独立的翻译能力，而不是只教学生学会翻译某些句子或文章。这种教学模式重视翻译过程，旨在通过教师的指导，帮助学生学会如何理解原文，并且通过恰当的技巧来表达自己的译文。此外，为了树立学生的自信心，教师必须对学生的作业持积极的肯定态度。

（三）“以学生为中心”教学的活动安排

1. 开列阅读书单

由于翻译是一项实践性较强的活动，所以在翻译教学的所有阶段都必须重视实践练习环节。翻译课程安排应以实践活动为主线，但也要重视理论指导实践的重要作用。应当清楚的是，如果离开了科学的理论指导，也就没有办法采取高效的实践活动。所以，为了帮助学生在较短的时间内掌握科学的翻译理论知识，教师推荐阅读书单是一个很好的办法。教师可为学生开列如翻译简史、翻译理论与技巧、中英文化习俗等方面的书籍，学生可以通过这种方式学会用普遍的原理来处理个别的实例，之后，再经教师的指点，学生就可以将实例接通到理论上去，做到真正的融会贯通。

2. 多进行笔译、口译练习，消除文化障碍

学习口笔译的学生要具备坚实的双语素养、文化知识和运用翻译策略的技巧。特别是在口译教学中，跨文化沟通认知对学习口译的学生十分重要。许多口译初学者在翻译过程中出现错译或误译，并非因为他的语言能力欠缺，而是因为他遇到了无法解决的文化障碍。所以，只有不断进行翻译实践，才能消除可能出现的文化障碍。

3. 采用多媒体教学手段

由于语言运用是一种多感官的体验，可以通过不同的媒体或者不同的感官渠道传输语言信息，所以很有必要采用现有的多媒体技术进行英语翻译教学。目前，很多学术讨论会、记者招待会或者国际互访宴会等都会采用同声翻译，录像、光碟，在翻译教学中就可以利用这些录像、光碟来创造模拟的现场效果，从而进行英汉或其他语言的互译实践。

（四）“以学生为中心”教学的不足

“以学生为中心”的翻译教学模式并不是一种十全十美的教学模式，它同样也存在以下局限性，如果同一组学生在一起讨论问题时间话过长，一些学生的精力就会逐渐分散，有时候他们会讨论某些个人的事情，忘记了正在进行中的问题。

这种方式会助长部分学生的惰性，特别是那些经常处于中下水平的学生。他们会依赖小组成员而不去思考，他们常常只会等待其他人来回答，也就是说会出现“窃取他人成果”的现象。

这种教学模式会让部分学生感到困惑，尤其是那些处理语言解码和语言编码能力较差的学生，这种教学方式会使他们对自己的翻译能力感到自卑。

二、翻译教学中跨文化意识的培养

（一）跨文化意识的概念

跨文化指的是不同民族文化之间的交流与对话。随着经济全球化、政治一体化以及社会活动的全面发展，世界各国之间的跨文化交流也越来越频繁，很多有着不同文化背景的人相互交流的趋势也在不断加强，而在这个过程中，语言就成了他们进行交流和沟通所必需的工具。由于语言和文化的关系通常是密不可分的，而语言又是文化的重要组成部分和突出表现形式，因此可以说语言就是文化的载体。反过来，各民族的不同文化又深深地植根于不同的语言之中。

人类的文化交流有着悠久的历史，它随着语言的产生到现在，一直通过语言进行交流。而不同的文化之间进行交流（跨文化交流）就必须通过翻译来实现。著名作家于冠西曾说过：“人类文化从整体来说，是各国、各民族文化汇聚、交流的产物。”可见，如果没有翻译，跨文化交流也就不可能得到实现。作为跨文化的桥梁，翻译在信息传递的过程中起着非常重要的衔接作用，这也就使得翻译人员的重要性得到充分展现。

跨文化意识作为跨文化交际研究的重要内容之一，是指外语学习者对于所学习的目的语文化具有较好的知识方面的掌握和较强的适应能力与交际能力，能像目的语本族人一样思考问题并做出反应，以及进行各种交往活动。或者说，跨文化意识指的是外语学习者在跨文化交际中所特有的思维方式、判断能力以及对交际过程中不同文化因素的敏感性。在交际过程中，参与者具备这种意识就会受到启发和指导，而不受文化差异的负面影响。在无具体交际事务时，它仍然能够对学习者的学习和思考起着引导作用。

虽然翻译人员非常重要，但是如果译者对语言所承载的文化不甚了解，也就不能准确无误地表达出原句所要表达的意思。因此，多数的译者会在跨文化的交际中促使自己自觉或不自觉地形成一种认知标准和调节方法，即形成一种跨文化意识。也就是说，跨文化意识是译者所特有的判断能力、思维方式以及在交际过程中对文化因素的敏感性。

（二）在翻译教学中培养学生跨文化意识的方法

为培养学生的跨文化意识，教师应在训练学生掌握语言基本功的同时，帮助他们熟悉交际文化因素，并使其能够深入了解和掌握文化知识的内容。通常在翻译教学中会采用以下几种策略来处理翻译中的文化因素。

1. 重视文化知识

教师在进行翻译教学时，不应忽略文化知识要点的教学，要注意语言和文化知识的结合。课程结束时，教师要对语言知识和文化知识进行一个小结归纳，使学生的语言文化知识系统化。尤其应该注意的是，在期中和期末考试的试题中文化知识的考核应占有相当的比例。

2. 运用灵活的教学手段

在进行英语翻译教学时，教师要灵活地运用教学手段，可采用英语实景、电影纪录片、VCD 或多媒体等直观教具进行教学，在教学结束后还要组织学生进行讨论。教师应提醒学生在观看纪录片或 VCD 的时候，注意片中西方人日常生活的情景。比如，餐馆服务员和顾客对话、打电话时的习惯俚语，大街上相遇时的交谈等。看过之后，教师可以和学生交换彼此的意见，并通过追忆片景，相互提醒，补充片中的对白、旁白、独白等。这样的教学方式对学生获取基本交际文化知识十分有效。

3. 提高学生的阅读量

教师应根据各年级学生的英语学习程度，在教学中有选择性地、适当地引入一定的英语国家出版的涉及这里国家文化内容的书籍、报纸、杂志等，并将其作为学生的阅读材料，以此扩大他们文化知识的宽广度并增加他们对英语国家文化知识了解的深度。教师也可以通过布置学生阅读短篇故事或剧本的方式，要求他们记下其中有意义的文化细节等。事实上，在西方国家，以现实生活为题材的小说、剧本等材料中都包含了大量西方文化方面的内容，对于学生提高其对国家文化的了解很有帮助。同时，提倡学生阅读有关历史、人类学以及社会学方面的书籍，不仅可以帮助学生了解体现其他国家文化的具体实例，还能使其掌握一些与文化有关的概念与指导原则。而通常情况下，概念与指导原则往往比实例更为重要，因为他们会给学生提供一个合理的结构，借助这个结构，学生可以更加细致、深入地对本国及别国的文化进行仔细考察。这样一来，学生也就可以用一种比较灵活的态度来尊重、对待这些文化差异，也就不会固执地按本文化的模式看待其他文化。除此之外，一些跨文化交际学方面的书籍还可以帮助学生提高对文化差异的理解与认识，这些书籍有《跨文化交际学概论》（胡文仲）；《超越语言》（胡文仲）；《中英（英语国家）文化习俗比较》（杜学增）；《英语习语与英美文化》(平洪、张国扬);《跨文化非语言交际》(毕继万);《从翻译史看文化差异》(王克非)等。

4. 合理运用外籍人士资源

合理运用外籍人士资源是指英语的外籍教师作为短期讲学者给学生讲课，或定期请外教、外国专家做相关文化的专题或系列讲座的行为。部分学校常常会举办一些社会组织、价值观念、思维模式等有关于西方文化方面的报告或讲座。这些活动常常被学生认为是实例新颖、生动幽默、趣味盎然的活动,在学生中受到广泛的欢迎。同时,也因为这一做法投资相对少、效果佳,现在已经被证实了是非常适合我国现阶段大部分地区高校实际的优选教学法之一。除此之外,大多数学校都十分鼓励学生与母语是英语的外国人进行个人交往,其原因在于轻松的个人间的交往有助于学生学到许多课堂上学不到的东西。但到目前为止，这样的交往在很大程度上受到各方面条件的限制,因此开展得不够普遍。

5. 将教学内容融入相关的文化

在教学中,教师应结合具体情境将教学内容融入相关的文化知识之中,教师可以利用课前几分钟,讲解英、美国家的有关知识,特别是文化差异方面的知识。例如，到了 4 月 1 日，教师可以先给学生介绍西方愚人节的相关知识，同时也要告诉他们过节日的目的是彼此开心而不是恶作剧。在介绍感恩节之前，教师可引导学生将自己了解到的感恩节内容与中国中秋节进行对比。然后，也要指出尽管我们国家没有感恩节，可是我们也要对父母、朋友心存一份感恩之心。圣诞节是英语国家最重要的一个节日，就像春节是中国人心目中最重要的节日一样，而且两者之间存在着许多的共通之处，如圣诞大餐和除夕团圆饭、接送圣诞礼物和授受压岁钱等。在师生的热烈交流中,学生得以兴致勃勃地重温相应的一些单词、词组。

由于培养学生跨文化意识的方法多种多样,不同的施教者所采用的方法也不尽相同,所以取得的效果也就存在着差别。长期以来，国内外研究者对培养跨文化意识有效方法的探讨一直没有停止过。相信随着跨文化交际学、人类学、社会学、社会心理学和教学法等学科研究的发展,人们会探索出越来越好的培养跨文化意识的方法。

第四章　英汉语言文字差异与等值翻译

俗话说“一方水土养一方人”。地理环境的差异使一个民族形成具有自己地方特色的生活习惯和语言习惯，语言无时无刻不在受着文化的影响，同时语言又是文化的载体，文化因为语言才得以继承和发展。英语和汉语由于受地域环境的影响，形成了具有各自特点的语言形式。因此，英语和汉语无论是在词汇、句法还是在语篇的结构上都存在较大差异。英汉语言翻译的得体性同样也与两者的语言差异具有密切关系。本章就对英汉语言文字的差异与等值翻译进行探讨。

第一节　英汉语言文字差异

一、词的差异

（一）构词法差异

1. 派生法差异

派生法也称作“缀合法”，其主要是利用词根和词缀来构成词汇的。首先，英语中的词缀可以为前缀和后缀。前缀主要用于改变词汇的含义，对于词性几乎没有影响，但这也不是绝对的，英语中有少数的前缀在构词时会改变词性；后缀则主要用于改变词性，对词汇意义没有较大的影响。

派生法在英语构词法中具有很重要的地位，因为英语中的词缀数量很多。

英语中的前缀主要可以分为以下几类。

表否定前缀：a-, dis-, in-（变体 il-, ir-, im-）, un-, non-。

表反向前缀：de-, dis-, un-。

表贬义前缀：mal-, mis-, pseudo-。

表程度前缀：arch-, co-, extra-, hyper-, macro-, micro-, mini-, out-, over-, sub-, super-, sur-, ultra-, under-。

表态度前缀：anti-, contra-, counter-, pro-。

表方位前缀：extra-, fore-, inter-, intra-, super-, tele-, trans-。

表时间前缀：ex-, fore-, post-, pre-, re-。

表数量前缀：bi-, di-, multi-, semi-, demi-, hemi-, tri-, uni-, mono-。

其他前缀：auto-, neo-, pan-, proto-, vice-。

英语后缀的数量也有很多，由于后缀是用于改变词性的，因此，后缀是按照其在构成新词时的词性进行分类的。

①名词后缀，这些后缀只构成名词。例如：

加在名词后表示“人”或“物”：-eer, -er, -ess, -ette, -let, -ster。

加在动词后表示“人”或“物”：-ant, -ee, -ent, -er。

加在名词后表示“人，民族”或“语言、信仰”：-ese, -an, -ist, -ite。

加在名词后表示“性质、状态”：-age，-dom，-ery（-ry），-ful，-hood，-ing，-ism，-ship。

加在动词后表示“性质、状态”：-age, -al, -ance, -ation, -ence, -ing, -ment。

加在形容词后表示“性质、状态”：-ity, -ness。

②形容词后缀，只用于构成形容词。例如：

加在名词后：-ed, -ful, -ish, -less, -like, -ly, -y, -al（-ial, -ical）, -es, -que, -ic，-ous（-eous, -ious, -uous）。

加在动词后：-able（-ible）, -ative（-ive, -sive）。

③副词后缀，只用于构成副词。例如：

加在形容词后：-ly。

加在名词或形容词后：-ward（-wards）。

加在名词后：-wise。

④动词后缀，一般加在名词和形容词后构成动词。例如，-ate, -en, -ify, -ize（-ise）。

汉语虽然也有派生构词法，但其构词力远远不如英语那么多，汉语中对词缀的分类还没有进入成熟阶段，对于词缀的划分也莫衷一是。下面结合我国学者赵元任在《汉语口语语法》中对词缀的讨论，将汉语中的词缀进行分析，并对英语和汉语在派生构词法方面的差异进行探讨。

汉语的前缀可以分为以下几类。

严格前缀：阿、老、第、初。

新兴前缀：不、单、多、泛、准、伪、无、亲、反。

结合面宽的前缀：禁、可、好、难、自。

套语前缀：家、舍、先、亡、敝、贱、拙、贵、尊、令。

汉语的前缀主要用于改变词性，与英语中的前缀有本质区别，其功能与英语中的后缀类似。汉语中前缀的含义不具体，有的前缀甚至没有具体含义，很多前缀在构词时只起到构词作用。例如，老—老婆、老虎、老大；阿—阿公、阿妈、阿婆等。

汉语中的词语后缀主要有以下几种。

①表人的后缀主要有三种。例如：

表示职业和职务的后缀：家、师、士、夫、员、生、匠、工、长等。

表示亲属关系的后缀：子、亲、夫、爷、父、人等。

表示其他的人的后缀：头、者、士、生、汉、丁、郎、属、鬼、棍、迷、徒、贩、人、子、员、犯、分子等。

②表示数量单位的后缀：匹、辆、支、项、件、张、亩、斤、两、口、群、间、座、朵、粒、本、幅、卷、册等。

③表示"性质、状态、程度、过程、方法、学说、信仰"等抽象概念的后缀：学、论、性、度、派、法、化、主义等。

④表示处所的后缀：处、室、厂、站、场、馆、院等。

⑤表示物品的后缀：品、器、仪、机等。

此外，汉语中还有一些构词性后缀。这些后缀没有实际意义，只用于构词。例如：

子：孩子、鞋子、裤子、鼻子、脑子等。

儿：信儿、馅儿、头儿、影儿、盖儿、画儿等。

头：石头、骨头、馒头、奔头、盼头、苦头等。

然：安然、溘然、勃然、猝然、断然、公然等。

汉语中的后缀数量要比前缀多，汉语中后缀的作用主要用于改变词性，这一点与英语后缀是相同的，但与英语不同的是，汉语中的后缀在构词时多构成名词，其后缀的作用没有英语后缀广泛。

2. 复合法差异

复合法在英语中的词汇生成能力也很强。英语复合法指的是将英语中的两个或者两个以上的词构成一个新词，英语中复合词的词性一般由构成复合词的后一个词来体现。

复合名词都由一个词后面加一个名词来构成。例如：

形容词 + 名词：goodbye, blackboard, grcenhouse 等。

动名词 + 名词：washing-room, dinning-hall 等。

动词 + 名词：chopsticks, checkout 等。

名词 + 名词：football，pencilbox，homework，grandfather，gateman，lunchtime，lifeboat，postcard，seafood，weekend，classmate，northeast，railway 等。

复合形容词一般也由词汇后面加一个现在分词或者过去分词构成。例如：

形容词 + 现在分词：good-looking, hand-writing 等。

副词 + 现在分词：hard-working 等。

名词 + 现在分词：English-speaking，Chinese-speaking 等。

名词 + 过去分词：man-made，self-made 等。

副词 + 过去分词：well-known 等。

英语复合词有时由三个或三个以上的词构成，此时词的顺序按照原来词组的顺序进行排列。例如，up-to-the-minute, two-year-old, on-the-spot 等。

汉语中的复合词主要是将汉语中的两个或者两个以上的字按照一定的次序进行组合

而形成的新词。汉语中复合词的数量相对于派生法构成的词要多很多。汉语复合词的构成一般是按照某种语法规则或者逻辑顺序而构成的，这些词汇的逻辑顺序差异是受到了英汉两国思维模式以及文化差异的影响。例如：

时间顺序：古今、朝夕、旦夕、先后、早晚等。

因果顺序：打倒、冲淡、压缩等。

心理顺序：高矮、善恶、远近、长短等。

主谓结构：私营、民营、头疼等。

动宾结构：唱歌、跳舞、吃饭、打球等。

偏正结构：雪白、鸟瞰、蜡笔、油画等。

动补结构：缩减、展开、开发、推行等。

3. 缩略法差异

英语的缩略词主要分为节缩式、首字母缩略式和混合式。汉语中的缩略词主要包括截取式、选取式、提取公因式和数字概括式。这几种缩略法之间存在很多差异，下面就对这些差异进行分析研究。

英语中的节缩式缩略词主要是将一个单词的一部分去掉来构成一个新词，主要三种情况。

去头取尾。例如，helicopter（直升机）→ copter，telephone（电话）→ phone 等。

去尾取头。例如，gentleman（绅士）→ gent，memorandum（备忘录）→ memo 等。

去头尾取中间。例如，influenza（流感）→ flu，prescription（处方）→ scrip 等。

汉语中有截取式和选取式。汉语中的截取式指的是将汉语词中找到一个具有代表性的词来取代原词。例如，北大←北京大学，复旦←复旦大学，宁夏←宁夏回族自治区，长城←万里长城，收音机←半导体收音机等。选取式则是将原词中代表性的词素选出来构成新词。例如，科技←科学技术，劳模←劳动模范，科研←科学研究，整风←整顿作风，文工团←文艺工作团，北影←北京电影制片厂，上下←上头和下头等。

英语缩略词中有一种是比较常见的首字母缩略式。例如：

UFO：unidentified flying object 不明飞行物

VIP：very important person 重要的人

VOA：Voice of America 美国之音

GHQ：General Headquarters 司令部

AIDS：acquired immune deficiency syndrome 艾滋病

OPEC：Organization of Petroleum Exporting Countries 石油输出国组织

FT：foot 英尺

MKT：market 市场

RADAR：radio detecting and ranging 雷达

在汉语的缩略法中没有首字母缩略词。同样在汉语中有一种缩略词是根据提取公因式而得到的，这样的构词法在英语缩略词中也没有。例如：

中学、小学→中小学

工业、农业→工农业

进口、出口→进出口

离休人员、退休人员→离退休人员

以上这些是英语和汉语在缩略法方面的主要差异。除了英汉缩略词在构成方法上的差异之外，英语和汉语中缩略词中的数量也大不相同，英语中缩略词的数量远远超过汉语中的。

（二）词类差异

1. 名词差异

英语中的名词可以分为普通名词和专有名词、可数名词和不可数名词、集体名词等。汉语名词则可以分为普通名词、专有名词、抽象名词等。

英语和汉语名词最明显的一个区别就是英语中的可数名词一般都有单数和复数形式，而汉语中的名词则没有这样的概念。英语中的不可数名词的形式是固定的。

例如：

There are some apples in the basket.

There is an apple in the basket.

There is some water in the cup.

以上的三个句子充分证明了英语中可数名词与不可数名词的特点。汉语中的名词无论是单数还是复数，其表达方式是没有差别的。例如：

一把椅子——两把椅子

这本书——那本书

一斤苹果——十斤苹果

英语中的可数名词可以直接由冠词 a、an 或者 the 来修饰。例如：an hour, a book, another room, a thousand dollars 等。不可数名词的表示需要借助于量词的帮助。例如：a piece of paper, a glass of water, two kilos of meat 等。汉语中的名词可以直接加量词和数词来修饰。例如：一张纸、几点意见、五斤橘子、三天等。

英语和汉语的语法功能也有一定的差异。其差异主要体现在英语和汉语中谓语的差别上。英语的名词不可以做谓语，汉语名词则可以。但是汉语中并不是所有的名词都可以作谓语，一般可以作谓语的名词都是表示时间和天气的名词。

例如：

中外文化差异与英语翻译研究。

今天星期六。

昨天阴天，今天晴天。

这本书十块钱。

2. 动词差异

英汉词的差异主要体现在语法含义上，英语中的动词具有很多语法含义，其语法形态的变化很丰富。英语动词具有人称、数、时态等概念。英语中的人称和数指的是英语句子中的主谓一致原则，当句子的主语为单数时，句子中的动词也应该使用其相应的单数形式，但是如果句子中的主语是复数时，句子的动词要使用相应的复数形式。英语动词还具有很多种时态，英语中动词是句子的中心。动词在句中可以表示不同时态含义，一个动词可以有很多种时态。

例如：

eats：一般现在时，第三人称单数

eat：一般现在时，第三人称以外的所有人称

ate：一般过去时

shall eat：将来时，第一人称

will eat：将来时，第二、三人称

is eating：现在进行时，第三人称单数

汉语中没有语态变化，动词的语法含义由上下文以及语音、语调来实现。

例如：

A：怎么啦？

B：来了 / 马上来 / 就来。

汉语中的“了”可以表示“完成”。“马上”和“就”则可以表示将来的。汉语中经常使用在动词的后面加“过”表示过去时。例如，“吃过”“来过”等。

英语和汉语除了在语法功能上具有一定差异以外，在动词的搭配上也有差异。英语中及物动词的后面必须接宾语，否则就不构成正确的动词词组。

例如：

A：Do you like the man?

B：No, I don’t like him at all.

汉语中及物动词的宾语经常不表示出来。

例如：

A：你喜欢那个人吗？

B：不喜欢，一点都不喜欢。

3. 形容词差异

英汉形容词的差异体现在其用法上，英语中，形容在做修饰语时，其位置一般在被修饰语的前面，也可以放到被修饰词的后面，如 a big apple, a heavy bag, something wrong 等。汉语形容词做修饰语时，其位置一般是在被修饰词的前面。

英语中的形容词不可以作谓语，英语中的谓语只能由动词来担当。而汉语中的形容词是可以作谓语的，主要用于表示人物的性状等。

例如：

今天天气热。

这孩子真漂亮。

4. 副词差异

英汉副词的差异主要体现在其作补语时，英语中副词作补语是为了就名词性词组或者介词进行补充说明。而汉语中副词做宾语一般都是用来说明形容词或名词的。

例如：

Let me in.

Have your slippers on.

这小孩儿调皮得很。

这本漫画书我喜欢极了。

英语和汉语中副词位置也有所不同，英语中副词一般置于被修饰的词前面，也可以在其后。而汉语中的副词只能放在中心词的前面。

例如：

very good

the meeting yesterday

很好

很重

（三）词义差异

英语中虽然存在很多多义词，但是英语的词义范围较为狭窄，一般对事物的描述比较具体。英语中含有大量的单义词。这些单义词对事物进行描述时只能表达其一方面的特点，其概括性较差，因此英语中对于事物的分类更加详细。

英语中有很多外来语，这些外来语也使得英语的含义趋向精确化。随着社会的发展，一些多义词逐渐解体，多义词演变为几个不同的单义词，有些词的含义随着社会的发展不断变化，最终生成新的词。

例如：

drought（拉）—draft（草稿）

urban（城市的）—urbane（有礼貌的）

travel（旅行）—travail（艰苦努力）

gentle（有礼貌的）—genteel（有教养的）—gentile（非犹太的）

curtsey（女子的屈膝礼）—courtesy（礼貌）

汉语词汇的词义范围要比英语广泛很多，在汉语中趋向于用同一个词来表达不同的含义，其具体含义的分辨依赖于词汇所使用的语言环境。因此，汉语词汇比英语词汇具有更高的概括性。

英语中的“空”有很多种情况：表示“里面没有实物”的 empty；表示“没有东西”的 bare；

表示“目前没有被占用”的 vacant；表示“空心的，中空的”的 hollow。而对于“空”的概念在汉语中都只用一个“空”字来表达。

汉语中“问题”一词的含义很广，既指“要求回答的问题”，也指“要处理解决的问题”“会议讨论的问题”，还有“突然的事故或麻烦性的问题”。而英语中对于以上这些词的意义都是分别用 question、problem、issue、trouble 等来表达。

二、句法差异

（一）形合与意合

英语是典型的形合语言，重形合的英语语言主张“造句时要保证形式完整，句子以形寓意，以法摄神，因而严密规范，采用的是焦点句法”。使句子具有形合的特点的连接手段和形式都非常丰富，如介词、连词、关系代词、关系副词、连接代词、连接副词等。

例如：

In mid-October when the tough oceangoing training ended, part of the teammates took on board a ship which then headed for Antarctica.

十月中，严格的远洋集训结束，部分队员登轮起航，驶向南极。

All was cleared up some time later when news came from a distant place that an earthquake was felt the very day the little copper ball fell.

过了一些时候，从远方传来了消息，在小铜球坠落的当天，确实发生了地震，这一切终于得到了澄清。

The important given to the appraisal stems from the fact that, despite all the talks of the interview being a chance for management and employees to come together and exchange ideas, set joint targets and improve the way decisions are reached, the reality is that they are often nothing more than the pretext on which way pay rises are given, or not given.

重视评估是因为：虽然表面上说评估面试使管理部门和全体员工有机会碰头交换意见、制定共同目标、改进决策方法，但实际上评估只不过是给员工加薪或者不加薪的借口。

A market analyst is a person with specialist knowledge of a specific market who often predicts what will happen and tries to explain what has happen.

市场分析员是拥有某个特定市场专业知识，往往能预测市场并试图对市场现象做出解释的人。

Guests are normally given some time to visit shops where they often buy souvenirs to remind them of their holiday when they return home.

通常会为游客安排一些时间参观商场，客人们往往会买几样使他们回家后不忘此行的纪念品。

与英语不同，汉语属于典型的意合型语言，汉语中的句子之间的关系一般不通过连接词或者其他连接手段来实现，汉语句子的内在关系主要依靠上下文以及事件的逻辑关系来表现。例如：

到南京时，有朋友约去游逛，勾留了一日；第二日上午便需渡江到浦口，下午上车北去。（朱自清《背影》）

A friend kept me in Nanjing for a day to see sights, and the next morning I was to cross the Yangtze to Pukou to take the afternoon train to the north.

我从此便整天地站在柜台里，专管我的职务。虽然没有什么失职，但总觉得有些单调，有些无聊。掌柜是一副凶脸孔，主顾也没有好声气，教人活泼不得；只有孔乙己到店，才可以笑几声，所以至今还记得。（《孔乙己》）

Thenceforward I stood all day behind the counter, fully engaged with my duties. Although I gave satisfaction at this work, I found it monotonous and futile. Our employer was a fierce-looking individual, and the customers were a morose lot, so that it was impossible to be gay. Only when Kung I-chi came to the tavern could I laugh a little. That is why I still remember him.

（二）重心差异

英汉两种语言在句子表达的重心上存在明显差异。英语中习惯开门见山地将重要信息放到句子的开头。简单地说，英语句子一般先表态，后叙事。

例如：

We believe that it is right and necessary that people with different political and social systems should live side by side—not just in a passive way but as active friends.

我们认为生活在不同政治和社会制度下的各国人民应该共处，不仅是消极被动的共处，而且要积极地友好相处，这是正确而且必要的。

No one will deny that what we have been able to do in the past five years is especially striking in view of the crisis which we inherited from the previous Government.

考虑到上届政府遗留下来的危机重重的局面，我们在过去五年里所取得的成绩也就显得尤其显著，这是没有人可以否认的。

而汉语的表达顺序与英语恰恰相反。汉语中习惯先叙述事情的具体情况，将事情发生的背景进行详细介绍，最后发表自己的观点。

例如：

有朋自远方来，不亦乐乎。

我认为如果老年人对个人以外的事情怀有强烈的兴趣，并且适当地参加一些活动，他们的晚年就会过得很充实、快乐。

对于一个事件的因果顺序进行叙述时，英语习惯先表达结果再叙述原因。而汉语则喜欢先将事件的原因叙述出来，进而说明导致了什么样的后果。

例如：

20 世纪 60 年代，数以万计的黑人参加了和平示威游行。他们的勇敢行动迫使南方各州执行联邦政府在学校和公共场所废除种族隔离的法律，这样就结束了公开歧视黑人的时代。

The era of open discrimination ended in the1960s through the courageous actions of thousands of blacks participating in peaceful marches to force southern states to implement the federal desegregation laws in schools and public places.

今天我起床晚了，所以迟到了。

I was late for school this morning because I got up late.

（三）语序差异

1. 定语位置差异

英语中的定语一般放在所修饰词的后面，而汉语中的定语则放在所修饰词的前面，但有时也有部分后置的现象。

例如：

It was a conference fruitful of results.（后置）

那是一个硕果累累的会议。（前置）

Cupid had two kinds of arrows: the gold tripped arrows used to quicken the pulse of love and the lead tripped ones to palsy it. Besides, he had a torch to light heart with.（后置）

丘比特有两种神箭：加快爱情产生的金头神剑和终止爱情的铅头神箭。另外，他还有艺术照亮心灵的火炬。（前置）

英语是一门容易学但很难精通的语言。（前置）

English is a language easy to learn but difficult to master.（后置）

老人改变了主意，决心不让小儿子成为一个出众的英雄好汉的人物，因为他实在是不能再忍受那种折损儿子的痛苦。（前置）

This time he changed his mind. He did not encourage him to become a hero, because he could no longer stand the poignancy of losing his last child.（后置）

2. 状语位置差异

状语包括时间状语、地点状语、方式状语和让步状语等。英汉语言中状语的位置具有明显差异。汉语中状语常放到谓语的前面，英语中可以前置也可以后置。英语中一般按中心语、方式、地点、时间从小到大、从具体到概括的顺序排列，在汉语中和英语正好相反。

例如：

Take medication according to the prescription given by the doctor.

请按医生开的处方服药。

The deadliest earthquake in China this year hit an area near Kashgar in southwestern Xinjiang Uglur Autonomous Region on February 24, killing 24 and injuring 268.

中国今年造成伤亡最严重的地震于 2 月 24 日发生在新疆维吾尔自治区西南的喀什附近,那次地震造成 24 人死亡,268 人受伤。

The bank will not change the check unless you can identify yourself.

只有你能证明你的身份,银行才会为你兑换支票。

"神州三号"飞船今晚 10 点 15 分,在我国甘肃酒泉卫星发射中心成功升入太空。

The spacecraft "Shenzhou Ⅲ" was successfully launched at 22:15 today in the Jiuquan Satellite Launch Center in Northwest China's Gansu Province.

我出生于阿帕拉契山脉煤矿区中心的肯塔基州柏定市。

I was born in Burdine, Kentucky, in the heart of the Appalachian coal-mining country.

(四)语态差异

被动语态是英语和汉语在语言上的重要差异之一,在英语中被动语态的使用很频繁,一般不能或者不需要指出动作的执行者时就需要使用被动语态。例如:

This problem must be considered carefully.

这个问题必须加以仔细考虑。

The decision to attack was not made lightly.

进攻的决定不是轻易做出的。

In the course of my travels in American I have been impressed by a kind of fundamental malaise which seems to me extremely common and which poses difficult problems for the social reformer.

我在美国旅行期间,注意到了一种根深蒂固的忧郁症。我觉得这种忧郁症似乎极其普遍,这就给社会改革家出了难题。

汉语被动语态的表达方式与英语的被动语态有较大差异,汉语被动语态的表达多借助词汇手段来实现。这种手段一般又可分为两类:有形式标记的被动式,如"让""给""被""受""遭""加以""为……所"等;无形式标记的被动式,其主谓关系上有被动含义。

例如:

杯子给打得粉碎。

The cup has been broken into pieces.

他们去年遭灾了。

They were hit by a natural calamity last year.

这个任务必须按时完成。

This task must be fulfilled in time.

三、语篇差异

（一）语篇衔接手段差异

1. 照应

照应指的是一种语法手段，在语篇中使用代词来指称文中提到的对象，这样可以使语篇更具连贯性。英语属于形合语言，因此语篇的连贯性需要借助于代词、连词等的使用来实现。而汉语中经常使用一些指示代词和“的”字结构。

例如：

There are a lot of umbrellas of different sizes and colors in that shop. I'm sure you can get one you are satisfied with there.

该例中的 that shop 和 there 形成照应关系。

Readers look for the topics of sentence to tell them what a whole passages is “about”, if they feel that its sequence of topics focuses on a limited set of related topic, then they will feel they are moving through that passage from cumulatively coherent point of view.

该例中的 they 和 readers 形成了照应关系。

他用两手攀着上面，两脚再向上缩；他肥胖的身子向左微倾，显出努力的样子。这时我看见他的背影，我的眼泪很快地流下来了。

他的原话是这样的：如果你能如期偿还贷款，可以再借到更大的款子。

我还清楚记得，小时候看露天电影，一大堆人挤在一块不大的空地上，老的自带板凳坐在前面，年轻力壮的站在后面，穿开裆裤光脚丫子的串来串去，惹得一阵阵轻声的斥骂。

英汉语言在照应手段上的差异不是很突出，但是英汉语言在照应的使用频率具有很大差异。在英语照应中，人称代词的使用较多，而汉语中则较少使用人称代词。

例如：

My daughter is only four, but she can feed herself, wash herself and dress herself.

我女儿只有四岁，却可以自己吃饭，自己洗漱，自己穿衣。

她有个女儿在北京工作，已经打电话了，听说明天就会回来。

She has a daughter, who works in Beijing. Someone has phoned her and it is said that she will be back tomorrow.

2. 省略

省略是英汉语篇中重要的衔接手段，它可以使上下文之间的联系更加紧密，还能有效避免重复。而两者之间的主要差异在于省略使用的多少和其省略部分的不同，在汉语中省略的成分往往是句子的主语，而英语则需保留句子中出现的主语。

例如：

他英俊，又聪明，跳舞跳得不错，打枪不算坏，网球也打得很好。什么宴会都少不了他。鲜花和高价的大盒巧克力糖任意买来送人。虽则很好请客，请起来倒也别致有趣。

He was well-favored, bright, a good dancer, a fair shot and a fine tennis player. He was an asset at any party. He was lavish with flowers and expensive boxes of chocolate, and though he entertained little, when he did it was with an originality that pleased.

Arthur Clarke was born in Minghaide, England. Early interested in science, he constructed his first telescope at the age of thirteen. He was a radar specialist with the Royal Air Force during World War Ⅱ. He originated the proposal for use of satellites in communication …

阿瑟·克拉克生于英格兰的明海德镇。自幼喜爱科学，十三岁时制作了自己的第一架望远镜，第二次世界大战期间是皇家空军的一位雷达专家，曾首先提议将卫星用于通信……

3. 替代

替代指的是利用替代形式将句子中出现的词语。替代是避免重复的另一种手段，语篇中经常使用替代来使文章衔接更紧密。英语中替代的使用要多于汉语，且英语中的替代形式远远多于汉语。

例如：

I've bought my son a new bike. And my neighbor's son wants one.

我给儿子买了辆新自行车，邻居家儿子也想要一辆新自行车。

汉语中替代的形式较少，汉语中习惯重复一些词，因此其替代手段使用较少。且汉语替代手段较之英语来说比较单一，主要运用“的”结构。

例如：

人们所知道的生产导弹和潜艇部件的工厂，都进行了伪装。苏联全国各地的导弹发射和实验基地，也都进行了伪装。

Factories known to produce components for missiles and submarines are being camouflaged, as are missile launching and tests sites throughout the USSR.

（二）段落结构差异

中西方不同的思维模式也对其语篇结构模式产生影响。英、美人重逻辑推理，因此其思维呈现直线型发展。而中国人重感性，较为谦逊，所以其思维模式呈螺旋形发展。

英语段落一般会按照一个直线发展，即先陈述段落的中心思想，而后的句子都要按照一定的逻辑性顺序自然铺排。

例如：

If you do enough research and listen to enough scientists on human potential, they will tell you that you are precisely where you are in life because of the decisions and actions that you've taken up to this point. Understanding this is critical to going forward with success. If you are today the result of all the decisions and actions up to this point, then who you are tomorrow will be the result of an the decisions and actions you take between now and then. So, understanding that, getting your hands and mind around this DNA is the key. Every decision you make, every action you take is either in support of or in opposition to your achievement of whatever you have determined as your own individual success.

汉语的段落结构与英语有很大的不同,汉语语篇段落的主题会在叙述中被不断深化。

例如:

人从一个未知世界来到这个美丽星球,匆匆百年,又会回归到另一个未知世界。人的短暂与唯一,也许是宇宙间最大的遗憾。然而,正是因为这种遗憾的存在,人们才会努力去点燃自己的生命之火,去照亮有限的生命年轮,去创造生命的美丽与深邃。斯蒂芬·霍金,一个"躺在轮椅上的科学家",仅以三个还能活动的手指保持着与外界的联系与交流,却在中国掀起了一阵阵"霍金热";伊扎克·帕尔曼,一个"坐着轮椅登台表演的小提琴国际大师",凭着一具有缺憾的钢铁之躯,登上了音乐艺术殿堂的最高峰;拥有先天智障的舟舟,当他沉浸在无穷魅力的音乐海洋中时,俨然成了一切生命的主宰。现实告诉我们,人生在世缺憾不可避免。用一颗坚韧之心去正视缺憾,也许会创造出令人意想不到的完美来。

(三)语篇模式差异

常见的英语语篇展开模式有以下几种。

概括—具体模式。概括—具体模式又称作"一般—特殊模式""预览—细节模式""综合—例证模式"。该模式的语篇展开顺序是:概括陈述—具体陈述 1—具体陈述 2—具体陈述 3, 以此类推。

问题—解决模式。该模式的语篇描述顺序为:说明情况— 出现问题—做出反应—解决问题—做出评价。

主张—反主张模式。该模式的语篇描述顺序为:提出主张或观点—进行澄清—说明主张或观点、提出反对主张或真实情况。

匹配比较模式。这种模式多用于比较两种事物的异同。

叙事模式。叙事模式就是用来叙述事件经过的模式。这种语篇模式常见于人物传记、虚拟故事、历史故事和新闻报道中。在描述事件的发生、发展过程中必然会涉及一些人、事、场合、环境等,我们将这些方面称作"5W",即何时(when)、何地(where)、何事(what)、何人(who)以及为何(why)。该语篇模式常采用第一人称或第二人称。

与英语语篇模式相比,汉语的语篇展开模式更加多样化,但是,英汉语篇模式具有明显差异。汉语语篇的焦点和重心的位置不固定,具有流动性,甚至有时一个语篇中根本没有焦点。

第二节　英汉语言文字的等值翻译

一、词的等值翻译

（一）转译法

由于英汉语言的差异性，在进行英汉翻译时，为了使译文更加符合表达习惯，需要将句中的一些词类进行转化，这就是转译法。在汉语中，动词的使用较为频繁，而英语中对于动词的使用比汉语少很多。因此，汉语中常使用动词，在汉译英时就需要将汉语中的某些动词进行词类转换。

例如：

关心 to be concerned about

害怕 to be afraid

无视 to be ignore of

兴奋 to be excited

难道你就不想到它的质朴，严肃，坚强不屈，至少也象征了北方的农民？

How could you forget that with all their simplicity, earnestness and unyieldingness, they are symbolic of our peasants in the North?

我儿子拉洋车。

My son is a rickshaw puller.

这些人闹什么东西呢？闹名誉，闹地位，闹出风头。

What are these people after? They are after fame and position and want to be in the limelight.

开门让我进来。

Please open the door and let me in.

在英译汉时为了表达更加地道，一般将英语中的名词、介词、形容词转译为汉语中的动词。

例如：

Peter doesn't like Jack's participation in the activity.

彼得不想要杰克参加这次活动。

Lincoln wanted to establish a government of the people, by the people and for the people.

林肯希望建立一个民有、民治、民享的政府。

I feel certain of his finishing the task on time.

我确信他会按时完成任务。

（二）增减译法

汉语以意义为中心，而英语则偏重形式结构，因此进行英汉翻译时，为了使译文更加符合译文的文化背景和表达习惯，需要在原文中添加或者删减必要的词语。在汉译英时需要增补连词、主语等使句子的形式结构完整。

例如：

钢厂门口有棵根深叶茂的大柳树，树上蝉声一片，树荫下有个水果摊，箩筐里有紫红的杨梅、翠绿的李子、金黄的香蕉，扑鼻的果香随风四飘。

In front of the Steel Plant stood a lustrous willow tree upon which cicadas chirruped away and underneath nestled a fruit stand. In the fruit baskets were ruby strawberries, emerald plums and golden bananas. The inviting fruit aroma drifted far with the wind.

科学是老老实实的学问，来不得半点虚假，需要付出艰巨的劳动。

Science means honest, solid knowledge, allowing not an iota of falsehood, and it involves herculean effort and grueling toil.

世有伯乐，然后有千里马，千里马常有，而伯乐不常有。

Only when the world has a Bole, who knows about horses, can there be fine steels that can cover a thousands miles a day. There are always fine steels, but a Bole cannot be frequently found.

科学需要创造，需要幻想。

At the same time, science also calls for creativeness and imagination.

她瞪着眼，红了脸，满腹怀疑，一声不发。

She stared, colored, doubted, and was silent.

英译汉时，经常增译状语、修饰语等，而需要将英语中的一些连接词省略。

例如：

I had imagined it to be merely a gesture of affection, but it seems it is to smell the lamb and make sure that it is her own.

原来我以为这不过是一种亲热的表示，但是（现在）看来，这是为了闻一闻羊羔的味道，来断定是不是自己生的。

Any leak, even at this late date, could have tremendous international repercussions.

（只要）稍有泄露，即使时至今日，也会在国际上引起巨大反响。

Even counties with large populations like Britain and the United states are seriously considering imitating the Swedish.

甚至连人口众多的美国和英国之类的国家也在认真考虑效仿瑞典的（这种说法）。

（With the）weather so stuffy, ten to one it'll rain presently.

天这么闷，很可能就要下雨了。

（三）音译法

在英汉翻译中，有些词，特别是一些名词，在翻译时为了保留词汇原来的含义和意境需要将其进行音译。

beret 贝雷帽

panama 巴拿马帽

flatcap 平顶圆帽

karaoke 卡拉 OK

sofa 沙发

golf 高尔夫

coffee 咖啡

nylon 尼龙

shampoo 香波

二、句子的等值翻译

（一）从句的翻译

1. 名词性从句的翻译

名词性从句包括主语从句、宾语从句、表语从句以及同位语从句。同位语从句在翻译时一般先翻译主句，再翻译从句。英语和汉语的语序是相同的。

例如：

That the stars come out at night is common knowledge.

星星在晚上出来，这是常识。

I wonder if you will need my help.

我不知道你是否需要帮忙。

The massage surprised us all that painting was stolen three years ago.

那幅画三年前被盗的消息使我们都很震惊。

I suggest that we should save some money for the future.

我建议我们为将来储蓄一些钱。

2. 定语从句的翻译

英汉语言的差异在定语从句上表现得比较明显，英语定语从句的发展方向为向右，即定语从句作修饰语一般放在修饰语的后面，而汉语的修饰语一般放在所修饰词的前面。因此，汉语定语从句的扩展方向为向左。在英译汉时经常将英语中的定语从句翻译为汉语的“的”字结构。

例如：

He was an old man who hunted wild animals all his life in the mountains.

他是个一辈子在山里猎杀野兽的老人。

英译汉时有时会将定语从句和主句一起翻译，使主句从句融合为一句话或者将其译为一种连动表达。

例如：

When I passed by, I saw a man who was quarreling with his wife.

当我经过时，我看到一个人和他的妻子正在吵架。

有的定语从句较为复杂，为了翻译时使句子的条理更加清晰，表意更加明确，避免出现歧义等可以将句子进行分译。

例如：

In Europe, as elsewhere multi-media groups have been increasingly successful groups which bring together television, radio, newspapers, magazines and publishing houses that work in relation to one another.

在欧洲，像在其他地方一样，传媒集团越来越成功。这些集团将相关的电视、广播、报纸、杂志和出版社组合在一起共同发展。

This was a defensive pact, designed to protect Germany against the French, who aspired to recover the Alsace—Lorraine Provinces lost in 1871, and also to protect Austria-Hungary against the Russians, with whom they continually clashed in the Balkans.

这是一个防御性的盟约，旨在保护德国人免受法国人的攻击，保护奥匈帝国免受俄国人的攻击；因为法国人想收复 1871 年失去的阿尔萨斯—洛林地区，而俄国人则在巴尔干半岛同奥匈帝国接连不断地发生冲突。

3. 状语从句的翻译

在英译汉时一般将表示时间、原因等的状语从句处理为相应的分句。

例如：

He shouted as he ran.

他一边跑，一边喊。

They set him free when his ransom had not yet been paid.

他还没有交赎金，他们就把他给释放了。

The crops failed because the season was dry.

因为气候干燥，作物欠收。

（二）长难句的翻译

英语中经常使用一些长句子，这些句子成分复杂，一环扣一环，一个句子有时候就是一个独立的段落。这些句子整体翻译比较困难，因此经常使用分译法，先将长句分为若干小句，然后再对小句进行逻辑编排，使其符合英语表达习惯。

例如：

Plastics are made from water which is a natural resource inexhaustible and available everywhere, coal which can be mined through automatic and mechanical processes at less cost and lime which can be obtained from the calcinations of limestone widely present in nature.

塑料是由水、煤和石灰制成的。水是取之不尽的到处可以获得的天然资源；煤是用自动化和机械化的方法开采的，成本较低；石灰是由煅烧自然界中广泛存在的石灰石得来的。

有时为了使长句子更加具有连贯性，在翻译时，可以在句中插入标点，如用破折号来表示解释说明，用括号表示注释以及用冒号来提示下文等。

例如：

Owing to the remarkable development in mass-communications, people everywhere are feeling new wants and are being exposed to new customs and ideas, while governments are often forced to introduce still further innovations for the reasons given above.

由于大众通信的显著发展，世界各地的人们不断感到有新的需求，不断接触到新的习俗和思想。而各国政府由于上述原因，常常不得不推出进一步的革新措施。

三、语篇的等值翻译

语篇翻译应该在词和句子翻译的基础上，更加注重语篇的连贯性，语篇段内的连贯性、段与段之间的连贯性以及篇章的使用场合。下面就对语篇的等值翻译进行分析。

（一）段内连贯

段内连贯指的是段落内容之间的整体联系，在翻译时应注意篇章中段内的连贯性。为保持其连贯性，一般较多使用省略、重复及替代、连接词等手段。

例如：

I woke up the next morning, thinking about those words immensely proud to realize that not only had I written so much at one time, but I'd written words that I never knew were in the world. Moreover, with a little effort, I also could remember what many of these words meant. I reviewed the words whose meanings I didn't remember. Funny thing, from the dictionary first page right now, that aardvark springs to my mind. The dictionary had a picture of it, along- tailed, long-eared, burrowing African mammal, which lives off termites caught by sticking out its tongue as an anteater does for ants.

第二天早晨醒来时，我还在想那些单词。我自豪地发现不仅自己一下子写了这么多，而且以前我从来不知道世界上存在着这些词。并且，稍加努力，我也能记住许多单词的意思，随后，我复习了那些难记的生词。奇怪的是，就在此刻，字典第一页上的一个单词 aardvark（土豚）跃入了我的脑中。字典上有它的插图，是一种生长在非洲的长尾、长耳的穴居哺乳动物，以食白蚁为生，像大食蚁兽一样伸出舌头捕食蚂蚁。

该例子中，英语中使用连接词比较多，汉语则使用较少，本例中原文很多连接词都在翻译时被省略了。

汉语中重复的使用要多于英语，英语习惯使用替换，因此在汉译英时，汉语中重复的部分要用替代来翻译。

例如：

我的最大爱好是沉思默想。我可以一个人长时间地独处而感到愉快。独享欢乐是一种愉快，独自忧伤也是一种愉快。孤独的时候，精神不会是一片纯粹的空白，它仍然是一个丰富多彩的世界。情绪上的大欢乐和大悲痛往往都在孤独中产生。孤独中，思维可以不依照逻辑进行。孤独更多地产生人生的诗情——激昂的和伤感的。孤独可以使人的思想向更遥远更深邃的地方伸展，也能使你对自己或环境做更透彻的认识和检讨。

My greatest avocation is musing. I can stay by myself for a long time without feeling disconsolate in the least. Happiness enjoyed alone is a pleasure, so is sorrow tasted privately. In solitude, the mind is not a complete blank, it remains a rich and colorful world. Solitude often induces ecstasy or anguish, and allows thinking to wander in a random way. She inspires the mood for poems, passionate or pathetic. She also enables people to think further and deeper and to have a more thorough understanding and examination of themselves and their environment.

（二）段际连贯

段际连贯是相对于段内连贯而言的，段际连贯指的是段落与段落之间的连贯性。段际连贯不仅对于篇章写作很重要，其也是篇章翻译的一个重点，在篇章翻译中应该注意段落之间的连贯性和过渡，使篇章成为一个有机的整体。大段际连贯的实现也要依靠重复、替代等来实现，不过其连贯形式主要发生在段落之间。

例如：

If misery loves company, so do sports fans. Dr. Leon Mann documented this several years ago when, as a Harvard professor, he studied the long overnight queues for tickets to ball games in his native Australia. “Outside the stadium something of a carnival atmosphere prevails,” he wrote in the American Journal of Sociology. “The devotees sing, sip warm drinks, play cards and huddle together.”

Like the teams they had come to watch, the fans in line took timeouts. Some worked in shifts, with certain members leaving to take naps or eat meals, while others saved their places in line, some staked claims in line with items of personal property such as sleeping bags and folding chairs. “During the early hours of waiting,” Dr. Mann noted, “the queues often consisted of one part people to two parts inanimate objects.”

如果说人们同病相怜，那么体育爱好者也是这样。几年前哈佛大学教授利昂·曼博士在其祖国澳大利亚对通宵排队购买球赛入场券的人群做了研究，并在他写的文章里描述了这种情况。“体育馆外面呈现出一种狂欢节似的气氛，”他在《美国社会学杂志》上写道，“球迷们唱着歌，喝着热饮料，打着扑克，互相紧挨着，挤成了一团。”

就像他们要来观看的球队一样，排队买票的球迷们也有“暂停”的时候，有的相互倒班，一些人站在队里看着位子，换下别人去睡一会儿或去吃饭。有的则把睡袋、折叠椅之类的个人物件留在队里占位子。曼博士写道：“排队等候的头几个钟头里，队里常常是三分之一的人三分之二的物品。”

该例句中将“the fans in line”翻译为“排队买票的球迷”，与首段中的“排队购买入场券”相照应。

（三）篇章语域

篇章语域主要指的是篇章的使用场合及其作用，不同的篇章具有不同的目的和作用，如文学篇章应该具有艺术性以及美感，给人一种美的享受，在翻译时，也应该注意译文的深层含义以及篇章的艺术性；对于科技文章的翻译则应注重其准确性和专业性；广告语言主要是为了宣传产品以及吸引消费者的注意力，促使其消费，因此翻译广告语言应注意其号召性和说服力。因此，翻译时不能生搬硬套一些翻译技巧和原则，应该充分了解篇章的使用场合和目的等，进而选择合适的翻译方法。例如：

Established in the 1950s, East China Normal University, led by the Ministry of Education and nourished by the rich resources of the modem city of Shanghai, has developed quickly among the institutions of higher teaming. It was listed as one of the sixteen key universities in China as early as 1959. Nearly fifty years of development has shaped it into a prestigious comprehensive university, influential both at home and abroad. Right at the arrival of the new century, we are determined to seize the opportunities, meet the Challenges, unite and work as hard as before, and contribute our fair share to the development of ECNU.

崛起于 20 世纪 50 年代初的华东师范大学，得益于物华天宝、人杰地灵的国际大都市——上海这片沃土的滋养，又得益于国家和教育部对师范教育的关怀与重视，在全国高教院系调整中发展壮大起来，早在 1959 年就已跻身于全国 16 所重点大学之列。经过将近半个世纪的辛勤耕耘，华东师范大学已经发展成为一所学科比较齐全、师资实力比较雄厚、具有一定办学特色、在国内外具有相当影响的综合性大学。在新世纪到来之际，我们一定要抓住机遇，迎接挑战，励精图治，奋发图强，继续发扬艰苦奋斗、团结协作、勇于拼搏、开拓创新的精神，为华东师范大学的振兴与腾飞，贡献出我们所有的智慧与力量。

这是一则学校的简介，其文章翻译得体恰当，对内容进行灵活处理，并没有采取直译法来翻译，而是将其变为更加符合英语表达习惯的句子。

下面是一则商务信函的翻译，译文很好地遵循了商务信函翻译的准确性、礼貌性、简洁性等原则。

原文：

先生：

从贵处商会获悉贵公司名和地址，并得知你们是一家大的钢铁出口商，具有多年的经营经验。此类产品属于我公司业务范围，特致此函，以期与您建立兴旺互利的贸易关系。

若贵公司能保证价格可行、品质优良、交期迅速，我们将能大量订货。为此，特请提供你们最新的全套目录和各项出口产品的价目表。如蒙尽速办理，当不胜感激。

至于我们的信用情况，可向当地的中国银行查询。

谅能惠予合作，预致谢意。

谨上

（签名）

2008 年 1 月 28 日

译文：

January 28, 2008

Dear Sir,

Your name and address have been passed on to us by your Chamber of Commerce as a large exporter of iron and steel products, with many years' experience in this particular line of business. As these products come within the scope of goods we deal in, we are glad to forward you this letter in hope of establishing prosperous and mutually beneficial relations between us.

If you can assure us of workable prices, excellent quality and prompt delivery, we are in a position to place large order. We, therefore, suggest that you furnish us with a complete set of your latest catalogues together with a price list covering all your products for export, and we shall be much obliged for your earlier attention.

As to our credit Standing, please refer to the Bank of China in your country.

Anticipating your kind cooperation and thanking you in advance, we are.

Yours faithfully,(Signature)

第五章　英汉文化语言差异与等值翻译

修辞、习语、典故都是语言的重要组成部分，是民族文化的瑰宝，具有极深的文化内涵。由于英汉两个民族在历史、文化、宗教、风俗等方面存在一定的差异，因此对两种语言中的修辞、习语和典故进行翻译时应充分考虑文化因素，采用灵活恰当的翻译方法，以提高翻译质量。本章就对英汉文化语言差异与等值翻译进行研究。

第一节　英汉修辞差异与等值翻译

修辞是文化中的一个重要内容，研究英汉文化必然少不了对英汉修辞差异的研究。英汉两种语言在修辞格上表现出许多共同的特征，但是由于社会、文化、历史等的不同，二者在修辞方面也存在一定的差异。这些差异对翻译造成了不小的困难。本节通过介绍英汉比喻、夸张两种修辞格，来研究英汉修辞差异与等值翻译。

一、比喻差异与等值翻译

（一）英语中的比喻

不把要说的事物平淡直白地说出来，而用另外的与它有相似点的事物来表现的修辞方式，称作比喻（Figures of Comparison）。在英语中，比喻是一种常见且应用广泛的修辞格。比喻是语言的升华，而且极富诗意，因此无论是在各类文学作品中，还是日常口语中，比喻的使用都十分普遍。在写作和口语中使用比喻，可以有效增强语言的生动性、形象性、精炼性、鲜明性、具体性和通俗性。

英语中常见的比喻通常分为两类，即明喻（Simile）和暗喻（Metaphor）。

1. 英语明喻

Simile一词源于拉丁语similis，相当于英语中的介词like。《英语百科全书》（Encyclopedia of English）（Zeiger, 1978）给Simile下的定义："A direct comparison between two or more unlike things, normally introduced by like or as."

英语中的simile与汉语的"明喻"基本相对应，因此一般译为"明喻"或"直喻"。

它是对两个不同事物的相似点加以对比，用浅显、具体的事物去说明生疏、深奥的事物，使语言表达生动形象，更好地传神达意。

从结构上看,明喻基本上由三个要素构成,即本体(subject 或 tenor)、喻体(reference 或 vehicle)和喻词(indicator of resemblance、acknowledging word 或 simile maker)。本体指被比喻的对象,喻体指用来比喻的对象,比喻词用于本体与喻体之间,具有连接介绍的作用。明喻的基本表达方式是“甲像乙”。在英语中,常用的比喻词有 like, as, seem, as if, as though, as… as…, liken …to…, as… so, similar to, to bear a resemblance to 等。

例如:

Her happiness vanished like the morning dew.

她的幸福像晨露一样消失了。

I wandered lonely as a cloud.(W. Wordsworth:The Daffidils)

我像一朵浮云独自漫游。

So as she shows she seems the budding rose, yet sweeter far than is earthly flower …(R. Greene:Pandosto)

她展示自己时犹如含苞待放的玫瑰,却远比真实的花儿芬芳。

此外,英语明喻的结构中除了上述提到的最常用的比喻词外,还有其他的表达方式,如用 no… more… than 及 not any more than 作喻词;with 介词短语结构;A is to B what C is to D 结构等。

例如:

A student can no more obtain knowledge without studying than a farmer can get harvest without plowing.

学生不学习不能得到知识,犹如农民不耕种不能收获一样。

With the quickness of a cat, he climbed up the tree.

他像猫一样敏捷地爬上了树。

The pen is to a writer what the gun is to a fighter.

作家的笔犹如战士的枪。

2. 英语暗喻

Metaphor 一词来自希腊语 metaphorn,意为 a transfer of a meaning 。Webster's New World Dictionary 将 Metaphor 定义为:“A figure of speech containing an implied comparison, in which a word or phrase ordinarily and primarily used of one thing is applied to another.”

英语中的 Metaphor 与汉语修辞格的“隐喻”或“暗喻”基本对应,它不用比喻词,而是直接把喻体当作本体来描述,其比喻的关系隐含在全句中。所以,从某种程度上来讲,暗喻的修辞效果较明喻更加有力、突出。

暗喻的结构大致分为以下三种类型:

①喻体直陈式,就是将本体和喻体说成一件事,认定本体就是喻体。这种方式可有效强化语言表达的逻辑能力。例如:

After the long talk, Jim became the sun in her heart.

那次长谈后，吉姆成了她心中的太阳。

College is a comma of a sentence of life.

大学就是人生长句中的一个逗号。

②喻体半隐式，即喻体半隐半现，这一方式中的喻体词一般是由名词转化而来的动词。通过动词对动作或状态的描写，来说明这个名词所具有的喻体的特征。其实这个动词的名词形式就是喻体。例如：

They stormed the speaker with questions.

他们猛烈质问演讲者。

Moonlight flooded the orchard.

月光洒满了果园。

③喻体全隐式，就是表面上喻体没有出现，但却暗含在句中，用适用于喻体的词语来充当喻体。这种类型的比喻形式更为复杂，内涵也更为丰富。例如：

The one place not to have dictionaries is in a sitting room or at a dining table. Look the thing up the next morning, but not in the middle of the conversation. Otherwise one will bind the conversation, one will not let it flow freely here and there.（Henry Fairlie）

有一个地方不应该带字典，那就是客厅里或餐桌上。你可以次日早晨再查，但不要在说话中去查字典，否则你会把说话捆住了，使它不能自由舒畅。

上例中将“说话中查字典”比作“绳子”（a string），然而 string 并没有直接出现在句子中，而是用描写 string 的词 bind 来代替，充当喻体，达到了形象生动、传神达意的修辞效果。

（二）汉语中的比喻

比喻又称“譬喻”，俗称“打比方”，就是根据心理联想抓住和利用不同事物相似点，用另一事物来描绘所要表现的事物。比喻主要用于描写事物、人物、景物以及说理论事。

汉语中，根据比喻事物与本体事物之间的划分，可以将比喻分为三类：明喻、暗喻和借喻。

1. 汉语明喻

明喻又称“直喻”和“显比”，是指比喻的事物与被比喻的事物同时出现，表明比喻与被比喻的相类似的关系。它具有爽朗、明快的特征，可以使所描述的事物形象化、具体化、浅显化、通俗化。

明喻的本体与喻体之间常用“像”“似”“若”“比”“样”“同”“如”“如同”“似的”“一样”“宛若”“仿佛”“像……一样”等词语做比喻词。明喻的基本形式是：甲（本体）像（喻词）乙（喻体）。

例如：

我们去！我们去！孩子们一片声地叫着，不待夫人允许就纷纷上马，敏捷得像猴子一样。（姚雪垠《李自成》）

不错，你有天赋，可是天赋就像深藏在岩石底下的宝石，没有艰苦的发掘、精心的雕琢，它自己是不会发出光彩来的。

2. 汉语暗喻

暗喻又称“隐喻”，是比喻的一种。与明喻相比，暗喻的本体与喻体之间的关系更密切。暗喻可分为两种情况：带喻词和不带喻词。

例如：

当我在人的密林中分不清南北东西，时间是一个陀螺和一根鞭子。（罗洛《我和时间》）

骆驼，你，沙漠的船，你，生命的山。（郭沫若《骆驼》）

3. 汉语借喻

借喻就是本体不出现，用喻体直接替代本体的比喻。借喻是比喻的最高形式，借喻可以省去许多直白的文字，令语言精练简洁、结构紧凑。借喻表现的对象可以是人、物、事，也可以是理、情、意。借喻多用于抒情散文、诗歌以及通俗的口语中。

例如：

骤雨过后，珍珠散落，打遍新荷。（元好问《骤雨打新荷》）

这个鬼地方，一阴天，我心里就堵上个大疙瘩！（老舍《龙须沟》）

（三）英汉比喻修辞比较

1. 相同点

英汉比喻修辞的相同点主要体现在以下两个方面。

（1）英汉比喻都用事物比喻事物

用事物比喻事物，即用某种具体的东西来描写另一种东西的形象，并表现出这种形象所显示的品质。

例如：

Love is life in its fullness like the cup with its wine.

爱就是满盈的生活，正如酒满盈着杯。

（2）英汉比喻都用事理比喻事理

用事理比喻事理，即用一种事情的道理，来比作另一种事情的道理。在英汉语言中，人们通常在论证时使用这种修辞手段。例如：

She moved her cheek away from his, looked up at him with dark eyes, and he kissed her, and she kissed back, longtime soft kissing, a river of it.

她挪开了脸颊，抬起头来用眼睛望着他。于是他吻她，她回吻他，长长的、无限温柔的吻，如一江流水。

2. 不同点

英汉比喻的不同点主要体现在：汉语比喻的结构形式比英语的复杂很多，分类也更细致；英语隐喻与汉语中隐喻、借喻和拟物三种修辞格相似，因此英语比喻中的隐喻所涵盖的范围更广泛。

（1）英语中的 Metaphor 与汉语隐喻相似

英语隐喻与汉语比喻的格式相同，即本体和喻体同时出现，二者在形式上是相合的。

例如：

He has an iron will and gold heart.

他有钢铁般的意志和一颗金子般的心。

（2）英语中的 Metaphor 与汉语借喻相似

在这种修辞格中，喻体是象征性的，同时含有一个未言明的本体。它的基本格式是"以乙代甲"。

例如：

By the winter of 1942 their resistance to the Nazi tenor had become only a shadow.

到了 1942 年冬季，他们对纳粹恐怖统治的反抗已经名存实亡了。

Laws are like cobwebs, they catch flies but let hornets/wasps go free.

法律像蛛网，只捕苍蝇而放走马蜂。

（3）英语中的 Metaphor 与汉语拟物相似

在汉语中，比拟可分为两种：拟人与拟物。其中，拟人与英语中的 Personification 对应，而拟物是英语中的 Metaphor 的变体形式之一。

例如：

Inside, the crimson room bloomed with light.

里面，那红色的房间里灯火辉煌。

Also, he had money in his pocket, and as in the old days when a pay day, he made the money fly.（J. London）

还有，当他钱袋里有钱的时候，他就像过去发薪的日子一样，挥金如土。

（四）英汉比喻修辞的等值翻译

1. 明喻的翻译方法

（1）直译法

在符合译入语表达习惯的前提下，明喻通常都可采用直译法进行翻译，利用译入语中相应的比喻词来翻译原文中的比喻词，以最大限度地保留原文的特点。

例如：

A man can no more fly than a bird can speak.

人不能飞翔，就像鸟不会讲话一样。

Today is fine. Tomorrow may be overcast with clouds. My words are like the stars that never change.

今天天色晴朗，明天又阴云密布。但我说的话却像天空的星辰，永远不变。

Water should be quiet like a mirror so that the small fish and algae couldn't hide it and people could appreciate their reflection in it. And how natural it would be!

水应当是安静的！那可以同镜子一样，小鱼同水藻，没有藏躲的机会，人们可以临流鉴形，这是何等自然呵！

（2）意译法

因英汉语言在诸多方面存在差异，因此有些明喻也不能采用直译进行翻译，这时需要采用意译法。

例如：

Records fell like ripe apple on a windy day.

纪录频频被打破。

The enemy's harbor defense is just like Achilles heel.

敌军的海港防御就像阿克琉斯的脚踵一样——是其唯一致命的弱点。

2. 暗喻的翻译方法

（1）直译法

通常情况下，暗喻也都可以采用直译法来翻译。

例如：

Some books are to be tasted, others to be swallowed, and some few to be chewed and digested.

一些书浅尝即可，另一些书要囫囵吞下，只有少数的书才值得咀嚼和消化。

Baseness is a passport for the base, Honor an epitaph for the honorable.

卑鄙是卑鄙者的通行证，高尚是高尚者的墓志铭。

（2）意译法

暗喻也不能一味地进行直译，有时也要根据实际情况采用意译法进行翻译，以使译文更符合译入语的习惯。

例如：

Don't show the white feather to the enemy.

不要向敌人示弱。

He was confused when we nailed him down to his promise.

当我们要他遵守诺言时，他狼狈极了。

He is a weathercock.

他是个见风使舵的家伙。

二、夸张差异与等值翻译

（一）英语中的夸张修辞

首先来看一些关于夸张修辞（Hyperbole）的定义。

亨利·华生·福勒（Henry Watson Fowler）认为："The use of exaggerated terms for the sake not of deception, but of emphasis.”(用夸大的言辞强调而不是欺骗。)

霍尔曼(C. Hugh Holman)指出:“Hyperbole: A figure of speech in which conscious exaggeration is used without the intent of literal persuasion. It may be used to heighten effect, or it may be used to produce comic effect.”(一种修辞格,不带任何真正劝说意义的有意识的夸大。用于强调某种效果或产生幽默效果。)

《The Random House College Dictionary (Revised)》给出的 Hyperbole 定义为:“An extravagant statement or figure of speech not intended to be taken literally, as ‘to wait an eternity’.”

可见,Hyperbole 是一种修辞方式,用夸大的言辞来增加语言的表现力,突出某种情感和思想,但这种夸大的言辞并不是欺骗。这种修辞手法可以深刻地表现出作者对事物的鲜明态度,给读者留下深刻的印象,同时有助于揭示事物的特征、本质,强烈地表达出作者的思想感情。

例如:

We walked along a road in Cumberland and stooped, because the sky hung so low.

我们沿着坎伯兰的一条道路行走,佝偻着身子,因为天幕垂得很低。

It was so hot a noon that the leaves had to gasp for breath.

那天中午,天气热得连树上的叶子也在喘气。

根据不同的分类方法,可以将英语中的 Hyperbole 分为不同的类别,如扩大夸张、缩小夸张、超前夸张、直接夸张、间接夸张、可转化类夸张和不可转化类夸张等。

(二)汉语中的夸张

对于夸张的定义,《辞海》给出了这样的解释:“修辞学上辞格之一,运用丰富的想象,廓大事物的特征,把话说得张皇铺饰,以增强表达效果。”

夸张是一种使用十分广泛的修辞格,不仅常用于文学作品中,日常生活中也被广泛使用。夸张可有效突出事物的本质,增强渲染的力量,还能强烈地表现作者对所要表达的人或事情的感情态度,从而激起读者强烈的共鸣,给人以深刻的印象。

例如:

千山鸟飞绝,万径人踪灭。(柳宗元《江雪》)

太阳刚一出来,地上已经像下了火。(老舍《骆驼祥子》)

汉语夸张与英语 Hyperbole 分类方法基本一致,根据不同的标准,可以分为多种类型,这里不再一一列举。

(三)英汉夸张修辞比较

1. 相同点

英汉两种语言中的夸张还存在着许多相同之处,主要表现在以下几个方面。

①英汉夸张都具有言过其实的特点,通常借助言过其实来表现事物的本质,渲染气氛,加深读者的印象。

例如:

I love Ophelia, forty thousand brothers could not, with all their quantity of love, make up my sum. (《Hamlet》)

我爱奥菲莉亚,纵集四万兄弟之爱,也抵不上我对她的爱情。(《哈姆雷特》)

他们看见那些受人尊敬的小财东,往往垂着一尺长的涎水。(毛泽东《中国社会各阶级的分析》)

②英汉夸张从本质上来看都没有违反质量准则。夸张在本质上都是符合事实、绝对真实的。

例如:

His eloquence would split rocks.

雄辩的口才能开岩裂石。

上例中的意思在现实中是不可能存在的,但是这位“让顽石裂开”的先生有着绝妙的口才也是不争的事实。

燕山雪花大如席。(李白《北风行》)

上句如果很平淡的表达“燕山雪大”,则不能真实地传达出作者是心中真实的、非极言而不能表达的感受。

从上面两个例子可以看出,夸张在本质上没有违反质量准则,因此可以在会话中使用,并使会话顺利进行。

2. 不同点

当然,英汉两种语言中的夸张也存在很多不同之处。例如,虽然英语和汉语中都有扩大夸张和缩小夸张,但汉语中使用缩小夸张较英语中更为频繁,而且汉语中有英语中所没有的超前夸张。此外,英语多借用一些构词法进行夸张;而汉语则多通过选词用字来表现夸张。例如:

He limped slowly, with the blood pounding his temples, and a wild incommunicable joy in his heart. “I’ m the happiest man in the world.” He whispered to himself.

他一瘸一瘸地慢走着,血液冲击着太阳穴,心中充满着无以言表的喜悦,一边走一边自言自语道:“我是世上最幸福的人”。

上例中,他不可能是世界上最幸福的人,采用夸张的修辞手法,用以表达他当时一种强烈的感受。在英语原文中,夸张是利用了形容词的最高级形式(the happiest),其实并没有比较的意思。读者可以从这种夸张的口气中体会出作者强烈的思想感情。而汉语译文则在“幸福的”这一形容词前加上“最”字来表现夸张。此外,汉语中还可以用其他词语来体现夸张。例如,“绝代佳人”“尽人皆知”“举世无双”等。

(四)英汉夸张修辞的等值翻译

1. 直译法

英汉两种语言中夸张使用十分普遍,也存在一些相似之处,因此为了更好地保持原文的艺术特点,可采用直译法进行翻译。

例如：

We must work to live, and they give us such mean wages that we die.

我们不得不做工来养活自己，可是他们只给我们那么少的工钱，我们简直活不下去。

If you gave me eighty necklaces and eight hundred rings I would also throw them away. What I want is nothing but dignity.

你就是给我八十条项链和八百个戒指，我也不要，我要的是尊严。

So that our brother's shoulders

May lift the earth, arouse millions of suns.

为了让兄弟们的肩头

担起整个大地，摇醒千万个太阳。

2. 意译法

由于英汉夸张的表现手法、夸张用语，以及英汉语言的表达习惯有着很大的差异，因此不能机械照搬原文，有时需要采用意译法对原文进行适当地处理，以使译文通顺易懂，符合译入语的表达习惯。

例如：

On Sunday I have a thousand and one things to do.

星期天我有许多事情要做。

He ran down the avenue, making a noise like ten thousand horses at a gallop.

他沿街跑下去，喧闹如万马奔腾。

Mother said to Xiao Ming, "If you should fail again, I would surely teach you a lesson."

妈妈对小明说："下次你再不及格，看我不拧断你的脖子！"

第二节　英汉习语差异与等值翻译

一、英汉习语比较

（一）习语的概念

习语，顾名思义，就是习惯使用而形成的固定语言形式，是指人们通过对社会现象和生活经验的总结而形成的，经久流传下来的固定表达形式。

在人们长期使用语言的过程中，逐渐将短语或短句提炼出来，形成了习语，是语言中的核心和精华。习语是一种富于形象色彩的语言手段，有助于增加语言的美感。英语和汉语都是高度发达的语言，在这两种语言中都存在大量的习语。

（二）习语的分类

习语的种类多种多样，主要包括成语、谚语、俗语、粗俗语、俚语等。

1. 成语

成语是人们在长期实践和认识过程中提炼出的语言结晶。成语的结构一般比较固定，不能随意改动，也不能随意增减成语中的成分。

成语对应的英语单词是 idioms, 英语语言中存在很多成语。例如，ins and outs（事情的底细；露出马脚），to lay heads together（大家一起商议问题），the Troy Horse（木马计）等。

汉语中有大量的成语。汉语中的成语多出自古代经典或名著、历史故事或经过人们的口头流传下来，意思精辟，语言简练。汉语成语以四字字格为主，如小题大做、孤掌难鸣、卧薪尝胆、道听途说、老马识途、雪中送炭等。当然，也有不是四字格的成语，如三个臭皮匠，赛过诸葛亮。

2. 谚语

谚语指的是在群众中流传的固定语句，用简单通俗的话反映出深刻的哲理。一般来说，谚语都会集中说明一定的社会生活经验和做人的道理。

谚语在英汉两种语言中都十分常见。

例如：

He who hesitates is lost.

机不可失，时不再来。

Bitter pills may have blessed effects.

良药苦口利于病，忠言逆耳利于行。

East or West, home is best.

金窝银窝，不如自家草窝。

路遥知马力，日久见人心。

落地的兄弟，生根的骨肉。

留得青山在，不怕没柴烧。

3. 俗语

俗语主要是指借助于某种比喻来说明某种道理，比较通俗易懂，经常出现在口语中。英汉语言中均有一定量的俗语。英语中的俗语（colloquialisms），如 to show one's cards（摊牌）、round-table conference（圆桌会议）、with the tail between the legs（夹着尾巴逃跑）等。汉语中的俗语，如“杀鸡给猴看”“脚踩两只船”“偷鸡不着蚀把米”等。

4. 粗俗语

粗俗语就是人们日常生活中所说的粗话、脏话，常常与人们禁忌性、伦理道德和种族歧视等有关。粗俗语对应的英语表达为 four-letter word 或 foul language。粗俗语虽然粗野、庸俗，但是也是每一种语言必不可少的一个组成部分，是人们表达各种情感的常用手段。

粗俗语在英汉两种语言中都十分常见。在英语中，常用的粗俗语有 damn、devil、hell、shit、bullshit、ass hole、piss、cunt、luck、fucking、fucker 等。

在汉语中，粗俗语往往与人们认为不屑的事物相关。例如：流氓、婊子、野种、鬼、婊子养的、狗、狗杂种、猪、笨猪、蠢猪等。

5. 俚语

俚语是一种区别于标准语，只在一个地区或者一定范围使用的话语。英汉语言中都存在一定的方言俚语。例如：

Shut your pie hole（住嘴）!

Do you have any caner sticks（你有香烟吗）?

在汉语中，也有很多俚语，如北京话中的“开瓢儿”（打破头）、“撒丫子”（放开脚步跑）。

此外，汉语中的习语还包括歇后语。歇后语是汉语中所特有的。歇后语是指由两个部分组成的一句话，前一部分像谜面，后一部分像谜底，通常只说前一部分，而本意在后一部分。它的结构比较特殊，一般分前后两截，在前半截用具体浅显的比喻来说明后半截一个较为抽象的道理。

例如：

哑巴吃黄连——有苦说不出

猪八戒照镜子——里外不是人

泥菩萨过江—— 自身难保

狗咬吕洞宾——不识好人心

肉包子打狗——有去无回

（三）英汉习语特点比较

1. 民族性

习语与人和人生活的环境息息相关。不同的民族，其所处的地理环境、历史背景、经济生活、风俗习惯、宗教信仰、心理状态、价值观念等方面都存在很大的差异，因此习语的表达形式也各不相同，具有鲜明的民族特色。

在英国近千年的历史中，从古代英语到现代英语发生了巨大的改变，同时通过吸收一些习语，极大地促进了英语词汇的发展。在英语中，较古老的习语多源于伊索寓言、希腊神话、罗马神话或圣经故事，还有一些习语来自一些文学作品，或者 20 世纪中叶发生的历史事件。 例如：the touch of Midas 点金术（希腊神话），to wear one's heart on one's sleeve 不掩饰自己的感情（莎士比亚《哈姆雷特》），Dunkirk evacuation 敦刻尔克撤退（第二次世界大战）等。

中国有着十分悠久的历史，文化源远流长，语言中出现了大量的习语。这些习语有的来自历史文献、语言故事、神话传说，如刻舟求剑（《吕氏春秋・察今》）、老骥伏枥（曹操《步出夏门行》）；有的习语与我国历史人物、历史事件有密切的关系，如与春秋战国时期秦赵相争有关的习语有“价值连城”“完璧归赵”“负荆请罪”等；与楚汉相争有关的习语有“取而代之”“四面楚歌”“项庄舞剑”等；与“毛遂”有关的习语有“毛遂自荐”“脱颖而出”；与越王勾践有关的习语有“卧薪尝胆”等。这些习语都打上了深深的民族烙印，如果脱离了民族历史，就让人觉得不知所云。

此外，习语的民族性，还体现在表达同一种意义时，英汉两种语言有不同的表达方式。例如，汉语中的“袖手旁观”，英语则是“look on with one’s folded arms”；汉语中的“无立锥之地”，英语说“no room to swing a cat in”；汉语中的“一箭双雕”，英语则是“a stone kills two birds”。在英汉习语互译时，要特别注意这一点。

2. 修辞性

一般而言，通过使用习语，有助于达到某种修辞效果。习语的修辞性主要包括以下两个方面。

习语本身就是修辞手段的运用和体现，具有语言生动、形象、通俗、简练的特点。有时还可以借助声音的节奏和韵律（声音的和谐与圆韵），使表达更加顺口流畅、生动，容易记忆。英语和汉语中有很多这样的例子。

例如：

step by step（重复）

as timid as rabbit（比喻）

Many men, many minds（双声）

First come, first served（对仗）

鬼头鬼脑（重复）

如鱼得水（比喻）

人多力量大，柴多火焰高。（对仗）

起早不慌，种早不忙。（韵脚）

习语极富表达力，是语言中不可缺少的因素。作者可以把习语当作修辞手段来运用，以增强语言的活力。习语是经过长时间的使用而提炼出来的短语或短句，是语言中的核心和精华。通过使用习语，可增加语言的美感。

习语的修辞性作用体现在可以使语言生动形象，极富感染力。试比较并品味下面的英语习语的汉译。

In the country of the blind, the one-eyed man is king.

译文 1：瞎子王国，独眼称王。

译文 2：山上无老虎，猴子称霸王。

3. 固定性

习语是语言中不规则的、独立的、比较固定的语言因素，其形式和意义相对固定，不能随便改动。否则，习语就失去了意义。

例如，英语中的“to be at liberty”不能改为“to be at freedom”；“Like father, like son ”不

能改为“Like mother, like daughter ”；同样，汉语中的“破釜沉舟”不能改为“破船沉舟”“南辕北辙”不可改为“东辕西辙”等。

（四）英汉习语来源比较

1. 来自文学作品

英汉两种语言中有很多习语来自文学作品中的历史典故或者名人之言。例如，英语中 wash one's hands of something（洗手不干…… ；与……断绝关系），就源自《圣经 • 马太福音》。据记载，犹太巡抚彼拉多主持审判耶稣，由于他判定耶稣无罪，一些犹太人不服，因此他当众宣布洗手辞职并交出了耶稣，以证明自己与此案无关。再如，“scotch the snake（打伤一条蛇）”，来源于莎士比亚的剧本《麦克佩斯》中的第 3 幕第 2 场：“We have scotched the snake, not killed it. ”（我们将蛇打伤，但不把它打死。）现用这条习语比喻“使一些危险的东西不能为害”。

汉语中的习语也有很多出自文学作品。例如，“鬼斧神工”来自《庄子》，“汗马之劳”来自《韩非子》，“老骥伏枥”来自曹操的《步出夏门行》，“鸿鹄之志”来自《吕氏春秋》，“高枕无忧”来自《战国策》等。

2. 来自神话故事

在英语中，大多习语都与古希腊、古罗马等的神话故事有关。例如，Amalthea's horn（吉祥之物）源于这样一个神话故事：据说希腊神女阿玛耳忒亚（Amalthea），是罗马神话中宙斯（Zeus）的保姆。婴儿时宙斯由神女 Amalthea 以羊乳喂养。为了感恩，宙斯敲下一羊角送给她，并许诺让羊角主人永远丰饶。后来就用 Amalthea's horn 比喻“吉祥之物”。再如，Mercury fig 与这样一个传说有关：罗马人把无花果树上结出的第一批果实送给墨丘利（Mercury），现用这条习语比喻“获得的第一批成果”。

汉语的神话故事源远流长，反映了丰富多彩的汉文化，也反映了历代劳动人民认识世界、改造世界的生活经历与丰富的想象力。汉语中，也有一些习语来自神话故事，如“女娲补天”“开天辟地”“精卫填海”“嫦娥奔月”“一枕黄粱”等。

3. 来自历史事件

英汉语中均有一些习语由历史上的著名历史事件演变而来。

英语中来自历史事件的习语有的是反映了过去的战争方式或状况，有的是描述历史上一些宗教事件或猎人骑士的冒险经历。例如，sword of Damocles，来自这样一则古代希腊的历史事件：公元前 4 世纪在西西里岛上的统治者狄奥尼修斯一世有个亲信叫达摩克利斯，他十分羡慕帝王的豪华生活。狄奥尼修斯为了教训这个人，在一次宴会上，要他坐在国王的宝座上，当他猛然抬头，只见头顶上有一把用头发悬着的宝剑，随时都有刺到头顶的危险。他吓得战战兢兢，时刻提心吊胆。后来，就用 sword of Damocles 这一成语来比喻临头的危险或情况的危急。再如，meet one's Waterloo（惨遭失败），Dunkirk evacuation（敦刻尔克撤退，溃退），Colombus's egg（万事开头难）等。

汉语中来自历史事件的习语大多与列国帝王将相之间的争权夺利有关，如“鸿门宴”“卧薪尝胆”“四面楚歌”“杞人忧天”“完璧归赵”等。

4. 来自行业用语

自从社会分工以来，人们所从事的职业千差万别，并逐渐把各个行业有关的用语应用于生活之中。英汉两种语言中有很多习语来自不同的行业，特别是发展最早的农业和工业，包括手工业，还有商业等。

由于英国是个岛国，农业耕作不是英民族的主要生活方式，因此其与农业耕种相关的习语不多。例如，As cool as cucumber（泰然自若）、As a man sows, so he shall reap（种瓜得瓜，种豆得豆）、break ground（开垦，破土动工）。而汉语中有大量的习语来自农业，这是因为中国自古就是一个农业大国，以农耕为主。这类习语有“根深蒂固”“男耕女织”“桃李满天下”“不耕不种”“前人栽树，后人乘凉”等。

此外，英语和汉语中有一部分习语还跟工业、餐饮业有关。

例如：

A square peg in a round hole.

文不对题；不得其所。

Between the hammer and the anvil.

腹背受敌。

A little pot is easy hot.

壶小易热，量小易怒。

Out of the frying-pan into the fire.

才出狼窝，又落虎口。

班门弄斧

得寸进尺

姜还是老的辣

酒香不怕巷子深

5. 来自家庭生活

中西的家庭概念存在很大的差异。中国人有极强的宗族意识与家庭观念，老幼尊卑，忠孝悌信，是公认的信条。因此，汉语中也出现了很多反映汉民族关于生老病死、婚嫁养育的思想观念的习语，如“三姑六婆”“家书抵万金”“门当户对”“男大当婚，女大当嫁”“清官难断家务事”“父母在，不远游”等。

与汉语相比，英语中与家庭生活相关的习语数量比较少。

例如：

smell of the baby

乳臭未干。

John Thomson’s man

怕老婆的人。

East or west, home is the best.

行遍天下路，还是在家好。

当然，习语的来源还涉及其他方面，这里不再一一赘述。

二、英汉习语的等值翻译

在翻译习语时，译者既要把原文的语言意义忠实地传达出来，又要把原文的文化内涵准确地表达出来，使读者能获得与原文相同的感受。因此，翻译习语时要求做到两个方面：一是求其易解；二是保留原作的风格。

翻译习语时，主要可采取以下几种翻译方法。

（一）直译法

直译法是指在符合译文语言规范化的基础上，在不引起错误的联想或误解的前提下，保留习语的比喻、形象以及民族色彩的方法。英汉两种民族在感情，在对客观事物的感受及社会经历等方面存在一定的相似之处，因此两种语言有少量相同或近似的习语，这些习语字面意义和形象意义相同或近似，所传达出的文化信息也是基本一致的，这时可采用直译法进行互译。

例如：

All roads lead to Rome.

条条大路通罗马。

An eye for an eye, a tooth for a tooth.

以眼还眼，以牙还牙。

Blood is thicker that water.

血浓于水。

like the autumn wind sweeping away the fallen leaves.

秋风扫落叶。

The monk may run away, but the temple can't run away with him.

跑得了和尚，跑不了庙。

One who does not work hard in youth will grieve in vain in old age.

少壮不努力，老大徒伤悲。

（二）意译法

有些习语由于文化因素的影响，在翻译时无法保留原语的字面意义和形象意义，如果直译影响理解，就得改用意译。可将原文的形象更换成另一个读者所熟悉的形象，从而传达出原文的语用目的，译出其中隐含的意义。

例如：

cost an arm and a leg

非常昂贵

born with a silver spoon

生长在富贵之家

When in Rome, do as the Romans do.

入乡随俗

narrow winding trail

羊肠小道

suffer a double loss instead of making a gain

赔了夫人又折兵

make an example of a few to frighten all the rest

杀鸡给猴看

（三）套译法

由于英汉语言、文化背景等都存在很大的差异，在习语翻译时，有时无法保留源语中的比喻形象，需要转换为译语中读者所熟悉的形象。这时采用的就是归化翻译法，也就是用目的语里的同义习语去套译源语中的习语，尽管套译中的形象不同，但其喻义相似，使译文能与原文做到意义上的对等。

例如：

Roman is not built in one day.

冰冻三尺，非一日之寒。

Fools rush in where angles fear to tread.

初生牛犊不怕虎。

Beauty is in the eye of the beholder.

情人眼里出西施。

Talk of the devil and he is sure to appear.

说曹操，曹操到。

The punishment is skillfully given by one side, and gladly accepted by the other.

周瑜打黄盖，愿打愿挨。

Even the cleverest housewife can ’t make bread without flour.

巧妇难为无米之炊。

（四）直译意译结合法

有些习语翻译，不便于采用上述方法，可以采用直译与意译结合的方法来进行处理，把原文中通过直译可以明确传达其意义的部分直译出来，而不便直译的部分则意译出来，这样既准确传达了原义，又符合译语的表达习惯，易于理解。

例如：

Caution is the parent of safety.

谨慎为安全之本。

A little pot is soon hot.
壶小易热,量小易怒。
to wait for windfalls
守株待兔
brave the wind and dew
风餐露宿

第三节　英汉典故差异与等值翻译

一、英汉典故比较

（一）典故的概念

邓炎昌和刘润清合著的《语言与文化》中指出:“几乎所有的人在说话和写作时都引用历史、传说、文学或宗教中的人物或事件。这些人物或事件就是典故。”

《汉英双语・现代汉英词典》给典故下的定义为“诗文中引用的古代故事和有历史出处的词语”。

概括起来,凡在口头语和书面语中引用的古代故事、历史人物、历史事件和有历史出处的词语都属于典故的范畴。

一般而言,典故具有十分丰富的内容和浓厚的民族色彩,它是人们在对世界的认知过程中形成的一种语言形式,与特定的历史文化语境有着十分紧密的关系。不同文化背景下的人们,其思想观念、道德意识、价值取向、思维方式等都可以从典故中反映出来。

（二）英汉典故结构比较

英语中的典故结构一般较为灵活,字数可长可短,长的可以由几个单词或更多单词组成句子,如“One boy is a boy, two boys half a boy, three boys no boy.”;短的只有一个单词,如Watergate(水门事件)、Eden(伊甸园)。此外,英语中的典故往往可以独立成句,如莎士比亚作品中许多源自《圣经》的典故通常都是独立成句的。

汉语中,典故的语言形式往往具有用词简练、结构紧凑的特点,以词组性短语为主,也有少量的对偶性短句。典故演变为成语时,四字结构较多,很少有字数较多或单独成句的情况。此外,汉语中有相当大一部分典故是名词性词组,它们在句子中可以作一定的句子成分。

（三）英汉典故来源比较

1. 来自文学作品

英语中,有相当一部分典故出自一些著名作家的作品,如莎士比亚(Shakespeare)、狄更斯(Dickens)等。例如,Romeo(罗密欧)是莎士比亚戏剧《罗密欧与朱丽叶》中的男主人公,指英俊、多情、潇洒,对女人有一套的青年。Cleopatra(克娄巴特拉)是莎士比亚戏剧《安东尼和克娄巴特拉》中的人物,指绝代佳人。再如,英语中 Odyssey 与 Iliad 合称为希腊的两大史诗,相传为荷马所作。该诗描述了希腊神话英雄 Odysseus 在特洛伊战争中以"特洛伊木马"攻破特洛伊城后,在海上漂流 10 年,战胜独眼巨神,制伏了女巫,经历了种种艰险,终于回到自己的国家,夫妻团圆。后来,用 Odyssey 一词喻指"磨难重重的旅程"或"艰难的历程"。

汉语中也有很多典故是出自文学作品中的事件或人物,如"罄竹难书"出自《吕氏春秋·明理》,"锦囊妙计""三顾茅庐""过五关斩六将"等出自《三国演义》,"像刘姥姥进了大观园"出自《红楼梦》,"猪八戒倒打一耙"出自《西游记》等。

2. 来自历史故事

英汉两种语言中具有大量的基于历史事件的典故。

英语中,one's hair stands on end 这一成语被很多人认为是汉语中的"怒发冲冠"的意思,这是不正确的。据说,该成语最初是用以描述一个犯人的表情。1825 年英国一个名叫普•罗波特(Robert)的偷马贼被处以死刑。目击他上绞刑架的人说,犯人由于恐惧而毛发竖立。因此,"make one's hair stand on end"与汉语中的"令人毛骨悚然"意思相同。再如,"I came, I saw, I conquered"来源于这样一则历史故事:古罗马时期,凯撒(Caesar)与庞培(Pompeius Magnus)是政敌,庞培和元老院对权势日盛的凯撒存有戒心,就密谋撤销了他的高卢总督职务,凯撒和庞培后来兵戎相见。打败庞培时凯撒自豪地说道:"I came, I saw, I conquered."用以表达他当时胜利后喜悦的心情,后成为语言精炼的典范。

汉语中,出自历史故事的典故也十分常见。例如,"刻舟求剑""八仙过海,各显神通"等。其中,有些典故表达了人们对历史的看法和评价,具有一定的社会认识价值,如"助纣为虐""殷鉴不远"等;有些典故本身就是对历史事件进行的概括,如"口蜜腹剑""负荆请罪"等。

3. 来自神话传说

英语中存在很多源于神话故事的典故。例如,Achilles' heel(阿克琉斯之踵)出自古希腊神话,用来比喻一个人或一个国家存在的致命弱点。再如,Prometheus(普罗米修斯之火)出自希腊神话,现借喻赋予生命活力所不可缺少的条件,还可以用来赞颂为崇高理想而燃起的心灵之火。

中华民族不仅历史悠久,而且还具有源远流长的神话传说。汉语中的"点铁成金"来源于古代神仙故事,说的是仙人用法术可以使铁变成金子,《列仙传》就谈到许逊能点石成金。后来用"点铁成金"比喻把不好的诗文改好。同类的典故还有"愚公移山""夸父逐日"等。

4. 来自风俗习惯

风俗习惯乃社会上长期形成的风尚、礼节。习惯的总和便构成了民间的风俗,它是社会文化的重要组成部分,是促使语言不断丰富和发展的源泉,也是典故产生的来源之一(包惠南、包昂,2004)。

在英国文化中，人们习惯于用“打”来做计算单位，因此便有了“six of one and half a dozen of the other”，与汉语中的“半斤八两”的意思相同。

汉语中，“各人自扫门前雪，休管他人瓦上霜”这一典故与中国人民的生活习惯有关。在冬天下雪的时候，各家各户为了行走方便，各自清扫自己庭院中或门前的积雪。现在用该典故指各自为政，只考虑自己的利益而不顾他人或集体利益的行为。

5. 来自宗教

英语国家的主要宗教是基督教，因此很多典故出自基督教《圣经》的人物和事件。据统计，《圣经》中仅收入辞典的典故就达700多条。例如，Solomon（所罗门）出自《圣经》的传说，用于比喻非凡的智慧。

汉语的典故大多与佛教有关，如“不看僧面看佛面”“临时抱佛脚”“拣佛烧香”“人不为己，天诛地灭”“道高一尺，魔高一丈”等。

6. 来自地名、人名、动植物等名称

英语中，出自地名的典故有 carry the coal to New castle 、Watergate 等；出自人名的有 be in Burke ；出自动物的有 shed crocodile tears 、a black sheep 等；出自植物的有 the apple of the eye、paint the lily 等。

汉语中，出自地名的典故有“不到长城非好汉”等；出自人名的有“司马昭之心，路人皆知”“说曹操，曹操到”“东施效颦”等；出自动物的典故有“谈虎色变”“万马齐喑”“画龙点睛”等；出自植物的典故有“草木皆兵”“鸟语花香”等。

（四）英汉典故的民族特色

英汉民族在历史演变、生态环境、宗教信仰、风俗习惯等方面存在很大的差别，因此英汉两种语言具有十分鲜明的民族文化特色。典故是民族文化的一个缩影，其民族文化色彩突出地体现在典故喻体的采用和设喻形式上。

英汉两种语言中有些典故的喻义相同或相近，但采用完全不同的喻体或设喻形式。例如，英语中的“stretch on the Procrustean bed”来源于希腊神话，相传普罗克鲁斯是雅典一大盗，经常把俘虏绑在一张铁床上，如果身比床长，便斩其脚，如没有床长，便硬将其身子拉长。该成语指的是“强求一致”“不合理地要求按照同一标准办事”“不合理地迁就现成条件”。与“stretch on the Procrustean bed”相对应的汉语成语是“削足适履”，汉语中的“削足适履”出自《淮南子·说林训》：“骨肉相爱，谗贼闻之，而父子相危。夫所以养而害其所养，譬犹削足适履，杀头而便冠。”这句话的意思是：脚大鞋小，把脚削去一部分以适合鞋的大小。后来用“削足适履”比喻勉强求合或不合理迁就现成的条件。英语和汉语中的这两个成语喻义相同，且生动形象，但都具有十分鲜明的民族特色，具有不同的联想意义。

再如，英语中的“paint the lily”与汉语中的“画蛇添足”。在西方人看来，百合花象征着“清白”“贞洁”，洁净素雅、高贵美丽。如果再为百合花饰粉抹彩，就破坏了原有的雅致，很显然是多此一举。而在中国文化中，蛇是没有脚的，画蛇添足反而使蛇不能称为“蛇”。这两个典故虽然来源各异，但其寓意都是“多此一举”，可谓有异曲同工之妙，但同时二者又极富民族特色。

二、英汉典故的等值翻译

英汉典故的翻译应考虑文化这一重要因素，理解典故的历史文化背景和丰富的内涵，注意两种文化之间的差异，使用灵活的翻译方法，充分传达出源语典故中所包含的文化信息。

（一）直译法

对于典故的翻译，采用直译法可以保留原有的形象特征，有利于体现原语典故的民族特色。

例如：

Mr. Vargas Losa has asked the government “not to be the Trojan horse that allow the idealism into Peru”.

凡格斯·珞萨王请求政府“不要充当把理想主义的思潮引入秘鲁的特洛伊木马”。

译文将“Trojan horse”直译为“特洛伊木马”，这是因为读者比较熟悉这一典故。该典故源自古希腊的一则传说：古希腊人攻打特洛伊城时，把精兵伏于木马内，诱使特洛伊人将木马放入城中，夜间伏兵跳出，里应外合，攻下此城。后来常用“特洛伊木马”比喻“内部颠覆者；内部颠覆集团；起内部破坏作用的因素”。

They were only crying crocodile tears at the old man’s funeral because nobody had really liked him.

在老头子的葬礼上，他们只不过挤了几滴鳄鱼的眼泪，因为在他生前，没人真正喜欢他。

只因薛蟠天性是个“得陇望蜀”的，如今得了金桂，又见金桂的丫头宝蟾有几分姿色，举止轻浮可爱，便时常要茶要水的，故意撩逗她。（曹雪芹《红楼梦》第八十回）

Now Xue Pan was a living example of the saying “To covet the land of Shu after getting the region of Long.” After marrying Jin Gui, he was struck by her maid Baochan’s charms. As she seemed approachable as well as alluring, he often flirted with her when asking her to fetch tea or water.（杨宪益、戴乃迭 译）

“得陇望蜀”出自《后汉书·岑彭传》：“人若不知足，既望陇，复望蜀”，意思是：既取得了陇右，又想进攻西蜀。后来用“得陇望蜀”来表示人的贪得无厌。作者采用直译，再加上原文“得陇望蜀”后面的那些话，前后呼应，浑然一体，生动形象，易于理解。

再如：

路遥知马力，日久见人心。

As distance tests a horse’s strength, so time reveals a person’s heart.

城门失火，殃及鱼池。

When the city gate catches fire, the fish in the moat suffer.

（二）意译法

由于英汉文化的差异，有些典故在翻译时无法保留源语的字面意义和形象意义，不便采用直译，这时需要意译。用意译法翻译，可以将典故的文化内涵传递出来。

例如：

Smith often Uncle Tommed his boss.

史密斯常对老板阿谀奉承。

原文中的 Uncle Tom（汤姆叔叔）是斯陀（Harriet Beacher Stowe）的小说《汤姆叔叔的小屋》（Uncle Tom's Cabin）中的主人公，最初用来喻指"逆来顺受的黑人""对白人卑躬屈膝的人"。后来，Uncle Tom 转化为动词，有"逆来顺受""阿谀奉承"之意。因此，这里需要采用意译法进行翻译。

Sometimes a person who presents himself as kind and gentle can in private turn out to be a dragon, who breathes fire.

有时，某人在公开场合显得和蔼可亲、温文尔雅，而在私下里却像个凶神恶煞。

由于英汉民族对于"龙"（dragon）的理解不同，汉语中的"龙"是吉祥威猛的动物，而英语中的 dragon，却指的是"喷火的怪兽"，是邪恶的象征。因此，在翻译时，要采用意译法。

It was another one of those Catch-22 situations, you're damned if you do and you're damned if you don't.

这真是又一个左右为难的尴尬局面，做也倒霉，不做也倒霉。

原文的典故来自美国小说《第 22 条军规》（Catch-22）。该规规定：飞行员如觉得自己神经不正常可以不执行飞行任务，但必须提出申请并经批准。显然，这条规则是矛盾的，因此 Catch-22 喻指"无法摆脱的困境或两难的境地"。如果不知道该典故的来源，是不能理解其喻义的，因此需要意译。

先生大名，如雷贯耳。小弟献丑，这是班门弄斧了。（吴敬梓《儒林外史》第二十八回）

Your great fame long since reached my ears like thunder. I am ashamed to display my incompetence before a connoisseur like yourself.（Yang 译）

再如：

悬梁刺股

be extremely hard-working in one's study

罄竹难书

（of crimes）too many to record

初出茅庐

at the beginning of one's career/young and inexperienced

（三）套译法

有些英汉典故在各自语言中可以找到与之对等的典故、成语或俗语，两者在意义、形象或风格上大致相同或相似，翻译时就可采取套译法，以使译文读者获得与源语典故相同的文化信息。

例如：

Among the blind the one-eyed man is king.

山中无老虎，猴子称霸王。

Like father, like son.

有其父必有其子。

There is no smoke without a fire.

无风不起浪。

kill the goose that lays the golden eggs

竭泽而渔

kick down the ladder

过河拆桥

You will cross the bridge when you come to it.

船到桥头自然直。

需要注意的是，典故的互相套用是有条件的，不能随意使用。在翻译时，即使是一组意思相近的汉语和英语成语，还要考虑二者的确切含义和感情色彩等的差异。

（四）加注法

在对典故进行翻译时，有时在译文中保留了原文的典故形象，但由于英汉之间的文化差异，读者难以理解典故的含义，这时可以采用加注法加以说明，以使读者更好地理解原文的意思。

例如：

I am as poor as Job, my lord, but not so patient.

我是像约伯一样的穷人，大人，可是却没有他那样的好耐性。

注：约伯，以忍耐贫穷著称的圣徒，见《圣经·约伯记》。

“那哪能知道？他们一东一伙，都是看透《三国志》的人。要我说，那一耳刮子，也是周瑜打黄盖，一个愿打，一个愿挨的。”（周立波《暴风骤雨》）

“Hard to say. The two of them aye hand in glove, and they’ve both read the Romance of the three Kingdoms. I should say that box on the ear was skillfully given by a Chou Yu and gladly taken by a Huang Kai. ”

注：A fourteenth-century novel based on events which took place in the third century A.D. Chou Yu of the Kingdom of Wu had Huang Kai, another Wu general, cruelly beaten, and then sent him to the enemy camp in order to deceive the enemy.

第六章　高校英语翻译的教学模式探索与差异研究

第一节　国内外高校英语翻译教学模式概述

一、国外高校翻译教学模式

（一）英国

英国本科阶段开设翻译专业的大学不多，大约只占 1/3。研究生层面的翻译教学比重偏大，教学培养模式呈多元化趋势，而且不同类型的翻译教学由于培养目标和培养方式的差异，在课程设置和师资配置上不太一样。纵观近几十年翻译教学的发展，英国的翻译教学可粗略地划分为下面四种培养模式。

1. 以会议翻译（口译）培训为主的职业培训

培养模式是各大学举办的翻译培训班，学习结束后发翻译证书或翻译文凭。这类学校继承了法国巴黎高等翻译学校的培训模式，培养对象以口译或会议翻译人才为主。这类教学积极应用达尼卡・塞莱斯科维奇的释疑理论，将翻译视为交际行为而不是交际结果，注重翻译中译员的心理过程。此外，译者被看成画家而不是摄影师，译者必须传译的是原作的思想而不是词句和语言结构。也就是说，翻译的单位是篇章、话语，而不是词或句子。这类学校注重技能训练，强调训练程序与方法。教学中重视培训译员听译篇章、分析内容，利用形象化等手段记忆信息内容。归类、听懂并记住数字，复活大脑的被动记忆，并学会一边听，一边译，使语言表达清楚准确。教授翻译的人员大多是职业会议译员，同时懂得教学法。他们要求学生的第一外语或第二外语达到理解无特殊困难，母语表达准确、贴切、娴熟的程度，其智力和分析综合能力及文化修养应达到较高水平。课程设置除了即席翻译和同声传译外，还讲授经济、法律、语言学、翻译理论等课程。为保证学生熟悉未来职业，学校常邀请一线的口笔译工作者来校讲学以保证学生与该行业职业者接触，并常在毕业前安排学员赴校外相关机构或国际组织进行实习。

2. 以德国翻译教育家沃尔夫兰・威尔斯的语言学理论模式为基础的教学方法

这种模式主张将专业知识的翻译视为应用语言学的范畴。在四年的翻译教育中将语言的学习与翻译技巧的训练结合起来，以培养复合型翻译人才。其培养模式以赫瑞-瓦特大学语言学院苏格兰口笔译研究中心为代表。其培养目标、课程设置和教学方法充分体现由翻译语言行为的理论思想与特点，口笔译研究的培养目标是使语言学的毕业生掌握宽泛的口笔译特殊技能，以适应多种职业的要求。其博士学位的主要研究方向是口笔译研究、话语语言学和交际学。口笔译研究中心开设的主要课程有对比语言学，翻译理论，准备和现场翻译，笔译研究，会议与联络翻译，改写、编辑、摘要与校对，科技与翻译，双语社会与文化研究等。然而，口笔译研究中心的教学内容并不严格地局限于狭隘的翻译，除了语言教学、应用语言研究之外，还要求学生学习社会、文化、政治和经济方面的知识。口笔译专业的研究方向也十分广泛，如技术翻译、机器翻译、文学翻译、媒体翻译、会议翻译、联络翻译和翻译理论等。

3. 功能主义理论的培训模式

以弗米尔为代表的翻译功能学派主张考虑译者的翻译环境，不能将翻译局限于语言学或文学的狭隘层面。译者应在跨文化的交际中发挥相应的功能。采用此理论的教学机构在翻译领域或语言学领域的学术实力较强，往往采用学院式培养模式培养专家学者型的翻译研究人才。沃里克大学英语与比较文化研究中心是这类培养模式的代表。沃里克大学始建于20世纪60年代中期，该校的英语与比较文化研究中心始建于1977年，如今已是英国最大的翻译研究与教学基地，能够授予翻译研究的学生学士、硕士和博士学位。从中心的名称可以看出，该校的翻译教学与文化的研究紧密联系在一起，教师都是翻译家，其研究兴趣几乎涵盖了文学和文化的各个方面：翻译理论与实践、翻译史、后现代主义批评、马克思主义批评、美国文学、文艺复兴时期的诗歌、英国黑人文学与文化、妇女文学、加勒比海地区研究、后殖民主义文学、爱尔兰研究、英伦三岛比较文学等。课程设置包括核心必修课、选修课和论文写作。翻译研究生的核心必修课包括《翻译与接受研究》和《翻译理论史》。前者将翻译视为文学变化与发展的塑造力量，分析考察不同文化之间文本的传播过程，考察翻译在文学系统中引进新观念、新形式、新类型的方式，并且考察不同文化的读者接受文本的方式；后者旨在考察翻译理论的起源、翻译态度的变化，以及翻译评价标准的变化和翻译实践模式的变化。翻译研究的选修课程极其广泛，主要有诗歌与翻译、戏剧翻译、翻译与性别、翻译与后殖民主义、学习方法论与研究技巧等课程。学生通常要求具有相关领域的知识与经历，并具有相应的学位。可以看出，沃里克大学主要采用学院式的培养模式，培养学术型的翻译人才。翻译类型侧重于笔译，特别是人文和社会科学的翻译，自始至终强调翻译的文化功能、社会影响与接受文化的态度及其作用。

4. 计算机辅助教学模式

计算机辅助教学已经在越来越多的学科和课程中得到应用，尤其是计算机智能辅助外语教学，从理论到实践都有令人兴奋的效果，这里以曼彻斯特大学理工学院为典型来研究其教学特点。该校的翻译教学设在语言工程系，是现代高科技、计算机、语言教学、翻译等学科的综合性教学。该系不仅授予翻译研究的科学学士、硕士、博士学位，而且授予机器翻译的硕士学位。曼彻斯特大学理工学院的语言工程系与其他大学的语言学系或现代语言系的区别在于，该校不仅重视学生的语言技巧、翻译能力。而且强调语言知识的作用，强调对不同语言的学习与训练，掌握语言学习的规律。他们认为，纯粹的语言能力在漫长而多变的市场需求和个人的工作经历中很难使学生永远立于不败之地，学生只有牢固地掌握语言学习的规律、方法与使用技巧，才能更好地迎接挑战。以该系开设的术语学课程为例，学生要求掌握术语学的理论框架，利用计算机对术语语料进行分析研究，建立概念结构，认识不同使用者对术语的不同要求，以及术语对信息处理系统的重大作用。所以，该系的毕业生深受市场欢迎，许多人成为术语学的专家、词汇学专家、词典编纂者和文献学专家。该系有关翻译的课程十分丰富，而且富有特色，包括：翻译语言学、翻译方法论、译者信息技术、口译研究、机器翻译、机器翻译评估、计算机辅助翻译、翻译理论、理论语言学、形式语义学、计算词汇学、语料语言学、术语学、言语与语言处理、人工智能以及自然语言处理等。值得一提的是该系是英国最大的计算机辅助语言学习基地，研究领域涵盖R语言学习、语言学和计算机语言学等纯理论研究和应用研究，主要研究课题包括语言工程、理论语言学和翻译研究。

（二）法国

在法国的文化生活中，翻译有着举足轻重的地位。随着社会的发展与国际交流的日益频繁，翻译将占有越来越重要的地位。在法国，直接或间接从事各种翻译的人员也越来越多。培养译员是一项重要的任务，法国在翻译人才培养方面积累了相当多的经验，翻译教学比较受重视。法国的翻译教学可以分为职业翻译培训、与其他专业方向配合的翻译教学和以教授语言为主要目的的翻译教学。按照心理教学法理论，“教学目的、目标、方法和手段不能从一个专业照搬到另一个专业，而应该对其进行思考，以使其适应当前教育遇到的新形势”。培养目标不同，教学内容、方法和手段必然各异。

1. 以职业培训为目标的翻译教学

（1）巴黎高等翻译学校

该校专门为联合国教科文组织、北大西洋公约组织等国际机构培养国际会议译员和笔译人才，学生来自全球的各个国家，涉及40多种语言。该校招收对象为文、理、法、社会学各科大学毕业生，新生没有数量限制，但入学考试十分严格，除了翻译需要的相关能力的考查外，还对其未来将适用的工作语言水平要求很高。学校下设三个系：口译系、笔译系和研究生系。口译系学制两年，第一年学习即席翻译，第二年学习同声传译，同时开设经济、法律、语言学、翻译理论、术语学等课程，每周总课时大约24小时。笔译系学制一般为三年，第一年开设基础翻译课，第二年开设经济翻译课，第三年开设科技翻译课，同时开设口译系翻译除外的其他课程。两个系还同时开设母语及外语进修课。两年或三年学业期满，考试及格或论文获得通过者分别发给“会议口译人员高等专家毕业文凭”和“笔译人员高等专家毕业文凭”。学生毕业后，大部分投考各国际机构的翻译部门；也有一部分毕业生为了工作自由不投考国际机构而分别向各国有关机构申请自由译员的工作执照。70多年来，该校为联合国、欧盟以及西方各国的外事部门培养了一批又一批的高级翻译人员。巴黎高等翻译学校以塞莱斯科维奇的翻译理论为翻译教学的理论基础，该派理论运用语言学、逻辑学、心理学的成就来阐释翻译的理解和表达过程。其核心思想正是对穆南、贝尔尼埃和阿尔比的语言学译论的继承。这一核心思想是翻译的主要目的是译意，而不是源语的语言外壳，提倡在翻译中进行“文化转换”。翻译理论提出的翻译程序是理解、脱离源语语言外壳和重新表达。不可否认，这一翻译理论体系在培养高级口译人才方面是十分有效的，巴黎高等翻译学校的一个重要特色，就是极为重视翻译教学理论的研究，推出了一系列翻译教学研究专著。在翻译教学理论研究方面，针对翻译教学的性质、特点、目标、方法，进行了较为系统的探索，提出了许多富有启迪意义的观点，总结了可以借鉴的经验。比较有代表性的成果有杜里厄的《科技翻译教学法基础》、拉沃的《翻译在语言教学法中的作用》、巴拉尔的《翻译——从理论到教学》《大学中的翻译——翻译教学研究与建议》、勒菲阿尔的《笔译推理教学法》等。

（2）雷纳第二大学

该校颁发多语种多媒体交际工程学职业文凭。用10年左右时间发展起来的“语言和技术”专业，主要为翻译机构或公司培养英、法、德笔译人员。这所学校的培养模式同布鲁塞尔玛丽·阿普斯自由学院接近，但不培养口译人员。学生毕业后以担任翻译、审校、译审、项目负责人等为主。该校的特点是把翻译教学同计算机的使用和专业术语研究及企业需求紧密结合。例如，该校于2004年8月出版了《奥林匹克英法实用词典》。该专业指导教师出版了十几部翻译理论研究专著，研究成果丰硕。雷纳第二大学教授瓜岱克在他撰写的《描述翻译和概要翻译》中根据职业翻译特点和程序提出了渐进式的翻译教学模式。描述翻译旨在寻找文件的所有重要线索，说明理解阐释文本的环境和条件，找出关键词并翻译，说明主题或主要议题；概要翻译在于使用与文件语言不同的语言提供简要明快的主要内容和情况。按照瓜岱克的说法，描述和概要翻译是所有翻译不可或缺的基本能力，是职业翻译的最佳模式。从教学法的角度讲，这是尊重学生学习进度的理智方法，可以帮助理解要翻译的文件，建立合理的术语库。译者通过资料查询进行跨文化、跨语言实践和审校实践。该校翻译专业确定的培养目标是：毕业后能在翻译公司或类似机构承担职业翻译、译稿审校、专业术语研究、信息管理、项目管理等工作。该校“多语言多媒体交际工程学”，把翻译培训同广泛意义上的交际和信息传输结合起来，把翻译训练同术语研究结合在一起。换句话说，每一专业翻译训练结束后，学生都要将该领域术语输入计算机进行处理，以供有关企业和个人使用，或编辑成字典出版。随着互联网的广泛应用，不少大公司希望随时从全球各地的网站上了解行业信息，因此对翻译有了新的需求，他们通常不是让翻译公司完整翻译网上的内容，而是要求译者采用“描述”或“概要”的形式对原文进行适当的压缩和摘编，即编译、摘译或译述等，然后视信息情况决定是否需要翻译全文。这也是“描述”和“概要”翻译训练进入培训内容的原因之一。

2. 专业翻译研究与翻译培训

（1）里昂第二大学

该校的语言学和应用语言学专业将语言学同术语研究紧密结合，术语研究重点是医学

（以医药学为主）和环保专业。硕士生在学习相关专业的同时，在导师指导下从事以法英、法阿、法德为主的双语术语翻译研究。该校与国家科研中心合作，和下属的 20 多所研究教学单位在以上两个领域的术语研究成果在国内外都享有盛誉。毕业生可以直接进入相关领域从事教学、翻译或其他工作。里昂第二大学为语言学系或商务及法律系的研究生开设了专业口笔译课程。其授课方法为职业翻译培训，强调翻译思维能力的训练和方法论的应用。

（2）卡昂大学

该校开设法律、人文、语言、自然科学等专业，颁发硕士和博士文凭。人文科学下设的跨学科人文科学研究中心培养硕士和博士生。课程以心理语言学、生理学、口译心理和认知科学为主，最具特点的是从跨学科角度研究语言、认知和非语言因素对儿童语言发展和交际的影响，近几年对会议口译程序的认知和心理语言学研究取得了初步成果，在翻译界和心理语言学界产生了一定的影响。

3. 教学翻译——语言教学的一种手段

法国另一些学校也开设翻译课程，但其目标并非培养职业翻译人员。参加培训的学员毕业后可从事职业笔译，也可从事与翻译没有直接关系的工作，里昂第二大学的外语语言应用专业、拉罗歇尔大学亚洲商务专业、蒙彼利埃第三大学外语语言应用专业、里昂第三大学外语语言应用专业、普罗旺斯大学语言学及外语语言应用专业、东方语言学院语言和文化专业等均属于这种情况。翻译在语言教学中只是一种教学手段，目的是帮助学生理解原文的语法、词法等，逐渐用准确的外语表达思想。随着翻译学研究的不断深入，语言教学更多地引进交际法，课堂上出现了模拟交际场景，原来的单词翻译扩展到句子，句子翻译扩展到连贯的短文翻译，而且教师也在翻译前提供与交际场景相关的信息，更多地注意翻译过程，改善教学环境，学生在交际中学习和掌握外语的速度逐渐加快。

（三）德国

德国有着良好的翻译理论传统，德国功能学派的研究对后续的理论研究，以及翻译教学都有深远的影响。

1. 基于现实生活的文本翻译的翻译教学模式

与英国相比，德国的大学一直注重翻译专业人才的培养，并认为每个人都应该享受大学层面的教育。这种专业的教育使得学生要在学校里花费很长的时间。例如，一个想要接受培训后成为教师的学生要在学校里花上四年半的时间，这还要看学校类型以及学生走完整套教学体系所花的时间，实习教师要在学校里实习两年，才能成为合格的教师。然而，大学所提供的这种学术训练并不见得是为将来的专业需要所设计的。英语教授实际上是英国文学教授，而文学作品的选择也是因教授的个人研究喜好而定的，并没有考虑课程要求。一般认为，学生的语言能力在入学前就已经获得。在这种情况下，学生语言技能的提高或被视为蹩脚文人，或是无用的装饰。在 1981 年做的一项有关语言课程的调查显示，课程大概有 1/3 都是在进行翻译——译出或译入，而学生的语言能力并没有得到提高。考试通常采用改写与翻译的方法，考试用的文章可能是从某一文学作品中抽取的，整个考试不允许用字典。改写是考查学生运用外语的能力，翻译是考查学生对外语的理解力和改写成母语文章的能力，但这种考试并不能考查翻译能力。

随着经济全球化的进一步发展，国际的交流与合作不断加强，德国的翻译教学也开始与之前的翻译模式——纯文学翻译的外语教学分离，转为基于现实需要的文本翻译的教学模式。这种翻译教学模式并不是要培养专业的翻译者或口译者，而是为了使所有专业语言研究人员能够具有处理日常的或非正式的翻译能力，并能够监督公共的或正式的文本翻译质量。对于在训练时翻译文本的选择，也应是那些在真实生活中可以或应该被翻译的文本，比如某个特殊的客户所需要的，某个特殊口所需要的，或是要对某个特殊观众所说的文本，这样一来学生就可以处理真实的翻译任务了。

在翻译课上，教师可以和学生共同探讨所选择的文本，以及其被翻译的必要性、它的可能读者、为适应目标读者需要译者要对该文本做哪些调整等。任务可以由小组成员合作完成。那些在翻译中可能遇到的问题，比如数字、数据的处理，特定时间，人名、地名，文章修改，文化内容等都可以加到翻译教学中。德国的杜伊斯堡大学也采用了这种基于现实生活的文本翻译的翻译教学模式。这里的学生只有外语专业水平达到一定高度才可以开始翻译工作。第一学期是翻译基础课程，学习翻译的各个方面，比如对不同词汇项的翻译，如何合理使用字典和其他材料资源，对文化因素的翻译，如何调整文本以适应特定读者、语域分析、文本类型、相同文本的不同翻译等。之后的两个学期要学习德译英和英译德。最后一学期是选修课程——学生翻译工作组。这个课程的教师一般都是目的语的本族语者。学生可以在翻译过程中发现很多专业翻译所遇到的问题，并且可以学习如何使用参考资料以及如何加快翻译速度等。基于现实生活的文本翻译的教学模式也是值得我国大学英语翻译教学学习的。文学翻译对于大学外语系的学生来说难度较大，并且对于未来职业需求意义不大。在我国进行大学英语翻译教学时，可以根据学生所学专业和未来职业需求设计翻译教材，翻译的文本可以是科技、商务、旅游和法律等内容。

2. 基于培养文学翻译的翻译学院——杜塞尔多夫大学

以上提到的基于现实生活的文本翻译的翻译教学模式是为了培养更多的具备一定翻译素养的专业人才。在德国，由于所处地理位置、地缘政治和历史等原因，德语和德国民族文学的形成与发展在很大程度上得益于外国文学的翻译，因此文学翻译也占有一定的市场。德语文学史上的许多著名诗人、作家，从歌德、席勒到霍夫曼斯塔尔、里尔克、格奥尔格，到第二次世界大战后的埃里希・弗里德、伯尔、汉特克和恩岑斯贝格尔，都曾翻译过外国文学作品，为外国文学在德语区的传播作出了贡献。按翻译作品数量计算，德国远远超过英、法等国，但是翻译作品的质量不尽如人意。受传统观念影响，译事不为学界看重，译者的社会地位较低，报酬也偏低，多数情况下不能靠翻译稿酬维持生计。

在正规的高等教育中没有设置专门培养文学翻译人才的专业，对外国文学作品的书评也很少涉及翻译本身的问题。针对上述情况，杜塞尔多夫大学文学院以法国文学专家尼斯教授为首，会聚了一批对跨国界、跨文化的语言与文学交流及翻译理论感兴趣的教师，深感有必要成立一个新的专业，制订完备的教学计划，更科学、更系统地培养文学翻译人才。他们认为，面对不断扩大的职业需求，传统的、通过自学摸索的方式造就文学翻译人才的办法，无论对译者、出版社还是读者都是事倍功半，不能再继续下去了，这一重要的跨文化传播工作的职业化已刻不容缓。杜塞尔多夫大学文学翻译专业教学计划规定，学制（包括毕业考试）为 4 年 3 个月，达到毕业要求须完成的课时为 160 个学期周课时（修读 1 门 1 学期、每周 2 课时的课程可获 2 个学期周课时）。其中必修课和限制性选修课计 148 个学期周课时，与其他文科专业相比，任选课比例稍低一些。完成教学要求、通过毕业考试者获“硕士翻译”学位。可供选择的外语为英、法、西、意，因为这四种语言的译本占全部翻译作品的 4/5。学生须从这四种外语中选择一门主修专业方向和一门辅修专业方向（英、法两种语言中必选一门），另外还必须辅修德语（目的语），作为第二门辅修专业方向。主修外语占总课时的一半，共 80 个学期周课时，两个辅修语种各占 40 个学期周课时，这就是说，学生至少须掌握两门外语，能翻译两种语言的文学作品。文学翻译专业十分注重理论与实践的结合。教学计划规定，每个专业方向（包括主修和辅修）的教学都包括理论性课程与实践性课程两方面。以主修专业方向为例，学术性、理论性课程必须修满 36 个学期周课时（必修课），其中语言学和文学各占 16 课时，具体课程有语言学导论、语言史、20 世纪语言、词汇学、语义学、句法、语言变体、文学导论、文学史、20 世纪文学、语篇分析基础、文学的接受、类别文学专题等，翻译比较占 4 课时。语言与翻译实践课、必修课、限选课共需修满 32 课时，具体课程有语法对比、词汇对比、成语对比和大量的文学翻译实践课，以外译德为主。这里，文学的概念比较宽泛，既包括严肃文学和消遣文学，又包括讲究文笔的人文科学文章。在翻译实践课中，学生要练习翻译各种文学门类和体裁的文章，如散文、小说、随笔、韵文、戏剧、舞台剧、广播剧、影视作品以及论说文等。到高年级时，每个学生都需选择一个重点领域，深化提高。另外还有跨语种的、以翻译学中普遍的共同问题为内容的课程（占 8 课时），如翻译导论、翻译理论、翻译史和翻译工作者职业概貌。特别要指出的是，该专业在传授理论知识中，力求避免为理论而理论的经验式教学，注重从实践中总结出来，又能反过来指导翻译实践和翻译批评的理论。正像负责文学翻译专业的院长代表尼斯教授强调指出的那样：“大学学习不能代替实践，但我们力求给学生贴近实际的理论，传授技能和背景知识。”培养学生的独立工作能力，提高他们在劳动市场上的竞争力，使他们尽快适应毕业后的职业工作，把所学理论知识应用到实践中去，是该专业办学的指导思想之一。

二、我国高校外语翻译教学的常用模式

当前我国高校外语教学中对翻译方面的教学还缺乏足够的重视，因此缺乏对非英语专业的大学生进行翻译教学的有效模式的研究。但随着新型教学模式的不断出现，传统的翻

译教学模式显然已经不再适应翻译教学发展的需求。因此，在新的社会发展和新的教学模式的指引下，翻译教学可以采用多种教学模式。

（一）以学生为中心的翻译教学模式

为了满足不断发展的社会需求及学生的实际需要，目前的高校外语教学理论上基本都以学生为中心。但翻译教学未得到足够的重视、传统上翻译用途不是很广泛以及翻译教学时间的限制等众多原因，导致了在翻译教学中多以教师为中心，教师是翻译教学的主体，学生在翻译教学中只是被动地接受教师讲解的内容，而很少能主动思考，也因此造成了学生实践不足、翻译水平不高的后果。对此，急需对传统教学形式进行改革。“以学生为中心”的教学模式要求教师转变角色，由教学主导转换为教学引导，而学生则需要由被动接受知识转为主动学习知识、积极思考问题、主动实践，最终才能提高自己的翻译水平。

（二）任务型翻译教学模式

李琳认为，高校外语翻译教学应该建立“任务型翻译教学模式”，该教学模式融合了翻译教学和任务型教学的有关理论知识，强调以各种不同的翻译教学任务为中心，以学生为活动中心，既有助于强化学生的中心地位，又可以增强学生的团队合作精神。一般来说，该教学模式的教学可以分为三个步骤：第一步为规划和确定翻译教学内容及活动；第二步为对翻译教学内容的开展、教学活动的执行以及后续活动的计划；第三步为结合相关的翻译理论和技巧，总结分析前面翻译活动中学生翻译的得与失。

（三）建构主义翻译教学模式

基于认知发展和心理学有关理论的建构主义能够清晰解释人类认知发展的有关规律，也就能够解释人类学习者怎样利用已有的经验、心理等知识来构建所需的知识结构，因此，理论上来说，结构主义的有关知识可以用来指导高校外语翻译教学。在这一理论的指导下，大学生具有比较成熟的思维体系，可以利用他们已有的知识进行有关结构的建构，形成属于自己的特有的认知及知识图式，从而为后续学习和练习中新知识与已有图式的完美结合奠定基础。这一教学模式仍然坚持学生在学习中的中心地位，其教学重点在于解释重点句型，分析翻译中的语法、词汇使用、篇章结构等方面的错误以及具体操练等。

（四）合作学习翻译教学模式

高校外语翻译教学也可以将该方法加以利用，在使用这一方法的过程中，教师需要依据该方法的要求对学生进行分组，而学生也需要根据教师的要求认真完成自己的任务。在高校外语翻译教学中使用这一方法不仅需要师生之间及学生之间的合作，还需要学生综合利用各种方法、途径及资源来对小组成员的翻译作品进行品评，找出错误、分析错误、改正错误，合理有效地反馈，最后由被修改对象进行修改。

第二节　以学生为中心的英语翻译教学

一、“以学生为中心”教学的概念

“以学生为中心”的教学是由于教师仅作为知识的传授者和指导者的角色已远不能满足教学的需求，因此教师应通过多种途径突出学生的中心地位，形成课堂上的新型师生关系的一种教学模式。这种教学模式认为翻译是对两种语言的创造性运用，因此翻译活动应涵盖在交际框架下的语言活动、文化活动、心理活动等内容。这种教学模式重视英语翻译教育的发展趋势，特别重视翻译教学环境和以学生作为教学主体这两个因素。由于翻译教学环境趋向于提倡建立一种交际性的课堂教学形式，也就是要努力创建一种能培养学生独立开展创造性语言转换以及语言交际的环境，因此也就应该特别重视社会背景和文化迁移在翻译教学中的作用。此外，这种教学模式认为：教师不应再被认为是翻译操练中的带头人、翻译材料的介绍人或译文好坏的评判者，而应在翻译教学的过程中，明确学生才是积极的创造者，而不是消极的接受者；要重视学生的不同个性、学习风格、学习策略以及在学习过程和学习内容上的智力因素。总而言之，以学生为中心的翻译教学就是要充分重视学生在学习过程中的积极作用，充分调动学生学习的积极性和自信心，要尽量让学生自己控制学习内容和方法，鼓励学生参与到教学活动的各个环节中来，鼓励学生更多地对自己的学习负责。

二、“以学生为中心”教学的特点

“在实际应用中就是真正做到以学生为本，鼓励学生开展自我评价、认识自己；在实际教学活动中，教师的作用就是将各种教学资源呈现在学生面前，学生自己进行选择，创造和谐的心理氛围，帮助学生掌握学习方法；主要就是帮助学生学会学习，做到自我实现。”教学中要以学生为中心，教师只是学习的促进者、协作者或说话伙伴、朋友，学生才是学习的关键，学习的过程就是学习的目的之所在。

（一）教师引导，学生为主体

在传统翻译教学模式中，教师通常会处于相对的权威地位，所以人们常常可以看到教师在台上一板一眼地讲，学生在台下不停地记笔记，这也是一种“填鸭式”的教学方法。而“以学生为中心”的教学模式则要求实现教师角色的转移，也就是要将教师角色由主演转变为导演，从而更好地引导、辅助学生学习翻译，而将学生转变为主演，将翻译知识掌握并付诸实践。

（二）教师和学生融洽合作

教学突出实践"与传统翻译教学模式'以教师为中心'不同，'以学生为中心'的翻译教学模式强调翻译教学过程中学生的主体性。认知理论认为，教学不是知识的'传递'，而是学生积极主动的'获得'"。在"以学生为中心"的翻译教学模式中，教师与学生应形成积极的合作关系，也就是说双方应扮演翻译教学中的合作者。实行"以学生为中心"的教学模式并不代表教师失去权威性，而是仍要以教师作为课堂活动的引导者，采用多种途径突出学生的中心地位。传统的教学法一般是"以教师为中心"的教学方式，这种教学方式通常将改错作为教学手段，将教师提供的参考译文作为翻译课的终极目标，不符合真实情况下翻译的本质特点，在一定程度上扼杀了学生学习翻译的主动性与创造性。可见，传统的翻译教学方式由于过分依赖教师的主导地位，从而在很大程度上忽视了学生的主体地位，也就很难激发学生的积极性，学生不仅没有选择回答问题的权利，而且教师也很难把握及满足学生的真实需求。"以学生为中心"的翻译教学模式，首先便是让学生在"译"中学习技能。同时，翻译是一门理论与实践相结合的课程，王鸣妹在自己的论文《如何改进英语翻译教学》中提出了"好的理论以实践中获得的材料为依据，好的实践又以严谨推断出来的理论为指导……"的观点。她认为学生在学习英语翻译的过程中要以理论为基础指导，通过大量的实践练习和与参考译文对比来更好地掌握所学的翻译技巧，从而进一步提高翻译能力。正如黄青云在其论文《翻译观念与教学模式也应"与时俱进"》中所说的一样："新的现代教学理念认为，在翻译课上，是先鼓励学生去译，在'译'中学习。也正是因为学生在译的过程中，需综合运用原有的知识经验，查阅工具书以及其他相关资料，所以，学生可以从新的角度去思考和考虑已学过的内容，并能有时间去理解这些理论和翻译技巧或方法，最终达到掌握相应知识和积累经验的目的。"

例：But I was also struck by something ls：that among all those decades' worth of family documents my parents had looked through. the delivery bill was the only thing they thought of sufficient interest to pass along.

译：几十年来，我们家积累下那么多的单据，仔细看过之后，我父母唯一有保存意义的就是那张接生费用账单。

在刚开始翻译时，大多数的学生会将 document 译作"文件、资料、票据"等，但经过认真查阅词典才发现，document 在英语里的意思是 a writing that conveys information，结合这里的语境分析，准确的翻译应为"单据"。

（三）共同参与评价

"以学生为中心"的教学方式要求改变传统的以教师为主体的评价方式，并要实现评价主体多元化，组织学生间、师生间的自评和互评相结合的多层面评价。至于如何将评价权力充分赋予学生，则应通过以下几个步骤来实现：第一，教师应先将学生分成若干个小组；第二，在完成一种翻译方法或技巧详解和示例后，教师应给学生布置课前选定的相应翻译练习；第三，学生完成练习之后，可以考虑进行小组讨论进而评选出能够获得小组成员共同认可的好译文；第四，教师检查完各小组译文之后，应对其分别加以评价，并指出这些译文中的翻译较好的部分和不妥之处；第五，最后教师还应为学生提供参考译文，并鼓励学生指出其中可能存在的不足之处，进而实现师生共同探讨某种译法的效果。

例：Rocket research has confirmed a strange fact which had already been suspected there is a high temperature belt in the atmosphere, with its center roughly thirty miles above the ground.

教师应给出“通过火箭研究已经证实了人们早就怀疑的大气层中有一个中心在距地面约 30 英里高空的高温带这种奇怪的事实”的参考译文。学生可以根据英汉长句转换原则，将英语的“树状形”结构转换成汉语的“波浪形”结构，也就是将英语长句译成汉语的若干短句的方法，认为参考译文翻译得比较拗口，通过探讨，可以得出较佳译文。例如，利用火箭研究，人们证实了早就怀疑的一个奇怪事实，即大气层中有一个高温带，其中心在距离地面约 30 英里的高空。人们早就怀疑，大气层中有一个高温带，其中心在距离地面约 30 英里的高空。利用火箭进行研究后，这一奇异的事实已得到证实。

（四）重视学生独立翻译能力的培养

“以学生为中心”的翻译教学模式的目的是培养学生独立的翻译能力，而不是只教学生学会翻译某些句子或文章。这种教学模式重视翻译过程，旨在通过教师的指导，帮助学生学会如何理解原文，并且通过恰当的技巧来表达自己的译文。此外，为了树立学生的自信心，教师必须对学生的作业持积极的批改态度。

三、“以学生为中心”教学的活动安排

（一）开列阅读书单

由于翻译是一项实践性较强的活动，所以在翻译教学的所有阶段都必须重视实践练习环节，翻译课程安排应以实践活动为主线，但也要重视理论指导实践的重要作用，应当清楚的是，如果离开了科学的理论指导，也就没有办法采取高效的实践活动。所以，为了帮助学生在较短的时间内掌握科学的翻译理论知识，教师可以向学生推荐阅读书单，教师可为学生开列如《翻译简史》《翻译理论与技巧》《中英文化习俗比较》等方面的书籍，学生可以通过这种方式学会用普遍的原理来处理个别的实例，之后再经过教师的指点，学生就可以将实例接通到理论上去，做到真正的融会贯通。

（二）多进行笔译、口译练习，消除文化障碍

学习口笔译的学生不仅要具备坚实的双语素养、文化知识和运用翻译策略的技巧，特别是在口译教学中，跨文化沟通认知对学习口译的学生十分重要。许多口译初学者在翻译过程中出现错译或误译，并非他的语言能力有欠缺，而是他遇到了无法解决的文化障碍。所以，只有进行不断的翻译实践，才能消除可能出现的文化障碍。

（三）采用多媒体教学手段

由于语言运用是一种多感官的体验，可以通过不同的媒体或者不同的感官传输语言信息，所以很有必要采用现有的多媒体技术进行英语翻译教学。目前很多学术讨论会、记者招待会或者国际之间的互访宴会等都会采用同声翻译录像、光碟，在翻译教学中就可以利用这些录像、光碟，来创造模拟的现场效果，从而进行英汉或其他语言的互译实践。

四、“以学生为中心”教学的不足

“以学生为中心”的翻译教学模式并不是十全十美的，它同样存在以下局限性。第一，如果同一组学生在一起讨论问题的时间过长，一些学生的精力就会逐渐开始分散，有时候他们会讨论某些个人的事情，忘记了正在进行的问题。第二，这种方式会助长部分学生的惰性，特别是那些经常处于中下水平的学生，他们会依赖小组成员，而不去思考，他们常常只会等待其他人来回答，也就是说会造成“窃取他人成果”的现象。第三，这种教学模式会让部分学生感到困惑，尤其是那些处理语言解码和语言编码能力较差的学生，这种教学方式会使他们对自己的翻译能力感到自卑。

第三节　翻译教学中应注意的环节与实践应用

翻译无论是科学、艺术，还是技巧，都需要在实践中认识它、做好它。翻译就是以语言为工具进行信息、情感、思想、文化的交流。梁启超曾指出：“翻译文体之问题，则直译意译之得失，实为焦点……新本日出，玉石混淆。于是求真之念骤炽，而尊尚直译之论起。”毫无疑问，翻译工作需要一定的理论水平，但重要的还是掌握翻译实践技能。前者是道理，后者是操作。

一、翻译教学中应注意的环节

（一）技巧知识传授与理论知识讲解相结合

大学英语的翻译教学大都以教授翻译技巧和翻译知识为主要内容。但是，如果教师能把翻译理论融会贯通在技巧和知识的传授中，则会有助于学生在翻译实践中学会独立解决问题，通过理论分析克服实践中遇到的困难，认识翻译活动的基本规律，尽快提高自己的翻译实践能力。就非英语专业课程而言，大学英语精读课中的单句或段落翻译练习是基础阶段综合训练的一个非常重要的组成部分。大学生有一定的英语基础，又有较高的汉语修养，如果教师能在授课中增加一定的翻译理论指导，对学生稍作点拨，便会收到事半功倍的效果。

（二）翻译能力与其他能力的提高相结合

翻译教学是包括理解与表达的教学，涉及英语的理解能力和汉语的表达能力。对学生翻译能力的培养，不应只依赖单方面的翻译理论及相关知识的传授和技巧的训练。听、说、读、写、译五种语言基本技能不是孤立的，而是相辅相成的。所以在语言教学中，培养翻译能力还要从诸多方面入手：通过加强词汇和语法教学，夯实学生语言学习基础；通过精听、泛听、精读、泛读训练增加学生的语言输入，为语言输出做好质量上的前提准备；通过加强中、西方文化的对比分析，培养学生语言学习和运用中的文化意识，提高文化素养。

（三）阅读的"面"式教学与翻译的"点"式教学相结合

翻译教学与阅读教学有着紧密的联系。阅读和翻译对理解的要求不尽一致，对阅读的要求是理解准确率不低于 70%，而对翻译准确率的要求则是 100%。因此翻译教学是以阅读教学为基础，翻译教学经常融于阅读教学中。在阅读教学中进行点式翻译教学，对于阅读教学的深化大有裨益。阅读教学中一部分学生不求甚解，对难句、关键句或难度较大的段落的含义不甚清楚，因而要通过翻译表达的反作用，加深学生对原文的理解，进而使其完全消化吸收。翻译教学有机地融于阅读教学过程中，作为阅读教学过程的一个环节，也将传统的语法翻译教学法与现代的交际教学法有机结合起来，使之相得益彰又各取所需。

（四）英语理解的准确性与汉语表达的审美性相结合

尽管大学英语翻译的教学和测试标准主要是考查学生的准确理解力，但表达的问题也不可忽略，表达水平直接反映对原文理解的程度和翻译的质量，理解的程度只有凭借表达，才能得以技现。虽然大学英语教学对翻译教学在语言形式上的要求并不很高，但翻译作为一种语言活动必然涉及审美问题。在翻译过程中，审美意识是一种积极主动的心理活动。对翻译语言做美学的评价和欣赏，必须把语言所表达的思想感情内容与语言形式统一起来，把语言表达与交际语境统一起来，才能对文本语言做出恰当的审美判断并获得美感。语言审美包括语音、文法、修辞等方面。在翻译教学实践中，学生自身因忙于做抽象的词义及语法分析而忽视语言审美，教师需要在讲授翻译知识和技巧时，注意唤醒学生的审美意识，引导学生在理智分析语义的同时，联系具体语境中的语言形式、交际场合、交际目的等诸多因素，进行具体或整体的感性理解。要说明的是，大学英语翻译教学毕竟不同于其他类型的翻译教学，审美意识的渗透和培养要适时适量，不可喧宾夺主。翻译教学作为大学英语教学的一个重要组成部分，应当予以充分重视。这里简要分析了翻译教学中的一些现存问题及应注意的几个环节。另外，教师应更深入地钻研教材，更合理地设计教学方法，学生也应端正对翻译的学习态度，积极配合教师，扎实、勤恳地进行翻译练习和实践，以达到教学互动、教学相长之境界，使翻译能力和水平得到实质性提高。

二、翻译教学中实践的应用

翻译理论的重要性更体现在它对翻译实践的指导意义上。古人云：凡事须由其途，得其法，方能终其果。英汉互译自然也需要科学理论的指导，此处的理论其实就是翻译实践的必由之路和原则法度，“翻译实践水平的提高，不能依靠提高劳动强度，只能依靠与自然科学和社会科学水平相适应的理论指导。”翻译理论的启蒙性、实践性与指导性不容我们忽视对其基本理论的传播。另外，翻译理论也能促进翻译教学水平的提高。深刻参透新的翻译理论，必然会扩大教师的专业视野，丰富教师的专业知识。这种新的理论经由教师的筛选，融入翻译教学，进而指导学生的翻译实践，必将更快、更有效地为国家培养翻译人才。

（一）关联理论与翻译

1. 关联理论概述

语用学家斯伯博和威尔森综合认知科学、语言哲学及人类行为学的研究成果创立了关联理论，不仅在语用学界反响强烈，对语言学、文学、心理学、哲学等领域也产生了一定影响，对翻译研究也同样具有积极的意义。他们的学生格特运用关联理论对翻译进行了专门研究，并在《翻译与关联：认知与语境》一书中进一步发展了关联理论，阐述了他对翻译研究的启示，提出了一种全新的关联翻译理论，为翻译研究开辟了新的领域。关联理论认为，若文本话语的内在关联性很强，则读者在阅读中无须付出太多推理努力，就能取得好的语境效果（语境含义或假设）；反之，若文本话语的内在关联性很弱，则读者在阅读过程中需付出较多推理努力，才能取得好的语境效果。从文本的创作或翻译看，好的文本或译本并不是要向读者提供最大的内在关联性，而是要提供最佳的内在关联性。从文本或译本的解读看，读者理解话语的标准就是在文本话语与自己的认知语境之间寻求最佳关联，而不是最大关联。这里的最佳关联就是用最小的推理努力，取得最大的语境效果。文本的内在关联性往往与文本的创作意图、社会功能、写作风格和文体色彩等有关。例如，以信息功能为主、含义单一明确的实用文体，往往提供较清楚的内在关联性，读者很容易直达其意；而意境深远、蕴含丰富的文学作品，其内在关联性较为含蓄，为读者留下丰富的想象和推理空间。但无论文本的文体、风格或功能如何，都应该设想为读者提供最佳的内在关联性，才能使读者从文本话语中获得最大语境效果。

关联理论是以认知和交际为基础的。在关联理论中，关联性被看作输入到认知过程中的话语、思想记忆、行为、声音、情景、气味等的一种特性。语境则是一个心理结构体，它是存在于听话者头脑中的一系列假设，包括：①上下文，即在话语推进过程中明白表达出来的一组假设；②会话含义，即按照语用原则推导蚀来的一组假设；③百科知识，即涉及上述两类假设中相关概念的知识或经验。任何一个交际行为都是明示—推理的过程。听话人为了理解说话人的意图，必须根据关联理论把对方具有最佳关联性的言语刺激以及当时的交际情景当作信息输入，并从记忆中提取相关的百科知识与之匹配（做出语境假设），在大脑中枢系统中采用演绎规则对它们进行综合加工(付出一定的努力),最终获得语境效果。因此,话语理解的过程就是通过语境进行推理的过程。

翻译的本质也是一种言语交际活动,原作作者与译者构成交际双方,译者和译语读者(接受者)又构成交际双方。原作中的每一个语句、每一段话语对译者而言都是明示刺激,这种明示刺激或明示性话语就是一组语境线索,译者在这种言语刺激作用下,就会激活其认知语境,利用词汇知识、逻辑知识及百科知识寻找关联,进行推理,推导出作者的意图,进而理解原文。另外,译者要将自己的理解传达给接受者,就要调用译入语方面的认知语境,尽量将原作内容和形式忠实地表达出来,使译文符合接受者的期待。因此,关联理论框架下的翻译就是一种对源语进行语内或语际阐释的明示—推理活动,这种明示—推理活动要依靠语境实现。关联理论认为语境不是在话语生成之前就先确定的,而是听话者在话语理解过程中不断选择的结果,它会随着交际过程的发展而不断发展和变更。语境是一系列假设,是一个大范围的概念。在话语理解的过程中也使那些最为相关的语境被激活,通过推理做出判断。要使交际成功,就要寻找话语与语境之间的最佳关联,也就是要找到对方话语同语境假设的最佳关联,通过推理推断出语境暗含的含义,最终获得语境效果。制约相关性的两大因素就是语境效果与推理努力。语境效果大,推理时所付出的努力小,关联性就强,反之亦然。由于认知语境是因人而异的,对同一话语的推理往往也有不同的暗含结果,比如在朋友家聊了一段时间后,起身准备离开,这时天正下着雨,朋友说:“在下雨呢。”如果朋友是坐着说这句话,根据已有的认知语境,即下雨时主人常留客人,结合朋友的话便可以得出结论:主人要留客人。但是,如果朋友一边递给客人一把伞,一边开门说这句话,客人就要调整认知语境,搜索有关的信息:朋友大概有事,主人为客人开门常有送客之意,下雨出门可以打伞。根据这一组信息,结合朋友的话,就可以推出结论:朋友至少不反对客人离开。因此,话语理解的过程实际上就是不断激活相关语境,寻找关联,进行推理的过程。翻译的本质是一种交际活动,译者扮演着信息输入(对原作的理解)和输出(言语产出)的双重角色。不同的译者有着不同的认知语境,同一个译者处在不同的时间、地点也会有不同的认知语境。在翻译过程中,译者必须依赖语境,从原作的言语或语句的刺激中寻找最佳关联,再把这种关联传递给译语读者,也就是说译者把自己的理解传递给译语读者。由于译者的认知语境是动态的,加上不同语言构成的语篇或文本受不同语义、文化等诸多因素的制约,译文不可能完全对等于原文。也就是说,翻译是动态的、波动的。那么,是否说翻译的这种波动性就使译文无章可循了呢?不是的。翻译的成功取决于相关因素间的趋同。趋同与趋异是两个相对的概念。“翻译的成功”指的是翻译的效度,它与趋同度成正比,与趋异度成反比。即趋同度越高,则趋异度越低,翻译的效度就高;反之,趋同度越低,则趋异度越高,翻译的效度就低。所以,要提高翻译的效度,必须尽量使译文向原文趋同,以提高翻译的信度和质量。翻译的本质是一种交际活动,译者必须从原作的语句刺激中寻找最大关联,通过认知语境进行演绎推理,识别作者的交际意图,进而用正确的语码传递给接受者。译者只有在源语和译语之间找到它们最大的语义和语用关联时,才能使译文最大限度地趋同于原文。因而,翻译的趋同可分为语义趋同和语用趋同。语义趋同指在语言形式和规约意义上的趋同，语用趋同则指在内容和隐含意义上的趋同。规约意义的识别受语境的干扰较小，而隐含意义的识别必须借助语境进行推理才能实现。翻译中，译者必须依赖语境，寻找关联，通过推理识别作者的交际意图，并对接受者的认知语境做出正确的假设，选择适当的译语，努力使原作作者的意图与译语读者的期待相吻合。翻译的本质是交际的、语用的。因此，质量好的译文必须兼有语义趋同和语用趋同，仅有语义趋同，有时译文可能传达不出原作的意图，变成“曲译”或“死译”。当然，在无法兼顾语义趋同和语用趋同时，就应该想方设法做到译文的语用趋同，以传达出作者的意图。

2. 关联理论在翻译教学中的作用

关联理论对翻译教学有很大启示，它首先告诉人们，要翻译，先要理解原文，根据关联理论，要准确无误地理解原文的语境，根据语境做出认知假设，找出原文与认知假设间的最佳关联，从而理解原文语境效果。寻找关联要靠译者的百科知识，原文语言提供的逻辑信息和词语信息。因此，寻找关联就是认识推理的理解过程。更为重要的是，翻译是作者—译者—读者三元关系，原文作者和译者的认知环境不同，作者力图实现的语境效果同译者从原文和语境中寻找关联而获得的语境也是不同的。这样一来，原文信息和译文传达的信息就不可能完全对等，翻译只能做到“达义”“对体”“求形”。所谓“达义”，就是正确地表达原文的意义，意义是交际的核心内容，意义的篡改、歪曲，谈不上是在翻译，只有准确无误地表达原文的意义才是翻译的首要任务。无论是明说还是暗含，意义的语码转换是可行的。

“意义”包括两方面的意思，一个是“意”，另一个是“义”。“意”是指意图，原文作者的意图，翻译就是译意。在翻译中，两种语言的体裁要相吻合，诗歌绝不可译成散文，戏剧绝不可译成小说。综上所述，关联理论对外语教材编写、词汇记忆、阅读理解教学、翻译等有着十分重要的借鉴作用，语言教师应学习语言学，改进教学方法，掌握教学技巧，培养更好的人才。

（二）认知语言学意义观与翻译教学

1. 认知语言学意义观

传统的意义观主要包括指称论、使用论、行为主义论、真值条件论、概念论、成分论等。这些意义观是四种主要语言学范式意义观的具体体现，即传统哲学、对比语言学、结构主义语言学和转换深层语法。这四种语言学范式虽有其不足之处，但都属于客观主义语言学范畴。客观主义语言学对于意义的核心观点是语言对现实世界的直接的镜像反映，意义来反映语言本身，可以通过语言的意义对现实世界得到准确的理解。由此得出描述同一场景的不同表达具有相同的意义，因为它们反映的是同一场景，如同一源语表达，“玛丽把杯子打破了”既可以翻译为“Mary broke the cup”，也可以译为“The cup is broken by Mary”，因为两种译文反映的是同一场景——“玛丽把杯子打破了”。然而，认知语言学与客观主义语言学持明显不同的观点，它认为意义不是来自语言本身而是来自对体验的理解。语言仅仅只是起激活意义的作用，语言与意义之间是导引与被导引关系，而意义就是概念化。具体地说，意义存在于人们的大脑中，而不是语言中，语言的作用只是激活意义和其所属的概念框架。意义或概念化存在于现实世界和概念结构之间的人类认知过程的结果，而认知过程是指人类识解现实世界的过程，因此，意义或概念化是人类用识解方式感知、体验现实世界过程的识解结果，每一层意义不仅包括具体的概念内容，还含有相应的识解方式。语言意义应该由概念内容和识解构成，一种有挑战性的意义观尤其不能忽视后者。由此可知，能够激活相应概念框架中的某一意义的表达必定反映隐含在意义中的某一识解方式。换句话说，某一具体语言构造的使用，事实上赋予了所构造的场景某一具体的意象。因此，根据认知语言学的意义观，可断定前面例子中的论断是不合理的，尽管“玛丽把杯子打破了”的两种英文翻译可以激活同一杯子被摔破的概念内容，但是译文“The cup is broken by Mary”不能激活与源语表达一致的识解方式，因此改变了源语表达的意义。另外，为了说明认知语言学的意义观，句子尤其是被动句常常用来作为说明例子。在此，必须指出这一做法大大局限了普通读者对认知语言学语义观的理解，甚至会使其误认为认知语言学语义观只适用于句法层面。事实上，词汇和句法都可用来示例这一意义观，因为两者之间没有明显的区分。词和句子形成了一个符号元素的连续体。这就意味着词和句法都是语言构造，都可以构造该概念或场景，赋予概念或场景识解方式。名词属于词的范畴，由此可推导出指称每一个指称概念的名词实际上都体现了相应的识解方式，以下将以认知语言学意义观为指导具体探讨名词的翻译教学问题。

2. 认知语言学意义观对名词翻译教学的启示

在具体名词翻译教学过程中，教师首先需结合认知语言学意义观探索出具体的名词翻译原则，然后在此原则的指导下以引导的方式与学生探讨具体名词的翻译。如上所述，意义由概念内容和识解方式构成，译者在用某一名词激活某一意义的同时也是在选择某一意象，构建某一场景，而翻译的性质又是在目的语中再现源语的意义。据此，可以认定翻译名词的原则，即名词翻译应该以认知意义为导向，即意义的概念内容和识解方式都应该在目的语中再现。然而，词本身所具有的特点使得这一名词翻译准则的具体实施困难重重。首先，与句子相比，词虽与句子构成一个连续体，两者没有明确的界限，但是词在结构上比句子稳定，而句子较灵活，更具有兼容性以及词无法可及的优点。另外，人们所涉及的名词都已经深深扎根于汉英两种语言中，因为这些名词所指称的名词性概念主要来自人类所共有的基本领域，如衣食住行等，这就意味着汉英两种语言都存在并且都有自己约定俗成的词汇表征。因此，如果按照上述翻译原则把汉语名词直接翻译到英语里，结果就会是虽然原词所激活的概念内容和识解方式在英语里得到体现，但有可能在英语里无法激活与在汉语里一样的概念，甚至会导致误解，反之亦然。因为汉英两种语言在概念化同一实体时所采用的识解方式完全不同，自然无法激活同一概念。如“床头柜”，如果根据上述翻译原则把其译为 bed-head cabinet，就很有可能在英语读者头脑里激活的概念是像衣柜那样的实体，而不是摆在床边的小桌子。因此，以上提出的名词翻译原则只是描述了一种理想状态，考虑到源语意义的成功传递和目的语读者的理解两个因素，名词翻译原则应进一步修正为：在翻译名词时，译者首先应该尽量在目的语中再现源名词的概念内容和识解方式，若无法达到两者的同时再现，译者应该舍弃源名词的识解方式，而选择与目的语一致的识解方式。基于以上观点，以下将探讨概念共享情况下的名词翻译教学及概念缺失情况下的名词翻译教学。

（1）概念共享下的名词翻译教学

汉英在词汇表征同一名词性概念时存在两种情况。第一种情况是同一名词性概念在汉英两种语言中都有词汇表征，且汉英词汇表征体现相同的识解方式。这种情况的名词翻译策略为：如果源名词所表征的概念为汉英两种语言所共有，且在目的语中由体现相同识解方式的词来表征，那么源名词所激活的概念内容和识解方式都应在译文中体现出来，如概念book shelf在汉语里词汇表征为“书架”，该词体现了功能视角识解方式，即该词所表征的实体是用来放书的。而在英语里，该概念词汇表征为“book shelf”，其所激活的识解方式与“书架”一样。因此，英译“书架”时，其所激活的概念内容和识解方式都应在英语中得到再现，翻译为“book shelf”。由于这种名词翻译方法沿用了源名词的识解方式，因此笔者把其命名为传承法。第二种情况则是名词所表征的概念为汉英两种语言所共有，但在两种语言中分别由其约定俗成的词汇表征，即源名词所表征的概念为两种语言所共有，但目的语中表征此概念的名词体现不同的识解方式。由于两种语言采用了不同的识解方式，如果硬要在目的语中再现源名词的概念内容和识解方式，其结果只会是在目的语读者头脑中无法激活同一概念内容。因此，为了激活同一概念内容，只有舍弃源名词的识解方式以适应目的语中已经存在的识解方式，如一种发型在英语中表征为“afro”，其体现了转喻的识解方式，即整个范畴被用来指代这一范畴所特有的特征。而在汉语中此概念表征为“爆炸头”，其体现的是隐喻识解方式，即头发的形状与爆炸时的情景相似。当汉译afro时，如果其所包含的识解方式保留在汉译译文中而把其译为“非洲”，那么很有可能无法在汉语读者头脑中激活“发型”这一概念。因此，汉译afro时，应该在汉语目的语中选择体现相同识解方式的词，如“爆炸头”“蜂窝头”及其他体现类似的隐喻识解方式的词。鉴于此种翻译方法涉及参照目的语中的识解方式，把其命名为参照法。

（2）概念缺失下的名词翻译教学

以上主要在阐释翻译性质和认知语言学意义观的基础上提及了名词翻译原则，并在此原则的基础上提出概念共享下的名词翻译策略，即传承法和参照法。主要运用这两种翻译策略来探讨概念缺失情况下的名词翻译，以期能为以后相关名词翻译提供翻译依据，并为评价已有的名词翻译提供评估标准。概念缺失是指源名词所表征的概念是源语所独有的，在目的语中不存在这一概念。对这种情况下的名词翻译方法则为传承法和参照法的结合，即参照与原概念所在的原框架相似的目的框架中相关概念的识解方式，然后决定是否传承源名词所激活的识解方式。例如“毛笔”所表征的概念是汉语所独有的，英语则无此概念，但是英语有这些概念如quill pen（羽毛笔）、steel pen（钢笔）和lead pen（铅笔），其与源名词所表征的概念处在同一框架下，即pen（笔）框架。那么翻译“毛笔”时，就需参照原概念的识解方式。如果原概念的识解方式与相关目的语概念的识解方式一致，那么原概念的识解方式就在目的语中得到传承。例如概念羽毛笔、钢笔和铅笔分别表征为 quill pen、steel pen 和 lead pen。这些名词表征表明英语是从质地材料视角来概念化相关实体的。而汉语表达“毛笔”也反映了相同的质地材料视角识解方式。因此，“毛笔”可翻译为“hair pen”。这样，不仅原概念中的识解方式在目的语中得到再现，而且也便于目的语读者的理解，因为目的语读者可以通过人类普遍存在的识解方式即类比思维方式来理解 hair pen。通过类比，目的语读者可推导出 hair pen 与 quill pen、steel pen、lead pen 一样，也是一种笔，与其不同的是前者的笔尖是用毛做的，后者的笔尖则分别是以羽毛、钢、铅做的。鉴于此，可试做评价，即前人把“毛笔”英译为 brush pen 这一做法是值得商榷的。此外，如果原概念的识解方式与目的语相同概念的识解方式不一致，那么其应该适应目的语中的识解方式。

还存在另一种情况，即目的语中不存在与源语所特有的处在相同或相似框架目的概念，也就是不存在参照的可能性。例如，英语中就没有概念与汉语概念“阴”和“阳”处在同一框架下。对于这种情况，只能在目的语中完完全全地再现源语的识解方式，从而英译为“yin”和“yang”。综上所述，翻译则是指在目的语中再现源语的意义。根据认知语言学的意义观，意义就是概念化，由概念内容和识解方式构成。在此基础上，人们提出了名词翻译原则：在翻译名词时，译者首先应该足量在目的语中再现源名词的概念内容和识解方式，如无法达到两者的同时再现，译者应该舍弃源名词的识解方式，而选择与目的语一致的识解方式。在该翻译原则的指导下，人们提出了名词翻译的三种策略，即传承法、参照法以及传承参照结合法。传承性翻译策略是指源语名词所表征的概念为两种语言所共有且此概念在目的语中也有体现相同识解方式的词汇，翻译时源语名词所表达的概念与体现的识解方式在目的语中同时获得再现。参照性翻译策略则指源语名词所表征的概念为两种语言所有，但源语名词表达的概念在目的语中是以不同识解方式得以表征的，翻译时则采用符合目的语识解方式的词语。传承参照结合法则指参照与原概念所在的框架相似的目的框架中相关概念的识解方式，然后决定是否传承源名词所激活的识解方式。

3. 翻译教学中认知语言学的意义观与译者主体性

传统意义观根植于客观主义，认为意义是客观存在的，每个句子都有一个客观意义，这个意义并不关乎任何一个人，而是独立存在的。现代意义观的哲学基础是经验现实主义，认为没有独立于人的认知以外的所谓意义，语言符号不是对应于客观外部世界，人的认知参与了语言的意义和推理。因此，人们说意义不能独立于人的认知以外而存在，而这也同样适用于隐喻的意义。王寅在分析隐喻的工作机制时认为，同一种语言和文化中的交际双方共享的语境知识、文化因素、常规模式等因素是隐喻得以实现其交际价值的基础。在这个基础上隐喻意义才得以形成和识别，即双方达成对某隐喻意义的共识，这样隐喻也才获得其存在的可能，才会具有生命力。但是他同时指出人的认知能力是有差别的，这会导致对隐喻理解的偏差。从跨文化交际的翻译角度来说，这种偏差是大量客观存在的。不同文化背景的目的语读者能否通过翻译来感知到源语中作者要表达的隐喻意义，无疑是检验翻译质量的一个重要标准。翻译是一种语际交流，是一种跨文化交际，也是意义通过译者从作者向目的语读者传递的过程。传统翻译观认为译者居于从属地位,是原作者和读者之间的隐形人,建构主义颠覆了这一想法,认为译文不再是原文的附庸,从此,译者在作者和读者间逐渐开始显露其存在和作用。20世纪70年代翻译界出现的文化转向也一定程度上凸显了译者的主体性。译者从被动、从属的地位中解放出来,享有翻译主体的充分自由,使平等对话与创译成为可能,译者也因此能突显个人的意志,张扬个性,发挥译者的主观能动性。但是谈译者的主体性并不意味着译者可以肆意妄为。译者的主观能动性必须是建立在客观文本的基础之上的,也必须以译者本身的认知结构为依托,并体现作者的认知结构和对目的语读者认知能力的预测。无论译者在翻译过程中体现怎样的个人意志,采取怎样的翻译策略,译者主体性所起到的作用最终还是传达意义,即为跨文化交际这一目的服务的。也就是说,译者既要面对原作者、原作,又要面对读者,考虑到读者在自身文化中的接受能力。宗教词汇隐喻的翻译对译者提出了较高的要求,译者须以传达意义为目的,力求在源语和目的语以及两种文化之间取得完美的平衡。

(三)言语行为理论与翻译教学

言语行为早在20世纪50年代就是语言哲学家的研究对象,所谓言语行为指人们为实现交际目的而在具体的语境中使用语言的行为。言语行为并非"言语的行为",而是一种交际活动,涉及说话者说话时的意图和他在听话者身上所达到的效果,即言语就是行为。言语行为理论设想了言语行为的三分说:言内行为、言外行为以及言后行为。言内行为指的是"说话"这一行为本身,即发出语音,说出单词、短语和句子等。这一行为本身不能构成语言交际。言外行为是通过"说话"这一动作所实施的一种行为,如传递信息、发出命令、问候致意等。言后行为指"说话"带来的后果,即说话人说出话语后在听话人身上产生了哪些效果。例如,"我饿了"这一言语行为:其言内行为就是说出这三个字;言外行为是实施说话人的一种"请求"行为,请求听话人能提供一些食物;对方提供食物与否就是言后行为。在这三种言语行为中,语用研究最感兴趣的是言外行为,因为它是同说话人的意图一致的。说话人如何使用语言表达自己的意图,听话人如何正确理解说话人的意图是研究语言交际的中心问题。

1.理解原文的内涵,翻译是一种跨语言、跨文化的交际行为

根据认知语用学的观点,要确定话语意义,就必须充分考虑说话人的意图或语用用意、交际场合以及听话人的背景知识、信念、态度等语境因素,而语境因素往往又不止一个,它"可以是语言语境(上、下文),也可以是具体语境(交际场合),还可以是认知语境(记忆和知识结构)",说话人正是通过这一系列语境信息来传达他意欲表达的话语意义。从言语行为角度论述翻译,就是要求译者正确领会原作者的主观意图。教师要使学习者认识到,翻译绝不仅仅是一种从原作到本族语的转换。根据言语行为理论,译者在翻译过程中,不仅要理解原文的字面意义,更重要的是要弄清原作者的真正意图,同时根据不同的交际情景、文化传统、社会条件、思维方式、语言结构和表达方式等有的放矢,才能译出精品佳作来。

2. 翻译时注意言外之意，翻译最主要、最根本的任务是再现原文的意义

美国翻译理论家奈达说："翻译就是翻译意义。"可见，意义及语用意义是翻译的出发点和归宿点。他设计了两种语言的语用原则，推导出原文所示的言外之意并使译文读者理解这一言外之意，使两种不同的语用意义的差异得到沟通、融合。教师在教授学生时，要让学生了解不同文化内涵及其言外之意。英语和汉语之间有着由人类共性所决定的语言共性，这是英汉语之间得以互译的前提。但英汉语言分属于两种截然不同的语系，两种语言在语音、词汇、语法、语义等各方面差异很大。尤其是两种语言根据其语法关系的习惯用法表现在句子结构和表达方式上存在很大的差异，正是这种差异给两种语言的顺畅互译带来了障碍。

例如：

American education owes a great debt to Thomas Jefferson.

学生原译为：美国教育大大归功于托马斯•杰弗逊。

指导后译为：托马斯•杰弗逊为美国教育事业作出了巨大的贡献。

学生缺乏对英汉思维差异的了解，过分拘泥于原句的框架结构，导致汉语译文并不十分通畅。在教学中，教师适时地指导学生对两种语言的异同进行对比，增强他们对英汉语言差异的理性认识，力求引导他们在语言学习中自觉探寻并逐步掌握两种语言相互转换的基本规律，掌握英汉互译的基本原理知识和常用技巧，以便有效地指导自己的翻译实践，提高自己的翻译能力。

第四节　英语翻译教学中的文化差异研究

建立在不同文化基础上的两种语言，它们各自反映着自己特殊的民族文化和历史传统。中西方文化差异及思维模式的差异必然会给英语翻译造成一定的影响，要想真正掌握外语翻译的方法与技巧，不能仅仅限于对词面意义的理解，更重要的是要了解外国的社会、文化、历史背景乃至人情风俗习惯等方面的知识，了解文化方面的差异。从文化差异出发去研究语言差异，才能有效地把握语言之间的内在联系。英语和汉语分别属于两大不同的语系。英语国家的文化背景与我国文化背景有很多不同之处。英语反映英语国家（主要是英国和美国）的文化现实，汉语反映中国的文化现实。在词汇方面，"英汉两种语言中，一种语言里有些词在另一种语言里没有对应词，例如：英语中 Cowboy、hot dog 等词，在汉语中不存在其对应词，一些反映汉语文化独特风格、事物的词，在英语中也难以找到对应词，如天干、地支、楷书、赤脚医生等。在语法方面，由于受各自文化的影响，英汉两个民族，往往从相反的角度来表达同一思想内容，形成矛盾的思维方式，如肯定与否定、单数与复数、里与外等，在谚语成语方面，有些哲理思维相似，表达方式也相似，但有些截然相反，或'所用具体载体与我们有所差异'"。所以，英语、汉语在各自的语言系统中鲜明地反映自身文化的特点。

一、词汇歧义造成翻译偏差

词汇是语言的基本构素，是语言大系统赖以存在的支柱，因此文化差异在词汇层上体现得最为突出，涉及的面亦最为广泛。由于英、汉两种语言分属不同的文化，其各自深厚的文化内涵在语言上的烙印使得两种语言很少有绝对对应的词汇。大部分词汇不是在概念意义上而是在文化意义上表现出巨大的差异，而这种差异往往会给英语翻译带来极大的影响。英文里出现的 hippies、yuppies、hot dog、Overkill 对我们来讲是生疏的，即使译作“嬉皮士、雅皮士、热狗、超过所需的杀伤威力”，仍不能表达原英语词义的全部内涵和外延。

社会文化的差异往往使同一个词具有不同的内涵，如 Propaganda 含有“撒谎、欺骗”等文化意义，而汉语的“宣传”则无此义。Olive branch 象征和平，而汉语橄榄枝原本与和平无关。再如我们将 porridge 改释为“粥、稀饭”，其实二者之间也存在着文化上的差异。英国人吃的 porridge 是将燕麦片放入牛奶或水中煮成的，而我们吃的粥或稀饭则多是用稻米、小米或其他谷物加水煮成的，显然中国的稀饭没有 porridge 的内涵。另外，有许多词，如 landlord（地主）、capitalist（资本家）等在西方国家中往往有积极的含义，但对中国人来讲，却带有强烈的贬义。

从跨文化的角度看，词义的差异反映了不同民族文化价值的差异。在西方法律文化中，所追求的个体权利意识源自个人本位的法律观。这种商业社会导致的文化精神，一方面作为一种主体需求而具有生命力地存在着，体现着自由、公平、竞争、奋进的思想内涵，并极大地影响和震撼着东方传统法律文化意识的地位。这种文化，其中一个重要的方面就是强调个人。“individualism”是英美人所普遍接受的价值观，它所表达的是崇尚个人奋斗的价值观念。然而汉语中的“个人主义”，是中国古代哲学基本原则“天人”“内圣外王”“实践理性”“中庸之道”所排斥的词语，其中文的词典意义往往类似于“一切从个人利益出发，把个体利益放在集体利益之上，仅顾自己，不顾别人”的观念和做法，它表现在中国传统文化方面，这种“喻于利”的小人，当然要受责、挨罚。因此，由于中西文化的差异，就“个人主义”而论，认识的角度大相径庭。如果不注意这些文化上的差异，尽管都是一个词，从其自身而译，必然谬之千里！

二、知识内涵差异带来消极影响

知识的占有是翻译的前提。缺乏不同民族文化背景知识，会是翻译最大的障碍。英、汉两种语言都有悠久的历史，它们在各自民族的发展中，又都积累和创造了很多具有各自民族风格和地方色彩的形象生动的语言，这些语言史具有鲜明的文化知识内涵特色，它们只表达某种语言所独有的事物和现象，无论形式和内容在另一种语言中都不容易找到相对应的比较现象。这就需要在英译汉中理解原文所涉及的历史背景、典故和专门术语，才能消除或降低文化差异给翻译带来的消极影响。

例：Do yon know that the bee navigates by polarized light and the fly controls its flight its back wings?

译：你知道蜜蜂是借助偏振光飞行，而苍蝇是由后翅控制飞行的吗？

此句的障碍在于“polarized light”一词。人们往往因对有关的科技专业知识无知而将其误译为“极光”。然而，对蜜蜂而言，“polarized light”却是指从不同的方向所显示出不同特色的“偏（振）光”。

三、不同思维模式制约语言的翻译

不同的历史积淀和深层构筑，使得任何人都必定带有本国、本民族、本地域的心理遗传基因，这种遗传基因决定着他的精神气质、思维方式乃至行为走向等，并因此构成不同国别、民族、地域人的特点和差异。这种差异对翻译的准确性会产生很大的影响。比如英语里有许多固定搭配、习语、惯用语和汉语完全不同，能否用不同的文化心理正确理解、灵活运用这些词语是英语翻译的难点之一，也是英语翻译必须逾越的障碍。

例：The businessman offered him 500 pounds under the rose.

译：那个商人答应私下送他 500 英镑。

按照西方人的习惯和心理特征进行分析，玫瑰花是定情之物，在其花下当然就是私下约会。因此，“under the rose”的含义是私下、暗地里、秘密地。

主观认识及世界观的不同，经常会影响到不同文化之间的词义传递，其译文往往会使人费解或一知半解。英语成语 as timid as a hare（胆小如兔），而汉语则说“胆小如鼠”；英语中 goose（鹅）可用来指代“傻瓜、笨蛋”，带有贬义，而“鹅”在汉族人的观念中常常是美丽与纯洁的象征。在汉语的文学作品中，处处可见用花做比喻的例子，然而同是一种花，因不同民族有不同的文化背景和主观认识，其比喻象征意义也各有千秋。例如，中国人认为荷花有出淤泥而不染的高尚情操，但欧美国家的人却因主观认识上的差异把它比喻为“疏远的爱”。

英汉民族分属于东西方民族，有不同的历史渊源和文化背景。他们的语言结构和思维方式都各有自身的特点，并形成了各自不同的心理模式和心理趋向。同是一种事物，由于民族间不同的心理感受，在语言中就会体现不同的意识感知，而且这种意识感知的不相融，又必然导致两种截然不同的语言效果。中西方对“狗”这种动物就存在着不同看法。在我国传统习惯中，“狗”往往比喻坏人坏事，所以与“狗”有关的成语都含贬义，如狐群狗党、狗仗人势、狗嘴吐不出象牙等。英国人则相反，他们往往把狗看成是含褒义的，如 lucky dog（幸运儿）、Every dog has it’s day（人皆有得意之日），而非“狗总会有它的一天”，把“dog doesn’t eat dog”看作“狗不咬狗”是不对的，其实是“同室不操戈，手足不相残”。

由此可见，对于动物的认识，反映在不同民族语言上就出现了明显的偏爱和厌恶两种社会效果。

以上种种充分说明，民族间的相互接触为一种语言吸收、同化另一种语言的词语提供了条件，但同化仍受到民族心理的制约。总之，英汉两种语言虽有相同和相近的表达方式，但更多的是表达方式的个性特征。正是这些不同的表达方式和中西文化差异才使人们产生了许多翻译的误解和困惑。要排除表面意思的迷惑，避免错误的理解，克服中西文化差异给英语翻译造成的障碍，我们在平时的英语学习中就应当从文化入手，经常阅读一些有关英语国家的风土人情、历史、地理、政治与文化、文学艺术、宗教等方面的书刊资料，只有不断掌握西方国家的社会文化变迁史，才能在英语翻译中尽量缩小这种文化差异影响。或者说，拥有的英语文化知识和各个领域的知识越丰富，对英语民族心理状态越了解，对原文的理解才会越深透，其译文表达才能忠实于原作。

第七章　翻译能力的培养

第一节　语言的实践性

一、实践的语言

若把整个社会活动和社会生活当作一种象征性的交换活动，一种将语言作为中介而进行的社会互动，那么社会中的任何一个事件、任何一次活动，不管在其准备过程中还是在其贯彻过程中，也不管是正在实现的、已经实现的还是无法实现的，都离不开语言的使用。由此看来，语言的实践性特征不言而喻。

语言可谓是一种“不偏不倚的旁观者”。语言学家索绪尔将语言和言语区分开来，认为语言是一种语法系统，是一种社会资源，是由在不同层次上结合起来的单位和规则所组成的可继承性稳定系统；而言语是在特定场合中被人采用的具体化的语言，具有具体性和变化性的特征。在索绪尔看来，语言是一个自足的整体，是一套分类原则，是一种规约，是一种社会制度，是一个表达概念的符号系统。在索绪尔的语言学理论模式中，语言是一个内在封闭的、自我调节的自足系统，抛弃了对外部世界和价值判断的关注。索绪尔强调语言系统的封闭性，使意义局限于作为终极所指的结构，从而使逻辑压倒了实践，最终陷入了逻各斯主义。

“纯粹”语言学家采取的是语法学家的态度，而语法学家的目的是研究并编纂语言，这与言说者的态度迥然不同，后者力图通过言辞用以行事的能力在世界中完成各种行为，并影响这个世界。如果把语言当作分析的对象，而不是用来进行思考和交流，就容易把语言看作一种“逻各斯”，看作一种与实践相对的事物，把语言当作“僵词死字”，没有实践用途，这是一种“学究式谬论”。而只有将语言放到实践之中才能理解它的丰富意义，索绪尔等语言学家脱离实际，脱离历史条件论述语言的结构，以为理解了语言的语法结构，不仅能抓住语言的实质，而且能使语言规则更有效地转变为实践行为。根据索绪尔的观点，或者从解释学的传统来看，语言是智力活动的工具，是分析的对象，在这些人眼里是一种僵死的语言（正如巴赫金所提出的，这是一种书面语和外来语），是一个自足的系统，完全斩断了与它的实际运用之间的任何关联，并剥夺了它的所有实践功能和政治功用。正如思想大师布迪厄所言，结构主义将言语行为简化为执行（规则模式）的单纯问题，并一直龟缩在最初这一做法所限定的狭隘范围内，结构主义区分了语言和言语，正是这种基本的区别使结构主义否定了语言的实践性。

二、权力的语言

语言关系总是符号权力的关系，通过这种关系，言说者和他们分别所属的各种群体之间的力量关系转而以一种变相的形式表现出来。因此，只局限于语言学分析的范围，是不可能阐明沟通行为的。哪怕是最简单的语言交流，也涉及被授予特定社会权威的言说者与不同程度上认可这一权威的听众（以及他们分别所属的群体）之间结构复杂、枝节蔓生的历史性权力关系网。

人们不能忘记，最好的沟通关系，即语言交换活动，其本身同样也是象征性权力的关系。说话者之间的权力关系或者跟他们相关的群体之间的权力关系，就是在这种语言交换活动中建立的。

因此，社会中人与人之间、群体与群体之间的语言交换，并不只是他们之间的对话关系，并不只是某种沟通和交换意见的活动，而是他们之间权力关系的相互比较、调整和竞争；不同人之间的对话和语言运用，就是不同说话者的社会地位、权能、力量、才能、资本和知识等各种显示权力的因素的语言表露和语言游戏。某人说什么话，并不只是由其自身的语言能力所决定的，而是由某些“恰当性条件”所规定的。当某人希望恰当地进行为发布命令或为人洗礼的仪式时，他必须是有资格这样做的，这与发布命令时必须具有为命令接受者所认可的权威是相同的(这种条件和资格就是一种社会权力)。任何人都可以在公共场所大声喊叫，“我命令全民总动员”，但是由于缺少必要的权威，这不能成为一种“行动”。这样一种言说仅仅是词语而已，它将自身降格为无用的吵闹。如果一个人在不具备恰当条件的情况下梦想发布命令，将是一种疯狂的行为。从社会学的角度来看，并不是任何人都可以宣布任何事，否则就会冒风险或触犯他人。

总之，布迪厄在语言实践中，在场域结构及其各种因素的差异中，揭示了语言交流中的不平等关系、支配关系，亦即权力关系。这些权力关系说明语言不是单纯的意义象征和符号形式，语言是现实的能动过程，包含着具体的、现实的支配力和作用力。语言中的力量并不来自语言本身，而来自语言的外部，来自语言交流中的各种社会关系。符号权力通过陈述某个被给予之物而形成，通过影响世界的表象来影响世界。这种权力并不处于将“以言行事的力量”作为表现形式的符号系统中，而是在一种确定的关系中被这种关系所确定。这种关系创造了人们对言辞合法性以及说出这些言辞的人的合法性的信念。而且它正常运作的条件就是那些承受这种权力的人要认可那些施展权力的人。在社会语言交换中，确认“合法性语言”或“正当化语言”的过程就是官方语言的形成过程，而任何官方语言的出现和普遍化都是一种权力的体现，因为官方语言是要靠一定的政治制度和国家权力的力量来支持的。在官方语言的合法化、正当化过程中，由学校组成的教育系统成了最好、最有效的手段和工具。官方的意识形态和精神力量则通过学校的教育得到了充分的灌输。因此，在社会上我们可以看到居于统治地位的人或者阶级一般会使用一种合法化的标准的语言，而被支配者常常说的是一种不符合规范的语言。

三、策略的语言

既然语言是一种权力，哪怕是最简单的语言交流，也蕴含着言说者与听众之间的权力关系，那么谁在说话、在什么时候说话、在怎样的场合说话、和谁说话、说什么样的话、怎样说话、以什么样的方式和策略说话等，就会产生完全不同的效果。这就说明人类创造语言并不是为了进行语言学分析，而是用来说话，用来得体地说话。正因为如此，智者总是说，在习得一门语言的时候，重要的是要学会在适当的时候说适当的话。

因此，在语言交流中，为了达到最佳的说话效果，言说者还应该掌握一定的语言策略，而使用何种语言策略则是由言说者之间不同的权力关系决定的，也就是说，说话的策略是由言说者所拥有的资本和利益决定的，而这些资本和利益则是言说者借助其在一个看不见的关系所构成的场域中的位置来决定的。这些关系决定了谁可以提问、谁可以打断别人说话、谁可以长篇大论地发言而不被打断、谁可以否定他人的策略、谁注定要采取拒绝的回答、谁又必须循规蹈矩地讲话等。在布迪厄看来，在语言交流过程中，说话者常常采用委婉表达和屈尊策略这两种语言使用策略来推销自身的思想，巩固其在交流过程中的地位。

委婉表达是语言象征性交换活动中语言交流的典范，主要通过对语言的巧妙使用，通过没有说出的话来说出自己心中的意图。所谓的策略或者技巧，就在于考虑到发出者与接收者在不同种类资本的等级制度中的相对位置以及性别和年龄，还有这种关系中所固有的限制，并且在有必要时，通过委婉的手法有仪式性地超越它们。这种委婉的表达方式是语言交流中比较常见的一种说话技巧，是一种用没有说出来的话在语言交换市场中成功地推销语言商品的行销策略，它本身就是一种典型的象征性实践。所以在语言交换活动中，最有能力的言说者，就是以不说话或者少说话而说出最多事情的人。

屈尊策略主要指言说者通过使用听众熟悉的语言，掩盖语言所象征的支配关系，使听众产生“误识”，从而达到言说者的说话目的的策略。在《实践与反思》中，布迪厄用殖民者和土著居民之间的语言使用来进行阐释，如果殖民者采用被支配者的语言，那么他们就是通过一种屈尊策略，即通过一种暂时的却大肆渲染的方式放弃他们的支配地位，通过拒绝这种支配关系来维持其统治，并从中获利。这种策略通过对权力的虚假悬挂，制造放弃支配关系的表面假象来巩固其支配权力。在《言语意味着什么——语言交换的经济》一书中，布迪厄以波市市长在贝阿恩省诗人庆典会上的讲话为例，阐释了这种策略使用的有效性。

波市市长对参会的群众用贝阿恩语发表了讲话，而听众被这种体贴的举动深深打动。大家默认法语是正式场合发表正式讲话的唯一可接受的语言，而市长通过使用当地语言，象征性地排除法语和贝阿恩语之间的等级制度和与讲这些语言的人们之间的等级制度，从而获得利益。只要在场的人充分理解和认同说话人和听众之间的地位差异，那么采用这种平易近人的说话方式，就能够象征性地排除这种等级制度而使说话人获得更多的利益。事实上，作为贝阿恩的市长，能够取得这种屈尊的效果仅仅是因为，作为一个大城市的市长，除了他所表现出的从容自信之外，他还具有所需的头衔（他具有教授资格），以确保他是理所当然的“高级”语言的“高级”使用者，即他能说一口标准流利的法语，没有人会想到这样一个“高级”语言的使用者会说一口“标准流利的贝阿恩语”。如果当地的农民能说出一口标准的贝阿恩语，在别人看来也是件毫无意义的事情。因此，言说者的屈尊策略仅仅是为了巩固说话者既有的地位，进而获取更大的权力。

在人们的语言交往中，人们所完成的并不是语言文字符号及其意义方面的交换，而是不同的个人、团体、阶级和群体之间的社会地位和社会势力的交流、调整、比较和竞争，也是他们所握有的权力、资源、能力及社会影响的权衡过程。

第二节　翻译能力的呈现

语言具有实践性，可谓是行动者的社会实践工具。社会行动者主要通过对资本控制的多寡来竞争，并决定自己在场域中的位置。在马克思的资本理论中，资本除了物质性的表现形式（经济资本），还有非物质性的表现形式（文化资本、社会资本、象征性资本），由于文化在现代社会生活中具有决定性作用，文化资本的重要性日益凸显，成为行为者在社会场域进行竞争活动的重要工具。本节首先阐释文化资本的身体化、客观化、制度化、可转换性及可传递性特征，接着重点分析翻译作为一种文化资本的身体化和客观化特征，说明翻译具有文化资本的典型性特征，具有隐蔽性。翻译是一种文化资本，是社会文化场域中不可忽视的力量。

一、文化资本的特征

资本理论是马克思解读现代社会的一把钥匙，他关于资本理论的阐述见于倾其毕生心血写成的鸿篇巨制——《资本论》。在这部巨作中，马克思通过阐述资本与财富的变化和发展，全方位地揭示了人与人之间的变化和发展，揭示了现代社会的运动发展规律。在马克思看来，资本不是物，而是人与人之间的关系，是对劳动及其产品的支配权，正是这种权力决定了资本在生产与竞争中的主体地位。随着商品经济的发展，商品流通和货币流通发展到一定程度，货币在市场上购买到一种特殊的商品（雇佣工人）时，货币就转化为资本，原来单纯的货币所有者就转化为资本家，货币转化为资本的关键是劳动力成为商品。资本的生产过程，不仅是剩余价值的生产过程，而且是资本自身的生产过程，即剩余价值资本化的过程。在马克思之后一百多年的历史发展过程中，资本概念不停地被改造，但是无论社会如何发展，资本追求利润最大化的秉性、资本与资本的“他者”之间的对立和资本永不停止追求扩张的本能，并没有因为时代的变化而发生变化。当今的经济学界常常把资本分为三种主要类型：第一，物质资本，指像工厂、机器、建筑等能够产生新的产品的具体物品的集合；第二，人力资本，指人所具有的技术和经验的逐渐具体化，并在经济生产中逐渐变得和物质资本一样；第三，自然资本，指自然界中的可再生和不可再生的资源，以及对这些资源的保护和开发进行生态化管理的过程。

试把资本理论的视野扩大，不仅放在经济资本之上，资本还分为文化资本、社会资本和象征性资本。经济资本以财产权的形式被制度化，可以立即并直接转换为金钱；文化资本以教育资本的形式被制度化，或者以一种高级头衔的形式被制度化，这种资本在一定条件下可以转换为经济资本；社会资本则以社会声望、社会头衔的形式被制度化，与社会相联系；象征性资本则以被符号化的某种高级头衔的形式而存在。各种资本分别存在于不同的领域，都体现出一种支配与被支配的权力关系。这些资本在一定条件下可以进行相互转化，而各种类型的资本均可以某种形式转化为象征性资本。各种类型的资本转化为象征性资本的过程，就是以更加曲折和更为精致的形式掩饰着进行资本"正当化"和权力分配的过程，也是各种资本汇集到社会精英和统治阶级手中的过程，同时又是各类资本在社会各场域周转之后实现资本再分配的过程。因此，权力就是通过使某种资本向象征性资本的转换而获得的那种剩余价值的综合。

在经过一定的权力斗争之后，大多数资本将兑换成能够体现社会行为者社会地位和社会力量的象征性资本。而现代社会的法律不但保证各种资本所有者的合法性和正当性，而且也规定、保障和维持各种资本之间的斗争和兑换的程序，进而使权力的累积或者获取更具有隐蔽性特征。

需要强调的是，当代社会不同于早期资本主义社会，文化因素已经深深地渗透到社会生活的各个领域，从某种程度上来说，文化在当代社会生活中已经具有优先性和决定性意义。在当代社会中，文化资本和经济资本一起构成了一切社会区分化的两大基本原则。社会行为者不能单单依靠手中所获得的经济资本，而必须同时掌握大量的文化资本，将二者结合起来，并且使二者的质量和数量达到比较显著的程度，才能在现代社会的场域竞争中获胜，文化资本的重要性就不言而喻了。在此，引用布迪厄对文化资本的阐述，文化资本具有身体化、客观化、制度化、可转换性和可传递性的特征。

（一）文化资本的身体化特征

身体化特征表现为行为者心智和身体的相对稳定的性情倾向，是在行动者身体内长期和稳定地内在化的结果，成为一种具体的个性化的秉性和才能，并成为习惯的重要组成部分。例如，社会行为者所具有的流利的言辞、审美趣味、教养气质等文化资本往往是在耳濡目染中形成的，因而这种资本的传递要比经济资本的传递更为隐蔽和难以察觉。由于这种资本的内化过程必须经过一定的时间，同时又必须在这一时间内耗费一定数量的经济资本才能转化为文化资本，所以，身体化的文化资本还具有历史性、时间性和空间性。例如，经过长时间的文化熏陶和良好教育所养成的个人气质，就是具有较高价值的身体化文化资本。

（二）文化资本的客观化特征

客观化的文化资本指的是物化或者对象化的文化财产，表现为文化商品（如图书、电脑等）、有一定价值的油画、各种古董或历史文物等，它们是理论的印迹或实现，可以通过客观物质媒介来传递。对于客观化的文化资本来说，其价值和意义的大小，并不取决于它本身，而取决于文化财产中所包含的那些旨在鉴赏、审美和消费的支配性能力。

（三）文化资本的制度化特征

制度化的文化资本指的是由合法化和正当化的制度所确认或认可的各种资格，特别是高等教育机构所颁发的各种头衔、学位和教师资格文凭等。这种制度化的文化资本表现出了特有的、相对独立于其持有者的自律性，因为社会制度具有相对独立的制度化。

（四）文化资本的可转换性特征

文化资本的可转换性主要表现为其他资本形式（主要指经济资本）可以在一定条件下转换为文化资本，文化资本在某种条件下也可以转换为其他资本形式。如果某人拥有雄厚的经济资本，并能够以此来购买他人的劳动时间，如请家庭教师或者到某个学校去接受教育并获得相关的文凭或证书，那么，他所拥有的经济资本就可以通过一定时间的积累转换为文化资本。例如，社会场域中规定，拥有某种文凭和证书的行为者可以获得某个职位，那么拥有的相应文凭和证书就是行为者拥有的文化资本。当他获得这个职位后，通过工作获取一定的经济报酬，文化资本就转换成了经济资本。一般来说，在劳动力市场中，拥有较高文化资本的行为者比拥有较低文化资本的行为者更容易获得就职的机会，那么拥有较高文化资本的行为者就能够通过转换获得更多的经济资本。再如，某个领域的著名学者或者权威人士在自己所涉猎的领域比其他人拥有更多的文化资本，他就比别人有更多的机会被邀请到某个团体担任顾问或指导工作，某个团体会支付给他一定的经济报酬，那么，他所拥有的文化资本就转化成可支配的经济资本。随着他被团体邀请次数的增多，他所获得的经济资本和文化资本也与日俱增，这些累积的经济资本和文化资本逐渐转换成社会资本和象征性资本，他在该领域的声誉和威望也逐渐得到积累。随着他在这个学科场域中的资本数量不断累加，无形中他就会在学科场域中处于中心位置，在场域的竞争中也就取得了胜利。

（五）文化资本的可传递性特征

这种特征主要指身体化的资本通过家庭进行传递，即通过家庭教育来传递和积累，因为文化资本一般无法通过馈赠、买卖和交易的方式进行传递。文化资本的传递和积累主要取决于三个因素，即家庭所拥有的文化资本、家庭能提供的自由时间长度以及文化能力。社会行为者文化资本的习得总是与社会出身和家庭教养密切相关，文化资本总是被烙上最初获得状态的烙印，如人的口音、饮食习惯、生活起居的日常方式等都反映出他的家庭出身。无论怎样竭力掩饰，个体行为者都无法彻底抹去最初的社会身份，也无法逃避这个社会身份潜移默化给予他的一切。对于那些家庭拥有大量文化资本和社会资本的个体行为者来说，他们无疑比别人拥有更为便利的条件获取文化资本,因此社会出身不同的孩子,由于家庭文化资本的不同,所受到的教育和累积的文化资本也是不同的,那么他们今后生活的轨迹也可能迥然不同。文化资本比较富有的人绝大多数来自社会的中上层阶级,因为文化资本的占有本身就预设了对技能与能力的占有,主要集中在非体力劳动者阶级。一般来说,经济资本雄厚的家庭能够给父母教育子女、子女积累文化资本提供更多的自由时间,父母总是希望延长孩子在家庭和学校接受教育的时间,推迟他们参加工作的时间。不同阶级出身的行为者获得文化资本的数量是不一样的,这些都会直接影响他们的学业成绩以及他们将来在社会场域中的位置。

文化资本作为一种资本,具有进行自身再生产的潜能,因此在家庭教育中,培养个体行为者的文化能力比传授知识更为重要。文化能力可以分解为三个部分:关于合法文化资本储备的能力、掌握与文化的消费和使用相关的知识技能和社会技能以及有效地利用这些知识和技能来获取有利社会地位的能力。可以进行传递的文化资本是客观化的文化资本,如文学、绘画、纪念碑等,这些客观化的文化资本在物质方面是可以传递的。例如,绘画收藏可以如经济资本一样代代相传,但是这种客观化的文化资本的传递是以客体的存在为前提的,并且传递的只是一种所有权,并不是消费手段。例如,某人对绘画的收藏只能说明他拥有了对这幅画的所有权,而他只有在真正懂得欣赏这幅画时才能使用、消费这幅画,才能从真正意义上拥有这幅画。

根据布迪厄的社会学理论,场域是一个在各种位置之间存在的客观的关系网络。整个社会可以被看作一个场域空间,这个场域空间由一些已经分化的,具有相对独立性的社会场域所构成,这些场域包括文化、宗教、经济场域等。无论在哪一种场域中,资本和场域都是相互依存的。一方面,资本的价值取决于它所在的位置,行为者使用资本的策略也取决于行为者在场域中的位置。另一方面,场域也离不开资本,如果没有资本,场域只是一个空洞的网络结构空间,因而也没有任何意义。在整个社会文化场域中,可以把翻译看成一种文化资本,因为它是社会场域竞争中不同社会行为者争夺的目标,对某类翻译作品的累积,会引起某个社会场域结构的重大变革或者重构。而翻译涉及的诸多因素,如语言、原作、原作家、译作、翻译行为者、社会语境等也体现出文化资本的特征。

二、翻译的身体化特征

身体化资本主要是就行为者的品位、气质等性情而言的。这种资本的获取是一个积累的过程,需要行为者在长期的生活中对文化、教育和修养进行有意识或无意识的积累。这一过程包含了行为者内化和外化的行为,这种资本具体化和实体化的过程非常漫长,而且必须由行为者亲力亲为才能完成。对这种身体化资本的投资主要包括两个方面:一是时间的投入;二是社会建构性的投入。

社会行为者需要投入大量的时间去获取在社会场域中所必需的技能、知识、文凭、证书、文化经历、礼仪、气质、性情等。因此，富裕家庭的父母总是想方设法让孩子在家庭和学校中多接受教育，他们并不急于将孩子推向社会参加工作，而且会尽可能提供机会让孩子接受最好的教育，进入师资力量雄厚、教学质量良好的中小学，以便考取国内乃至世界有名的高校。另外，他们也尽可能创造机会让子女到世界各地进行文化考察，增加孩子的阅历，扩展他们的知识面，加深他们对世界的了解。所有这些行为都需要家庭为行为者提供充足的时间，这样子女才能更好地对自己所积累的资本进行内化或者外化，最终获取较多的身体化资本，形成行为者特有的性情倾向性系统——习惯。社会建构性投入的内容包括社会认可的各种技能、文凭、气质、性情等，要想拥有这些品质，有条件的家庭会为孩子提供良好的中小学教育和游历等。需要说明的是，在社会建构性的投入过程中，行为者需要忍受某种匮乏、痛苦和牺牲。

翻译作为文化资本的身体化特征主要体现在译者身上。作为翻译行为的主要执行者，译者所具有的语言能力、学识、对世界的认知、审美情趣等文化资本也具有身体化特征，这些身体化特征对译者特有习惯的形成有至关重要的影响。一般来说，在翻译界著名的、有重大影响译作产出的翻译家比不知名的译者拥有更多的身体化文化资本，除了这些知名翻译家本身所具有的不容置疑的“语言天分”以外，他们身体化的文化资本的获取一定经历了一个长期的积累和艰苦的社会性建构过程。因此从某种角度来说，我们并不能一味地认定不知名的译者不具有和知名译者同样的语言能力，在“语言天分”大致相同的情况下，无名译者所缺乏的是知名译者所拥有的家庭背景、教育背景、社会背景及个人对文化资本的积累。

三、翻译的客观化特征

客观化资本主要是从美学角度而言的，指的是一种物化的文化财产，表现为一定的文化商品形式，如图书、艺术作品、工具及建筑物等，主要通过客观形式的物质来进行传递，或者说，客观化文化资本的传递必须以客体的存在为前提。当然这些客观化资本本身具有固有的价值，但是其价值的体现主要取决于消费者的审美能力。这种客观化的文化资本在翻译中主要体现在文本上，包括原作与译作。除了原作和译作本身所固有的价值外，它们的价值和意义的大小主要体现在两个方面：一是原作如何被挑选为翻译的对象，获得翻译的资格；二是译作采用何种表现形式，获得其生存的空间。如果一个文本被越多的目标语选中为翻译的对象，那么这个文本就拥有越多的文化资本，反之越少。一般来说，原作具有经典性特征或者能够满足译入语社会主流期待，则比较容易被挑选为翻译的对象，获得较多的文化资本。对于译作而言，在下列情况下，作品比较容易被译入语社会的读者所接受，拥有较多的客观化资本：①作品是对经典作品的翻译；②作品由著名翻译家翻译；③作品再现了原文的内容和风格；④作品对译入语社会产生了较大的影响。

无论原作还是译作，其客观化资本的多少是由它们在译入语社会中被消费的情况所决定的。在译入语社会中越受欢迎，其所拥有的客观化资本就越多。这种资本的多少最终要靠读者的阅读和认可得以体现。因此，译作不仅是译者的产品，而且是译者和译文读者共同作用的结果。书本或者其他的物质形式只是译作的物质存在方式，并不能代表译作本身，书本只是一种固定译作的方式。译作意义的真正实现必须要有译文读者的参与，取决于译文读者的意向性重构。如果没有译文读者的存在，译作就会丢失自身最基本的性质而变成一般的物质性存在，变成一堆废纸。因此，没有被阅读的译作只是一个“潜在性存在”，或者说是一种可能的存在。只有被译文读者阅读过，译作才能被具体化，实现其真正的存在。一般来说，译者翻译一部作品的目的就是让它拥有更多的读者，得到译文读者的认可，否则作品的意义就没有得到具体化，仍然处于一种睡眠状态或寂静之中。在译者、译作及译文读者这个三角关系中，译文读者并不是一个被动接受的部分，而是一个构成历史的积极要素。没有译文读者参与的译作，其历史生命是不可想象的，一部上乘译作一定充分考虑了译文读者的感受。译作价值和意义的实现主要是由译文读者的认可程度来决定的。译作拥有越多的读者群体，译作的价值就越高，所获得的客观化资本就越多，反之，译作的价值相对较小，翻译所获得的客观化资本也较少。因为任何对文本的评价都是以阅读为前提的，而文本被阅读之后才能激活其潜在的价值和意义。

第三节　翻译能力培养中的人文素养

一、人文素养培育概述

“人文素养”要求对大学生进行全方位的教育，使受教育者成为既有人格，又有学问的“全人”，而不仅是一个“专业”人才。所谓“人文素养培育”是在教育中加入“人文知识”的课程，是“以文史哲教育为核心的基础教育”，旨在培养大学生的批判性思维和创新能力，更重要的是使大学生成为身心健康、知识渊博、德才兼备的真正人才。换言之，人文素养培育就是对所有的大学学习者进行普遍的基础性学科教育，包括语言、文化、文学、历史、科学知识的传授，个性品质和公民意识的训练等不直接服务于专业教育的人所共需的一些实际能力的培养。人文素养培育有以下特征：首先，人文素养培育是相对于专业教育而言的，它为学习者接受专业教育打下坚实的基础，对学习者进行学习方法和思维方式的训练，使学习者具有自我学习和自我提高的能力；其次，人文素养培育致力于人格的完善，促进个人发展，并使个人得到和谐发展。

人文素养培育在国外和国内均有悠久的历史，古希腊的亚里士多德、我国春秋时代的孔子都提倡教育内容的多元化。公元前 5 世纪和公元前 4 世纪雅典的教育包含 7 门学科：语法、修辞、逻辑（论辩）、算术、几何，天文、音乐。到文艺复兴时期，为反对宗教和封建势力对教育的支配，素质教育进一步兴起。意大利学者弗吉里奥在率先阐述人文主义教育的同时，主张施行“博雅教育”，提倡包括人文学科和自然知识等多方面的教学内容，使受教育者兼获德行与智慧，以唤起和发展人的多种才能。特别是近代以后的西方大学受到市场的驱使，越来越注重专业化。随着时间的流逝，西方一些思想家看到了注重专业教育给人的全面发展带来的不利影响，卢梭、康德、洪堡等人开始意识到人文主义教育的重要性。例如，在19世纪，德国教育家洪堡以新人文主义精神为指导，对德国教育进行了卓有成效的改革，提倡学术自由。20世纪，美国的一些著名大学在专业课堂教学中加入人文教育。20世纪30年代，美国芝加哥大学校长赫钦斯秉承英国教育家纽曼关于大学教育在增强社会的知识氛围、培养国民的公心和净化国民的情趣、提高人际交流的质量等方面的自由教育思想，他捍卫学术自由，对当时盛行美国的实用主义提出批评，反对大学过分专业化。从此，“人文教育”成为西方大学教育的重要理念。科南特认为美国的高等教育过于务实，应该从理论探索方面下些功夫。例如，人文学科应开设文学名著、外国文学、哲学、美术、音乐等课程，社会学科应开设西方思想与制度、美国民主政治、人际关系等课程，科学课程应包括科学概论、数学、物理原理、生物原理等课程。现代的教育应致力于培养“全人”，即善良的人、善良的公民和有用的人。如此一来，大学的培养目标就从单一的、片面的培养目标转向完整的、全面的培养目标，从相互脱节和对立的教育体制转向完整的、统一的教育体制，从割裂的、残缺的知识转向广泛的、全面的教育内容。

我国古代儒家要求学生掌握礼、乐、射、御、书、数六种基本技能，说明早期的大学教育具有我们今天所提倡的素质教育的性质。因为这六种技能涵盖了我们今天所说的“德、智、体、美”的宽泛内容。儒家经典《礼记·学记》中写道：“九年知类通达，强立而不反，谓之大成。”《中庸》中的“博学之，审问之，慎思之，明辨之，笃行之”彰显出人才培养中人格与学问相互渗透的特点，在人格上要知行合一、学思不离，在学问上要博学贯通。自我国大学教育诞生以来，更多具有远见卓识的教育家意识到了“全才教育”的重要性，随着全国高等院校进行大规模的院系调整，将众多的综合性大学改为理工科大学，明显重理工轻文科。尤其是后来随着大学的行政化和社会上的商业气息越发浓烈，我国大学的专业化越来越明显。

鉴于此，不少专业学者开始反思“人文素养培育”的重要性，于是自20世纪90年代起，开始了人文素养培育的大讨论，特别是进入21世纪以来，不少专家学者在大学开展“素质教育”方面基本达成了共识。

21世纪，大学的素质教育之所以再一次成为教育者的共识，就是因为素质教育可以提高学习者素质，完善学习者的人格，陶冶学习者的情操，拓宽学习者的知识面和视野，树立学习者的人文精神，从而使学习者更好地适应社会，更好地为社会服务，有利于整个国家和社会的进步。跟随这一潮流，我国不少从事教育研究或外语教学研究的学者开始呼吁在外语专业教学中重视素质教育。外语专业长期以来格外注重学习者外语技能的培养，却忽视了学习者的人文素质教育，使得外语毕业生“知识少、视野窄、看问题缺乏立场和深度，往往把自己定位为一种翻译或传声的装置”。更有甚者，外语学习者注重了解外语文化而忽略甚至不愿了解母语文化，出现了母语文化“失语”现象。鉴于此，陆全提出在教学中运用对比法、翻译法和分析法等融入中国文化。由于翻译是外语专业课程设置中双语并重的课程，应如刘宓庆所说："翻译教学应尽最大努力适应素质教育和素质教学的要求。"所以，有必要在翻译课堂中有效地纳入"人文素质教育"。正如张云和曾凡桂指出："英语专业本科翻译教学实际上是以基础英语教学和素质教育为基础的、以翻译实务技能训练为重点的一种高级阶段的外语教学。它融语言基础教学、知识教学和技能教学为一体，主要强调如何提高学生的综合职业翻译技能，其目的是为社会培养各领域的翻译人才。"

二、翻译教学中人文素养的培育途径

（一）中国翻译简史拓展翻译学习者的历史知识与文化视野

《高等学校英语专业教学大纲》（以下简称《大纲》）没有对本科教学阶段的翻译史教学做出具体规定，但是在翻译课堂适当增加一点中国翻译简史的知识，不但可以使翻译学习者了解翻译的重要性，从而激发其学习翻译的热情，更重要的是，可以扩宽翻译学习者在文化史、文学史和中外交流史等方面的知识面，从而提高他们的人文素质，拓展他们的文化视野。

刘宓庆指出："没有历史感就不会有真正的现实感。翻译史是人们对翻译历程的认知性历史描写。"本科阶段的中国翻译史只是让翻译学习者对我国历史上的几大翻译高潮有一个大致的了解。不应依靠教师长篇累牍的讲解，而应选择一些著名的翻译家将佛典翻译、明末清初的科技翻译、洋务运动时期的科技翻译的西方意识形态和小说翻译及中华人民共和国成立后的翻译贯穿起来，让学习者分组就某一翻译家每次做 20 分钟左右的口头报告，内容包括该翻译家简单的生平介绍、翻译实践和所提出的翻译理论。每一组做完口头报告后，教师启发学习者思考翻译家所从事的翻译实践和所提出的翻译理论表现了翻译家怎样的动机，产生了怎样的影响，其采取的翻译策略是否与其翻译动机和当时的社会背景及文化思潮有关。

在某一组的学习者简单介绍了某一翻译家所提出的翻译标准后，就可以启发学习者思考这些翻译标准与文化之间的互动关系。例如，在《法句经序》中提到的"善"译和严复提出的"信"，都是"忠实于原文"的意思，而"善"和"信"等字眼实际上包含了我国文化的精髓。在这一过程中就要启发学生思考我国儒家、道家文化中的"善"是一个怎样的概念，佛教中的"善"又是怎样的概念，为何佛经中总是使用"善男子""善女子"这样的称谓？为什么佛典译者会使用"善"译这一表达法，彰显了译者怎样的文化目的？佛教中的"善"、儒家的"善"和道家的"善"有哪些相同之处？又有哪些不同？在我国传统伦理思想中，"信"又是一个怎样的概念？为什么译者要讲求"信"？对翻译有何意义？彰显了译者怎样的责任感？再如，学习者在讲到翻译家傅雷时，会提到"神似"这一概念，而这一概念与我国传统美学概念"神韵"息息相关，那么就要启发学习者如何理解翻译中的"神韵"。通过启发翻译学习者思考和讨论这些问题，能从更深的层次揭示我国语言家提出的翻译标准与我国文化的关系，从而开阔翻译学习者的文化视野，培养他们的思考能力。

（二）翻译选材和翻译操作提升学生的思想道德水平与美学素养

通过介绍各类文体语言的特点、汉英两种语言的对比和分析及各种文体的翻译方法，使学生掌握英汉双语翻译的基本理论，掌握英汉词语、长句及各种文体的翻译技巧和英汉互译的能力。《大纲》指出，专业课程教学是实施全面素质教育的主要途径。专业课程教学不但要提高学生的业务素质，而且要培养他们的思想道德素质、文化素质和心理素质。由此可见，翻译实践教学不应该是机械的语言转换教学，而应该注重培养学生的思想道德素质和心理素质，同时引导他们学会领略语言文字之美。

首先，在翻译实践的选材上，翻译教师可以有意识地选取有关思想、文化及道德等内容且语言相对简单的篇章让翻译学习者进行翻译实践。如某一思想家的介绍、爱国故事、成语典故、特定历史时期的描述、某一民间艺术现象的介绍等，甚至是中英文经典名篇中的选段。为了确切地表达出其中的文化含义，学习者在翻译前一定要认真阅读材料，对这些材料的精读可以提升他们的思想认识，培养其道德情操，有助于树立正确的价值观、人生观和艺术观。此外，在阅读过程中翻译学习者会不由地领略文化和经典的魅力。在具体的翻译操作过程中，为了准确传达原文的意思，翻译学习者就会逼迫自己去查阅资料，这种查阅又会使他们了解到文化的更多知识，可以说是一种“滚雪球式”的学习过程和积累过程。

其次，翻译教师可以在翻译的具体操作教学中带领翻译学习者去欣赏文字表达之美。在这一过程中引导学习者发现原文和目的语的语言文字美，从而提升学习者对美的认识，激发他们对文字和文化的热爱。

（三）培养学生的批判性思维

在专业课程教学中要有意识地训练学生的分析与综合、抽象与概括、多角度分析问题等多种思维能力及发现问题、解决难题等创新能力。在教学中要正确处理语言技能训练和思维能力、创新能力培养的关系，两者不可偏废。在翻译教学过程中，适当分配一些时间进行译文评析和同伴批改译文，可以培养学生的分析和综合能力、发现问题和解决问题的能力，也就是培养学生的批判性思维。所谓批判性思维，就是指“个体对做什么和相信什么做出合理决策的能力”。批判性思维是大学生非常重要的能力之一，是一种不可缺少的探究工具。总之，任何学科都应该培养学习者的批判性思维，使其内化为一种习惯，这也是人文素养培育不可或缺的环节。译文评析和同伴批改译文就是让翻译学习者对现有译文进行评析，指出其译得好的方面，也挑出译得不好的方面，学会辩证地对待一篇译文。

首先是译作欣赏。译作欣赏既是一种审美体验，又能提高翻译学习者的分析能力。在这一环节要引导翻译学习者看译作在保留了原文信息的同时，是否保留了原文的文体特色、意象和意境、用词特色和倾向、叙事方式和表现手法等，还要评述译作是否属于地道的目的语，是否体现了原文的风格。例如，在欣赏英国散文家培根的散文《论读书》中的片段及王佐良的译文时，要启发翻译学习者对照原文和译文进行分析。分析原文的用词和句式特点以及行文的总体风格，然后再分析王佐良译文的用词特点和句式特点及总体风格。学习者便会发现译文用词简洁，读起来抑扬顿挫、朗朗上口，句式结构工整对仗，且充满古色古香的意蕴。通过这样的译文赏析，翻译学习者可以学会文体分析，还可以根据这一译文完善自己的翻译，这是培养学习者批判性思维的手段之一。

一般的译文评析或学习者互相批改在这一环节可以启发翻译学习者作者写作风格、翻译语境等多种因素，来判定不同译文的优劣或自身翻译的得与失，在分析和比较的过程中获取翻译经验。这种融合了学生发现问题、提出问题、分析问题、解决问题的全过程，对培养学生的批判性思维是行之有效的教学策略。因此，译文评析是翻译教学中不可或缺的环节，是培养翻译学习者批判性思维的重要途径。

综上所述，本科阶段的翻译课不能是单纯的技能课，而应继承传统、顺应潮流，将“人文素养”的培育纳入教学的各个环节。而且，翻译课作为中外两种语言并重的课程，完全有能力在翻译史介绍、翻译实践、译作评析等环节拓宽翻译学习者的文化视野、提升翻译学习者的思想和心理素质、增强翻译学习者的美学欣赏能力、培养翻译学习者的批判性思维。当然，除上述几个途径外，还应鼓励翻译学习者在课下多读中英文的文学、哲学、历史等书籍。一方面，提高其中英文能力，从而提高其翻译能力；另一方面，这也是“人文素养”培育的重要自学手段和途径。

第八章　基于翻译能力培养的英语教学

第一节　高校英语教学中翻译能力培养的重要性

一、大学生翻译能力欠缺的主要表现

在大学英语教学中，尽管学生已经学过多年的英语，但是翻译的基本知识和技能都还有所欠缺，翻译能力普遍较低，主要体现在以下三个方面。

（一）缺乏扎实的英语功底，未能透彻理解原文

翻译要求译者对原语"透彻地理解"，再用译语"准确地表达"。正确理解是翻译表达的基础，译语要恰如其分、达意传神，最基本的前提是要能理解原文。要做到这一点，译者需要有较扎实的英语功底。学生由于英语功底欠佳，未能透彻理解原文，导致误译、错译问题较为普遍。

（二）缺乏基本的翻译技能，硬译死译现象严重

所谓硬译或死译，指的是学生在做翻译练习时，即使能够看懂原文，但由于缺乏基本的翻译技能，译文过于拘泥于原文形式，一味追求形式的对等，置翻译效果于不顾，因而译文晦涩难懂，甚至不知所云。

（三）缺乏严肃认真的态度，拼写、语法错误明显

严格来说，要从事翻译工作并成为一名合格的翻译工作者，译者必须具备一定的条件和素质。特别是在全球化不断深化的今天，翻译更是涉外工作的重要环节。为了更好地促进同世界各国人民的友好往来，吸收国外的先进科学技术和文化财富以及外国企业成功的管理经验，高质量、高水平的翻译工作是必不可少的。翻译工作质量的好坏、水平的高低，将直接影响对外交流的方方面面。因此，一名称职的翻译工作者除了需要具备扎实的英语功底和掌握基本的翻译技能外，还应该树立严肃认真的工作态度。翻译是一件看似简单轻松，实际复杂艰苦的工作。鲁迅曾就翻译说过这样一番话："极平常的预想，也往往会给实践打破。我向来总以为翻译比创作容易，因为至少无须构思。但真正地搞翻译，就会遇到困难，譬如：某一个名词或动词，写不出来时，创作的时候可以回避，翻译上却不成，也还得想，一直弄到头昏眼花，好像在脑子里摸一个急于要开箱的钥匙一样。"这种焦虑和辛苦表明翻译绝不是

一项轻松的工作，要完成这样的工作，必须要有刻苦精神和认真的态度。在翻译中疏懒，不愿勤查字典，不愿深究问题、望文生义、避生就熟、随意删减，轻者会闹出笑话，重者会导致重大损失。

尽管这些要求主要是针对专业翻译人员而言的，对非英语专业的大学生并不一定适用，但笔者在教学中发现，不少学生在做翻译练习时，极其缺乏严肃认真的态度，作业中存在不少显而易见的错误或问题，如常用单词的拼写、标点符号的使用、基本语法的运用等方面的错误或问题。这反映了学生在翻译过程中，缺乏严肃认真的态度，对明显的错误或问题都不愿去思考、检查和校对，就马马虎虎完事，草草交差了事。尽管非英语专业的大学生毕业后不一定从事翻译工作，但树立和培养严肃认真的工作态度，对他们其他方面的学习和今后的人生和工作都是极其重要的。

二、翻译能力在大学英语教学中的重要性

在大学英语教学中，适当加强翻译教学是十分重要的，主要原因如下。

（一）能激发学生学习英语的兴趣

当今的英语教学，由于受到交际法的过度影响，课堂教学都主张采用全英文式教学，课文的难句不是先讲解然后翻译成汉语，而是采用释义的方法，单词、短语的解释也力求使用英文定义。这种做法对于多数非英语专业的学生来讲在理解上有一定的困难，况且英语中存在大量的谚语、成语、俚语、俗语等，很难用学生可理解的英语解释清楚，久而久之则无法激发学生的学习兴趣和热情。因此，在教学中，恰当应用翻译方法，抓住英汉对比分析要点，教授学生理解和表达的技能，可以加强正迁移，克服负迁移，不但有利于学生学会地道的英语，提高学生的思维能力，而且能巩固所学的语言知识，循序渐进，从而激发学生进一步学习英语的兴趣。

（二）能加强学生对词汇的理解和记忆

英语的词汇很多，意义也不少，习惯用法、典故等一时很难记住，通过翻译能再现词汇的意义，将词的意义再次反馈到大脑，从而帮助记忆。另外，为了尽可能准确地翻译原文，学生要在理解的基础上进行选词，并要对一些近义词进行比较、筛选。在这个过程中，学生无疑会接触到大量的词汇，从而扩大他们的词汇量，同时加深他们对词汇的正确理解。从这个意义上讲，翻译练习与精读、泛读等教学环节具有一定的互补性。

（三）能加深学生对原文的理解

翻译以阅读为基础，它与阅读能力密切相关，都要求掌握一定的语法知识和词汇量。二者不同的是，翻译要求理解准确，通过翻译表达的反作用，加深学生对原文的理解，达到完全吸收消化的程度。一篇英语原文，仅凭看几遍，便想透彻理解是不可能的。英语的句子结构繁杂，词汇内涵丰富，在做翻译练习时，学生首先要对翻译的对象进行分析，语法分析是翻译

过程中极其重要的一个步骤。分析正确，才有可能理解正确。就是这个分析的过程，能进一步加强学生对英语，当然也包括汉语语法知识的理解和应用，巩固和增强学生的语法知识和分析能力，从而更加深入透彻地理解原文。

（四）能培养学生的语言表达和修辞能力

就翻译而言，不仅要具有对英语的正确理解能力，还必须具有用母语准确表达的能力，才能翻译出准确、通顺、得体的译文。在翻译练习中，通过对翻译对象的分析和深思熟虑，通过对母语与英语的对比分析，能使学生对语言的内部结构、表达形式产生更深刻的印象，在语形和语义之间建立一种默契，使他们对语言的表达方式从初级应用发展到理性认识。这种发展过程的结果是大大提高了学生的语言表达能力，提高了学生的内涵素质。另外，在翻译过程中，学生一方面要理解翻译对象的语境、语义和语言风格，另一方面要在理解的基础上，选择表意最准确、最恰当的语言表达形式。要实现这一目标，关键在于学生的修辞能力。翻译练习恰恰可以锻炼和培养学生的修辞能力。

总之，翻译是语言的基本功之一，是大学英语教学中不可或缺的重要组成部分。如果大学英语教师能将翻译技能的培养作为其授课内容的有机环节，就可以全面培养学生英语的五项基本技能，为学生更好地适应社会需求奠定良好的基础。

第二节　高校英语学习者的学习现状分析

一、大学英语基础阶段结束时学生的英语学习能力普遍偏低

大学英语基础阶段通常是指四个学期的大学英语学习，即从一级到四级的学习过程。在这一阶段，大学英语教学的目的是使学生具有较强的阅读能力和一定的听、说、写、译能力。但是现行的大型考试多数题目是多项选择的形式，不利于学生语言技能的全面发展。受考试制度和考试形式的影响，许多院校片面注重考试成绩，把精力放在教给学生尽可能多的应试策略和方法上，忽略了学生的英语应用能力的培养，从而出现了一些普遍存在于各高校大学英语教学中的问题。

经过两年的大学英语学习，学生的英语能力有了一定的提高，也有许多学生通过了四级甚至是六级考试，但是多数学生的综合语言能力不高，主要表现在以下几个方面。①听力理解能力达不到要求，《大学英语教学大纲》要求“能听懂语速为每分钟 130～150 词的简短会话、谈话、报道和讲座，掌握其中心大意，抓住要点和中心细节，领会讲话者的观点和态度”。相当多的学生听不懂谈话的大意，更无从掌握细节、领会讲话者的观点和态度。许多学生对自己的听力理解能力也很不满意。②阅读能力是很多学生所认为的强项，而且多数学生认为目前的大学英语教学有利于阅读能力的培养，但学生的阅读能力分布很不均衡，对于难度

适中的文章基本上能掌握中心大意和主要事实，但是对细节的领悟能力、上下文判断推理能力等还很欠缺，需要进一步加强阅读技巧的训练。③学生的翻译能力是亟待提高的一个方面。通过对学生的翻译练习的批改和分析，发现学生的译文中存在的问题很多，在汉译英中有理解错误、拼写错误、语法错误、措辞错误等。另外，学生的英译汉练习显示，学生的中文表达能力也有待提高。④在写作方面，总体来说，大部分学生能在规定的时间内写出符合要求的长度的作文，但是在具体的语言表达上同样存在各种各样的错误。⑤完成基础阶段。大学英语学习的大学生的口语能力也不容乐观，这一现象与大学英语的教学形式和考试形式都有密切的关系。有统计数据表明，目前大学生的口语能力普遍较弱，达到较高的口语水平的大学生占比很低，所以在今后的教学中加强口语训练是刻不容缓的事情。

以上信息表明，在大学英语基础阶段的学习完成时，多数学生也许顺利通过了考试，但是英语的综合能力却没有达到相应的水平。许多学生可以勉强应付考试，但是让他们真的去写、去译，就会出现种种问题。

以上问题产生的原因是错综复杂的，涉及教师的教学方法、学生的个人因素以及英语学习的考核方式等各个方面，概括起来大致有以下几点。

（一）听说训练环境的营造

在听说训练方面，多数英语教师十分重视课堂上英语听说环境的营造，包括用英语授课、单设听力课程以锻炼学生的听力理解能力等。但是课堂上的时间毕竟是有限的，学生在课后往往容易忽略听说能力的训练，而且一些希望练习听说能力的学生也找不到有效的途径和方法，如果教师没有在这一方面加以指导，就会导致学生的听说能力较弱。阅读和写作通常是教师和学生投入大量精力的训练项目，但是所用的阅读材料种类比较有限，而且针对阅读材料所提出的问题也是固定的几种类型，选择正确答案有规律可循；写作练习也大多是用所给出的材料，通过套用固定的段落甚至句型成文。久而久之，学生的阅读和写作形成了类似于“条件反射”的方法，停留在固定的层面上，阅读理解能力的提高受到限制，写出的作文也显得枯燥单调，缺乏灵活性和新意。

（二）学生的个人因素

首先，学生的学习动机和学习兴趣直接影响学生在课外投入英语学习的时间和精力。对英语学习兴趣较浓的学生会主动寻找或创造听说能力、阅读与写作训练的机会，并借阅或购买阅读材料、写作指导材料或录制听说练习材料等。其次，学生的性格与对待听说训练的态度对听说能力也有很大的影响，外向与偏外向的性格有利于学生听说能力的训练和提高，而内向与偏内向性格的学生的学习主动性及听说能力普遍较差。最后，学生的学习观念和学习策略方法的千差万别也是不同学习者英语学习效果不同的重要原因。

（三）现行的英语考核方式

现行的英语考核方式也存在着一些问题。例如：阅读和写作的程式化容易使学生的思维形成定式，从而使英语学习受到局限；口语测试在某种程度上还没有得到足够的重视且多数考试不包括口语测试，这势必会影响学生练习口语的积极性和效果；缺乏对英语学习过程的考核，使学生把注意力放在试题的训练和准备上，虽然做大量的试题，但在英语运用能力的培养上却收效甚微。

由以上分析可见，大学英语基础阶段结束时学生的各方面能力存在不同程度的欠缺，教师应该从这些问题出发，寻求提高学生英语综合运用能力的策略，并把这些策略运用于日常的大学英语教学与指导中。

二、大学生英语学习中的僵化现象比较突出

英语学习中的僵化现象是指英语学习达到一定的程度之后不再像学习的初级阶段那样稳步前进，而是处于一种仿佛停滞不前的徘徊状态。僵化现象是外语学习过程中一个极其普遍的问题，也是一个亟待解决却又难以解决的问题。

引起英语学习的僵化现象的原因错综复杂，曾经有多位研究者就这一现象给出了各种理论上的解释。结合研究者的关于僵化现象原因的理论和学生在英语学习过程中的实际情况，可以把学生英语学习中出现僵化现象的原因归纳为以下几点。

（一）认知因素

首先，多数学生学习英语的方式是接受学校教育，教师的课堂教学在很大程度上会影响学生的英语水平。所以，要克服僵化，教师应努力提高学生对自己授课的满意度。其次，学生方面也存在课堂英语学习方式欠佳，课后英语学习习惯不好的现象。许多学生存在观念上的错误，认为学习英语就是背单词、做习题，因此出现了学习方法上的失误。所以，教师应对学生学习英语的理念和方法给予指导，使学生学习英语的方法更得当、效率更高。

（二）情感因素

近年来的研究表明，情感因素可能比认知因素对外语习得水平的影响更大。在所有的情感因素中，兴趣和目的是值得高度重视的两大因素，目前的情况是，很多学生对英语学习没有或缺乏浓厚的兴趣，还有相当一部分学生学习英语只是为了通过考试或迫于将来工作的需要。从实质上讲，这都属于被动地学习英语，而学习的被动性是产生学习僵化现象的又一重要原因。

几种影响英语学习的因素中，多数学生认为自己、兴趣、环境和学习方法的重要性大于教师、个人性格、教材等因素。由此可以表明，多数学生认为影响英语学习的关键因素在于学习者个人而并非教师，学习者对英语的兴趣、英语学习环境以及正确的学习方法等都是不可忽视的重要因素。部分学生不良的学习习惯和不恰当的学习方法进一步阐明了僵化现象发生的重要原因，即学习者的个人差异与英语学习中僵化现象的出现有直接关系。

许多学生认为他们学习英语的时间太少是引发英语学习僵化现象的首要原因，其次是外语环境欠佳和个人学习方法欠妥。大学英语课时通常是每周四节，要求掌握的内容却很多，包括精读、泛读、听力等，而教师往往只侧重精读，听的时间太少、条件较差，而说的机会

就更少。英语学习的氛围也不够好，学习英语只是课堂上的事情，课外几乎没有交流的机会。学生不了解正确、高效的英语学习方法，教师也往往只注重对知识技能的传授，忽视了对正确的学习方法的介绍和引导。而且多数学生大学阶段的学习兴趣在专业上，对英语则仅限于过关过级，因此缺乏学习英语的自觉性和积极性，也不注重能力的培养。

造成英语学习产生僵化现象的各种因素相互交织、相互影响，导致了僵化的形成和持续。而要解决这一问题，需要教师到学生全方位的努力。从教师的角度来看，应不断更新知识，进一步提高自身素质，充分利用课堂时间，提高上课的效率，探索新的课堂模式，努力激发学生学习英语的兴趣，在传授知识技能的同时要对学生进行正确有效的学习方法的介绍和引导。从学生的角度来看，首先要改变英语学习的观念和态度，不再将考试过关或谋取职业作为英语学习的目标，变被动学习为积极主动学习，并有意识地随时改进和调整自己的学习方法，注重英语综合能力的训练，充分利用课堂时间并有计划地安排自己的课外英语学习和练习，积极参加各类英语活动，使英语学习达到理想的效果。

第三节　影响高校英语教学和学习效果的因素

一、教师因素

自改革开放以来，我国大学英语教学经历了恢复、发展和提高三个阶段。20 世纪 70 年代末至 80 年代中期，由于我国大规模外语教育的开展，造成了语言技能较全面的大学英语教师的短缺，有不少非英语专业毕业者走上大学英语的讲台。因此，这一阶段的英语教学大纲没有对人学英语教学提出过高的目标，主要培养学生的阅读能力。所以，大部分大学毕业生在英语方面除了听、说与写作能力较差外，阅读也仅限于对付一般文献。

20 世纪 80 年代中后期到 90 年代中期，大量经过正规语言技能训练的英语专业毕业生加入大学英语教师的队伍，使大学英语教学实现了迅速发展。也正是在这个时期，形势的发展对高校的毕业生提出了更高的要求。但是，多数高校的大学英语教学仍然以阅读为主，忽略了听、说、读、写、译综合运用能力的培养。全国大学英语四、六级考试也对大学英语教学产生了巨大的影响，造成了大面积的应试教学。多数学生擅长应付各类书面考试，甚至得分很高，却缺乏有效运用英语的能力，使大学英语教学与学习虽然费时耗力却不能满足社会发展的需要。

（一）大学英语教学理念

在大学英语教学领域，存在多种教学理念，比较流行的是交际教学原则，包括“听说领先，读写跟上”“精讲多练”“以学生为中心”等。近些年来，我国大学英语教学界的一些专家和学者开始推广“以学生为中心，以教师为主导”的教学模式。但是在这些理念得到普遍认可的同时，许多高校的大学英语教学由于受到一些因素的制约，仍然沿袭传统的以精读课教学为主、泛读听力为辅的教学模式。

听说领先、读写跟上、精讲多练、以学生的语言运用为主、以教师的语言输入为辅，这些理念能够体现语言学习规律，符合交际教学法的要求，是大学英语教学过程中首选的基本原则。

听说领先并非否定读写的重要性，也不会像有些人担心的那样，强调听说就会出现“文盲英语”。从我国的英语教学条件来看，学生做到课后的自主阅读远远比安排口语练习更容易。目前大学英语多媒体教学软件的开发可以帮助学生把听说训练扩展到课外，但课堂上的听说练习仍然具有重要的作用。

多年来，突出阅读教学，忽视听说等技能的大学英语教学理念带来了不少严重的问题，如：教学效率偏低、学生的学习兴趣不高。英语教学应遵循语言教学的规律，以培养学生的语言技能和综合运用能力为目标。

（二）大学英语教学目标

任何阶段的教育目标都是与该阶段的社会、政治和经济的发展分不开的，因此，大学英语教学也与我国的社会、政治和经济的发展息息相关。社会日新月异的发展要求教学目标也要相应地变化，因为教育是为社会服务的。我国经济建设的飞速发展和对外交往的迅速扩展对大学毕业生的英语能力提出了新的要求，特别是我国加入世界贸易组织以后，培养国际化的人才不仅是传统外语教学的延续与扩大，还要改变培养目标、教育机制与教学环节等各个方面。

以培养学生的读、写能力为主，容易导致语言能力发展的不平衡，所以这种目标定位是与社会发展的需求不相适应的。我们在确定大学英语教学目标时应牢记一点，即英语作为语言，学习它是力求充分发挥其实际工具作用，以达到熟练地运用英语进行交流的目的。多数研究大学英语教学的专家及大学英语教师都认为大学英语的培养目标应该是全面培养学生的听、说、读、写、译等各个方面的能力，使学生的各项语言技能得到比较均衡的发展。

（三）大学英语教师的教学兴趣

影响教学效果的因素除了教学模式、教学方法、教学策略之外，还包括教师对教学的兴趣，这与教师的个人素质有关，也是关系到整个大学英语教学改革成败的重要因素。如果教师对大学英语教学没有兴趣或者是兴趣不大，教学改革肯定会难以实施。教师对大学英语教学的兴趣大小受多方面因素的影响，如课时压力、生源的优劣、课时酬劳的高低、学校的考核奖惩制度、科研压力及生活中的一些现实问题等，都会对教师的教学兴趣产生影响。学校应该从这些因素出发，考虑提高教师教学兴趣的途径，以便使大学英语教师对教学的兴趣得到进一步的提高，从而使教师的教学态度对大学英语教学改革产生积极的影响。

二、学生因素

曾经有很长一段时期，大学英语教学研究的重点集中在寻求最佳的教学途径上，许多教学方法不断涌现，如20世纪50年代出现了视听法（也叫听说法），20世纪70年代出现了认知法、交际法，后来又陆续出现了沉默法、全身反应法等。但是，有了如此多的教学方法，大学英语学习的效率却没有明显的提高。基于此，研究大学英语教学的专家学者及从事大学英语教学工作的教师逐渐意识到一个重要的问题，即教学方法只是学习的外部因素，而在很大程度上起决定作用的是大学英语学习者的内部因素。于是大学英语教学研究的重点也从“如何教”逐渐转移到“如何学”，从研究“教师”和“教学”逐渐转移到研究“学生”和“学习”。

在这样的背景下，有关大学英语学习者的“个体差异”的各类研究相继出现，旨在解决的中心问题是：在同样的语言学习环境中，为什么总是有一些学习者比另外一些学习者的学习效果更好，而且总是不可避免地出现大学英语学习的失败者？成功的语言学习者究竟有哪些特点？这些特点能否推广运用在其他的学习者身上？

经过多年的研究，大部分研究者认为引起个体差异的重要因素包括年龄、智力、语言学能、认知风格、个性特征、学习动机、学习观念和学习策略等。这些学习者自身的因素又可分为两类：一类是可控因素，指通过学生自身的努力可以改变的因素，如学习动机、学习观念、学习策略等；另一类是不可控因素，指那些依靠学生自身的努力无法改变的因素，如智力、学生以往的英语水平等。研究个体差异中的可控因素，如学习者采用什么样的学习策略、具有哪一类的学习动机、如何看待自己、能否控制自己、如何归咎自己成功和失败的原因等，才是真正关注学习者的个体差异和他们的变化，才真正具有实用性。

（一）大学生的语言学习观念

语言学习观念就是学习者对语言学习所持有的看法。语言学习观念的特征可以概括为以下几点。

1. 稳定性

语言学习观念同其他长时记忆的知识一样是学习者知识储备体系的一部分。

2. 可描述性

学习者可以在仔细回忆或得到提示后描述他们的语言学习观念。

3. 易错性

学习者持有的观念并非都是正确的，有些观念来自他们的老师、同学或家人，有些则可能来自他们以往的学习经历。

4. 交互性

观念是影响学习成果的四个交互作用的因素之一，例如，它会影响学习者学习策略的选择。

迄今为止，对语言学习观念的分类由于角度不同而有所不同。有学者将其归纳为元认知和动机两类基本观念。元认知观念指学习者对第二语言学习的元认知知识，包括学习者对自己作为第二语言学习者的认识（如他们的语言水平、学能、学习风格和个性等），对第二语言学习任务的认识（语言学习的性质和难度）及对如何学好第二语言的认识（对学习策略的认识)。动机观念则指学习者在第二语言学习动机方面的观念，包括三个动机要素：①学习者对自己第二语言学习能力的认识和对学习任务的结果和难度的期望值；②学习者对第二语言学习的目标和对学习任务的重要性、作用和兴趣的认识；③学习者对语言学习的情感反应。

（二）大学生的语言学习策略

学习策略从广义上讲，泛指学习者为了促进学习而采取的一切行为。具体来说，学习策略是学生采取的技巧、方法或者刻意的行动，其目的是增强学习效果和易于回忆语言的形式及内容。学习策略是有助于学习者自我建构的语言学习系统发展的策略，能直接影响语言的发展。学习策略始终被认为是学习者成功与否的重要因素之一。

1. 学习策略与语言水平相关性研究

20 世纪 70 年代以来，众多的研究者对学习策略从不同的角度进行了研究，最终目的都是实用。无论是研究者还是教师，都期望找出行之有效的学习策略，进而帮助学生掌握更具成效的学习方法。

早期的策略研究主要集中在语言学习成功者的身上。自主把握练习机会、控制情感、系统地学习语言等一系列学习策略被研究者视为语言学习成功者所共有的策略特征。

然而，随着研究的深入，人们逐渐发现，所谓“好的学习策略”并不一定带来好的学习效果，因此对单纯研究语言学习成功者的研究产生了质疑。为解决这一问题，一些研究者将注意力转向了考察策略运用与语言水平的关系上。研究结果表明，虽然在具体策略的水平上，学生的语言学习成绩与个别策略的使用情况显示出一定的相关性，但是在总的策略水平上，学生的成绩与三类策略（课堂行为、自学行为与交际行为）使用的情况均无明显的关系。同时，研究发现，不同的学习者在相同策略的使用上存在显著的差异。

英语学习成功者和非成功者所使用的策略类型并无显著的差异，但成功者对于使用学习策略的目的明确，善于根据自身的特点选择和调整学习策略以适应学习任务的需要，而非成功者在策略的选择和使用上具有一定程度的盲目性和非系统性。简而言之，英语学习成功者与非成功者的区别仅仅表现在选择和使用学习策略的灵活性及适当性上。这一发现显然向认为英语学习成功者在学习策略使用的频度和广度上都高于非成功者的传统观念提出了挑战。

另有研究表明，在学习策略中有一部分被语言学习成功者频繁采纳，而这一部分策略具有一个共同特征，即学习者能主动运用所学习的语言。研究者在总结了不同环境下对策略的运用及对语言水平关系进行的种种研究之后再次确认：通常情况下，英语学习成功者比非成功者更频繁地运用更多种类的学习策略。

2. 大学英语学习者语言学习策略使用现状

大学英语学习者所使用的语言学习策略通常包括情感策略、补偿策略、记忆策略、认知策略、元认知策略和社会策略。

使用频率最高的是情感策略，这与大学生及中小学生的学习模式有密切关系。在中小学阶段,学生的学习基本是在教师的指导下进行的。所以一旦遇到学习或情感上的挫折,他们总是能够很快地从教师或家人那里得到帮助,使焦虑得以疏解。因此在这个阶段,与情感策略比较而言,与学习过程直接相关的策略,如认知策略等,对学生的学习效果显示出更直接、更重大的影响。当进入大学阶段的学习之后,学生对家人及教师的依赖性逐渐减弱,他们必须学会独立解决生活和学习中的各种问题。此时,对学生的情感起调控作用的情感策略的重要性就凸显出来。善于调控自己的情绪、保持平稳的心情去迎接生活和学习中的困难的学生更可能在学习中取得好的学习效果。

补偿策略的使用频率居于情感策略之后,是使用较频繁的学习策略之一。补偿策略能帮助学习者在知识结构不完整(特别是语法和词汇知识不足)的情况下理解和运用所学语言。

记忆策略是次于情感策略和补偿策略而被学生广泛采用的学习策略,这就印证了“中国学生倾向于使用记忆策略”这一传统观念。记忆策略用于对所学知识进行记忆和储存,如利用同根词、同义词或反义词来记忆单词、有规律地反复温习等。

认知策略是学习策略中的重要组成部分,如课外收听英语广播、观看英语电视或电影、写作时有意识地运用所学的新单词、积极参加英语角或英语沙龙等。尽管认知策略涉及的内容多种多样,但所有的认知策略都具有一个共同的功能,即学习者对于所学语言的掌握和转化。

元认知策略具有管理和调整学习过程的作用,能帮助学习者更好地协调自身学习。

社会策略的正确使用也很重要,因为讲语言是一种社会行为,是人与人之间的一种交流,所以学习语言不可避免地要与人产生方方面面的联系,这就要求在语言学习中运用社会策略。例如,课外用英语与同学和老师对话,体现人与人之间的合作,即发扬团队精神,有助于提高学习者的自信心和学习兴趣,在互相鼓励中获得更大的学习动力,在交流中得到更多的练习机会并及时获得关于错误的信息反馈。再如,学习英语国家的文化背景来辅助英语学习,能帮助学习者更好地理解他国文化,增强英语学习的效果。

第四节　高校英语教学中的跨文化交际能力培养

一、跨文化交际能力相关概念综述

跨文化交际能力是跨文化交际中非常重要的概念,而且跨文化交际能力是在交际能力的基础上所进行的扩展。研究跨文化交际能力的文化间性问题时,首要的任务是通过对文化的概念、交际能力、跨文化交际能力三个方面的文献进行梳理,对这三个概念进行明确的界定。

（一）文化的概念

在学术界，对于文化概念的界定是十分丰富的，各种人文学科如人类学、社会学、哲学、语言学等都曾根据自己的学科视角对文化的概念进行界定。英文单词“culture”最开始的含义为耕种、栽培，后来逐渐演变为对人的性情和品德的培养。在 1871 出版的《原始文化》一书中，英国人类学家对文化做出如下定义：文化是一个复杂的综合体，包括知识、艺术、宗教、神话、法律、风俗以及人类在社会里所得到的一切能力与习惯。美国有学者认为生活中的各个方面都体现着文化，文化包含着特定民族或社会的行为、观念和态度。德国生物学家格伦认为文化是用于弥补人类先天性不足的，是人的第二自然。我国学者梁漱溟在《东西文化及其哲学》中将文化概括为精神生活、社会生活和物质生活三个层面。

（二）交际能力

20 世纪 70 年代，美国人类学家海姆斯在他的论文《论交际能力》中首先提出了“交际能力”的概念。海姆斯将“交际能力”界定为对语言的使用能力，主要包括语法性、可行性、得体性、现实性四个方面的内容。海姆斯提出的交际能力理论的范畴比乔姆斯基提出的语言能力的范畴大得多。乔姆斯基并不关注语言在具体环境中的运用，只关注比语言抽象的语法。我国学者胡文仲认为交际能力可以分为语言能力和社会语言能力。束定芳、庄智象指出，交际能力体现为交际的主体采用各种语言和非语言手段达到最终目的的能力。综合以上学者的观点，交际能力指的是根据不同情境对语言得体使用的能力，包含语言能力、社会语言能力、语篇能力、策略能力等诸多能力。

（三）跨文化交际能力

跨文化交际能力的研究一直是个复杂的问题，诸多学者已经对其探索了半个多世纪。尤其在概念问题上，对于跨文化交际能力和跨文化能力是否等同一直存在很大争议。综合来看，主流观点大致分为三类：第一类观点认为二者的概念是等同的，推崇这种观点的人认为二者并无差别。我国学者杨盈和庄恩平认为：“将二者的概念对等能够有效地将我们的观念从语言交际的狭隘视野中解放出来，从而在跨文化交际能力的培养过程中注重语言交际能力的同时，看到跨文化意识、思维能力、非语言交际及交际策略等的重要性。”第二类观点认为前者包含后者，代表人物有拜拉姆和文秋芳。拜拉姆认为跨文化交际能力不仅包括跨文化能力，还包括语言能力、社会语言能力和语篇能力，其中跨文化能力又由知识、态度、技能和批判性文化意识四个维度构成。我国学者文秋芳的观点与拜拉姆不谋而合，她认为跨文化交际能力由两部分构成，一部分是交际能力，包括语言能力、语用能力和变通能力，另一部分是跨文化能力，包括对于文化差异的敏感、对于文化差异的容忍以及处理文化差异的灵活性。最后一类观点认为后者包含前者，将跨文化交际能力视为跨文化能力中的诸多要素之一。

二、文化间性理论的哲学依据

"文化间性"这一概念是主体间性理论在文化领域的延续，主体间性理论的出现，让人们改变了主客体二元对立的思想，强调了主体与主体之间的相互作用、相互沟通和相互理解。所以研究文化间性，首先要明确主体性向主体间性转变的发展过程，以及间性理论的发展过程。

（一）西方哲学主体性向主体间性的转变

自笛卡尔以来，主、客体二元对立的模式对西方哲学的发展产生了重大影响，并在近代西方哲学中达到顶峰。这种主客体分离的局面使人们沦为一架没有灵魂的机器。人的主体性和创造性、人的自由和人格的尊严都被消解于思辨体系中。在认识到这种二元对立和理性独断的弊病之后，西方哲学家对其进行了强烈的批判，并逐渐认识到主体间性这种互为主体的关系对于重建理论基础的重要意义，这一重要转变推动了众多人文学科的发展。

海德格尔、萨特及哈贝马斯等哲学家发现了主体性的弊端并开始探索新的认知模式。"主体间性"这一概念由现象学之父胡塞尔最先提出。他将主体间性视为一种超越传统意义的主体性。他用主体—主体的关系取代了传统的主体—客体关系，即一个人应当把他人当作另外一个主体，而非将其视为客体。这样就会把世界看作一个共享共同体，而非个人的专有世界。海德格尔对主体间性的探讨主要从存在哲学出发，认为传统形而上学的困境与危机在于对存在和存在者的混淆，海德格尔把人称为"此在"，他认为传统哲学总是将"此在"与世界割裂开来，把"此在"看作孤立的自我，实际上"此在"的存在并不是孤立的，而是与其他人一起存在，即"共在"。萨特认为人与人之间的自由是相互依赖的，如果一个人总是把自己当作主体，把他人看作客体，从自己的主观性出发去看待他人，强调自身的主观性和意向性，最终会导致人与人之间的关系成为一种"主奴关系"。哈贝马斯提出在意识哲学转换为语言哲学的过程中，主体间性对于意识哲学与语言哲学之间的转变有深远的影响，主体间性即为人们在语言交往中所形成的精神沟通、道德同情、主体的相互"理解"和"共识"，使我们的意识状态变得多元化，使得先验意识得以回归到现实世界中，并在实践中呈现出来。

（二）间性理论的兴起

随着学术研究的不断深入和发展，间性理论已经逐渐渗透到各个学科领域，所以在探讨文化间性之前，首先要对一些相关的间性概念进行阐述，如文本间性、话语间性等。

文本间性的理论来源应该是主体间性在语言和话语实践中的运用，这一理论的提出能够让人们对文本的内容、作者与读者的关系重新进行思考。文本间性是 1967 年克里斯蒂娃在一篇关于巴赫金的论文中提出的，她指出"符号能指和所指之间关系的任意性表明不存在一个超验性的所指，符号并不具有稳定的指示性，在能指和所指之间建立固定的关系正是统治意识形态维护其统治地位，压制革命或非正统思想的重要方式"。

三、跨文化外语教学的理论建构

语言变化与社会发展同步进行，外语教学作为一门应用型学科必须以社会发展的需要和学习者个人进步的需要为出发点，以帮助学习者适应社会的政治、经济及文化发展为己任。跨文化交际成为当今世界的时代特征，跨文化交际能力成为学习者适应这一时代发展需要的必备能力，跨文化外语教学在这种背景下应运而生。

（一）高校英语跨文化教学理论基础

1. 语言与文化、语言教学与文化教学的关系

语言与文化之间密不可分的关系已经得到广泛认可。传统外语教学的基础学科——语言学，也从单纯的语言形式研究的禁锢中解放出来，衍生出了社会语言学、语用学、心理语言学等分支学科，进行了大量跨学科研究，使语言与思维、社会、文化和交际之间千丝万缕的联系逐渐被认识。任何一种语言的产生和发展都依赖于该语言群体及其赖以生存的社会文化。语言不仅具有表情达意的交际功能，它还是感知和思维的表现系统，前者是语言的外显功能，以语言输入和输出为形式；后者是语言的潜在功能，属于认知心理活动。两方面相辅相成，构成语言使用的全过程。

任何人与人之间的交际都是从个体对外界环境进行选择性的感知开始，这个感知活动受个体的语言、文化和经历的影响。通过各种身体器官感知的结果（视觉、听觉、触觉等）经过大脑活动转换成概念或思想，这两个过程构成语言表达的第一阶段，即输入、内化阶段。要让对方知道自己的思想，还必须借助语言系统外化自己的感知结果和思想，这就是语言使用的外化、输出阶段。

这一过程首先是将已经形成的概念和思想转换成外化的一个新的符号系统。这不是真正意义上的语言学习，在这种情况下，学习者学到的只是一套脱离了原来赖以生存的文化内容的符号系统，学习者只能用它来表达自己本族文化的一些思想内容，却无法将其作为与目的语言群体进行交流的工具，因为离开了该语言所反映的社会文化现实，这一新的符号系统就好像一个没有了血肉的、僵化的躯干，失去了其原有的活力和价值。班尼特将这种熟练掌握了一门外语的语言体系，但是不懂该语言所蕴含的社会文化内容的人戏称为“流利的傻瓜”。他指出，这些“流利的傻瓜”尽管懂得交际对象的语言，但是由于不理解他们的价值观念，所以会陷入各种麻烦之中，不是去冒犯别人，就是感到被别人冒犯，久而久之就可能对交际对象形成负面、消极的看法。

外语学习的目的多种多样，但是就正规的学校外语教学而言，提高学习者的外语交际能力是一个共同的目标。外语交际能力的提高必然要求学习者了解目的语言所反映的文化意义系统，通过将目的文化与本族文化进行对比，调整和修改自己的认知图式和参考框架。只关注语言符号和语言形式，忽视语言使用中的文化内涵的教学显然是毫无意义的，外语教学应该与文化教学有机结合。

文化交际能力这一概念将跨文化交际学和外语教学两门学科联系起来，使两个原本独立的学科开始相互渗透、相互借鉴。外语交际能力作为跨文化交际能力的重要组成部分，逐渐受到跨文化培训人员的重视：文化与语言血肉相连，文化知识的学习和跨文化交际能力的培养理应成为外语教学家族中的成员。

2. 跨文化外语教学是外语教学发展的需要

外语教学是一门极其复杂的应用型学科，涉及学习者的认知心理、教师在不同学科领域的研究成果。而且，由于外语教学的宗旨是为社会和学习者个人发展服务，培养社会发展所需要的人才，所以随着社会的飞速发展，外语教学工作者也应及时更新观念，调整教学大纲和教学方法，以跟上时代发展的步伐，这是外语教学为提高学习者综合素质所作出的贡献。

跨文化外语教学无论从语言与文化的关系和外语教学的需要来看，还是从社会发展的外部环境来看，都是十分必要的。一方面，文化作为外语教学的有机组成部分，为语言学习提供了真实而又丰富多彩的语境，使语言学习与真实的人和事物联系起来，从而调动了学习者学习外语的积极性，增强了他们的学习动机，因此有利于促进外语语言教学，增强教学效果。另一方面，将语言教学与文化教学结合起来符合跨文化交际能力培养的需要，因为不学习目的语言，不通过交际实践，只通过媒体等渠道了解目的文化，只能是一种间接的文化学习，学习者不可能获取跨文化交际的亲身体验，因此很难在情感和行为层面达到跨文化交际能力的要求。在外语教学中进行跨文化培训可谓一箭双雕，既满足了语言学习的需要，又促进了跨文化交际能力的提高，从而充分发挥了外语教学的潜力。

到目前为止，我们的研究还只停留在对跨文化外语教学的必要性和先进性的探讨上。理论说明固然重要，但是跨文化外语教学如何实施的问题具有更实际的意义，如何在大纲和课堂教学中体现跨文化外语教学的思想是教师和学生更加关心的问题。

（二）跨文化外语教学的目标和内容

确定目标和标准是教学计划和教学实践的第一步。跨文化外语教学近20年来在美国和欧洲等国家发展很快，但跨文化外语教学这一术语的使用目前并不统一。这里所指的跨文化外语教学在吸收这些理论思想的基础上，将跨文化外语教学思想又向前推进了一步，形成了具有中国特色的跨文化外语教学框架，确定教学目标、界定教学内容是这一框架的两个重要环节。

跨文化外语教学的总体目标是：提高学习者的外语交际能力（语言文学目标、初级目标）和培养学习者的跨文化外语交际能力（社会人文目标、高级目标）。跨文化外语教学是交际法外语教学的延伸和发展，如果说提高外语交际能力是交际法外语教学的最终目的，那么它只是跨文化外语教学的一部分，是促进外语交际能力培养的一个重要手段。这并不意味着外语交际能力的培养应该附属于跨文化交际能力的培养，是一个次要的教学目标。实际上，在跨文化外语教学中，两个目标的实现同等重要。外语交际能力以目的语言和文化的学习为核心，以语言交际能力和阅读能力的提高为重点，是外语教学实用的语言文学目标。跨文化交际能力的培养作为外语教学的高级目标，是通过进行文化对比，提高跨文化意识，学习普遍文化知识，培养多视角、灵活、立体的思维能力和与不同文化群体进行交际的技能，来发挥外语教学对于学习者个人素质和综合能力培养的潜力，这是外语教学的社会人文目标。虽然在一定程度上，外语交际能力是跨文化交际能力的前提和基础，但是，跨文化交际能力的培养过程，同样可以促进外语交际能力的提高，因此它们之间是一种相辅相成、相互渗透、共同发展的关系。

对外语交际能力的研究经历了一个发展完善的过程，基本上已经形成一套相对稳定、成熟的理论体系，这些理论在外语教学实践中得到了检验和完善。同样，跨文化交际能力作为跨文化交际研究的主要课题之一，也受到了许多研究者的重视，由此可见跨文化交际能力在外语教学和跨文化交际两个学科领域之间所起到的桥梁作用。尽管外语交际能力和跨文化交际能力都已在各自的领域得到了充分的研究，但是跨文化外语教学的目标和内容并非两者的简单相加。由于语言与文化教学的有机结合是跨文化外语教学的本质特征，所以一个相互渗透、融为一体的语言和文化教学框架才是我们追求的目标，语言与文化的有机结合应该从确定教学目标开始，贯穿外语教学的其他环节和整个过程。我们首先从教学目标着手。

英语中用 Goals、Aims 和 Objectives 这三个词来表达不同层次的教学目标。前面已经提到了外语教学的两个目标，即 Goals，这是对教学目标的一个总体、抽象的描述。只有对抽象的目标进行具体分析，才能将其转化为外语教育工作者进行教学设计的依据和参考，这些细化了的目标就是教学目的（Aims）。与这些目的相伴而生的是衡量达到这些目的的标准（Standards）。目的和标准的确定非常重要。一方面，它们是对总体目标的细分，是总体目标实现的衡量标准；另一方面，它们又是对教学具体实施的指导，是确定课堂教学目的（Objectives）和教学活动的基础，同时也是教学评估和测试的基础。这种承上启下的作用决定跨文化外语教学要得到外语教学界的普遍认可，成为一种健全、合理和实用的外语教学法，必须有明确的教学目的和标准。

教学目的和标准的确定基本上属于一种政府行为，一般是由政府教育机构发起，委托数名专家组成项目组进行调查研究，提交报告，最后再由教育部门审定和颁布，并监督实施。如美国 1996 年公布的《21 世纪外语学习标准》，以及各州随后根据这一标准和地区的实际情况所制定的外语教学的目的和标准。这说明教学目的和标准的确定受社会文化和政治经济等客观环境的影响，虽然跨文化外语教学的本质特点适用于任何国家和地区，但是其教学目的和标准以及教学方法在美国和欧洲可能有所不同。同样，在我国的国情下，跨文化外语教学也应该具有自己的特色，不能一味模仿，全盘照搬西方国家的做法。

第九章　全球化语境下高校英语翻译教学探索

第一节　语境的基本理论

语言是一种社会现象、一种社会活动，运用语言总是离不开一定的语境，就像植物生长离不开空气和水一样。因此，学习语言不仅要尽可能多地了解语音、语汇、语法等有关的语言知识，尽可能多地掌握字词的读音和意义，更重要的还要善于依据一定的语境准确理解语言和在特定的语境中恰当使用语言，提高实际运用语言的能力。

一、语境

语境，即语言环境，是指说话时，人所处的状况和状态。在公关语言学上，语言环境主要指语言活动赖以进行的时间、场合、地点等因素，也包括表达、领会的前言后语和上下文。语境主要包括两个方面：一是由语言要素本身所构成的语言情景（也称内部环境）。该语言环境指语言系统内部各语言单位之间的相互关系。它不仅包括文章或话语中的段与段、句与句的关系，还包括一句话里词与词、词组与词组之间的关系。二是由非语言因素构成的社会情景（也称外部环境）。它包括话语交际的具体时间、场合、地点、话题、会话人的身份、会话人之间的关系、会话人流露出来的思想感情乃至会话人的社会文化背景等。语言性环境与非语言性环境有相对的独立性。但是，由于非语言性环境糅合着社会、民族、阶级、社会的因素，所以，它制约着语言性环境。

（一）语境的分类

关于语境的分类，中外语言学家曾有过种种论述。尽管各家对语境分类的看法各不相同，且所用的术语也不尽一致，但总的概念却无大的相悖之处。

根据各家论述，语境可以被定义为：研究具体情景下话语意思的学问，并分为两大类——语言语境和非语言语境。其中，前者是指言语交际过程中某个言语单位在表达某种特定价值时所依赖的上下文，包括语义关系、语法关系、词法关系和句法关系，是言语交际的话题或对言语单位的编码与解码起制约作用的信息；而后者是指言语交际过程中某个言语单位在表达某种特定意义时的各种主客观因素，包括交际参与者（含其性格特征、道德品质、文化程度、知识背景、宗教信仰、社会角色与地位等),交际场合(含时间、地点、物品与事件),交际程度(指正式、较正式或非正式),交际媒体(仿面或口头),交际主题及交际领域,其中一些因素构成了言语交际活动的语用场景,对话语理解起着积极的作用。戴尔·海姆斯在1962年对语境就提出了较完整的理论框架,后来J.哈默将其归纳成语境的五大要素,即背景、交际者、交际目的、交际渠道和话题,人们的语言交际行为都是通过这五大要素来确定词句的。但不少学者倾向于把语境要素分为三大类,即话语本身、言语交际发生的行为环境及场景、共有常识。

(二)语境的三个层面

话语终极输出的本质就是语义的具体表达。语义的正确表达离不开语境框架中语言的逻辑层、交际者的心理层和话语的背景层三个平面。这三层语境对语词、语句、语篇的综合作用,产生了实际交际中的语义。三层平面通过联系的、动态的综合作用构成宏观语境,具体的某一层平面就是微观语境。某一微观语境既可单独对话语产生作用,又可与其他微观语境联合作用,形成大、中、小语境的层层联系。识别话语的语境,就是从这三个最基本的语境平面展开的。

1. 逻辑平面

逻辑层语境平面表现为以下三个方面:①以共有的逻辑思维形式为前提;②建立在语法规范的基础上;③以语词、语句、语篇的组合方式及其前后的逻辑联系为特征。

例如:

A:It's so hot here, could you please open the window?

B:I have something urgent to deal with.

A:OK!Thank you all the same.

"开窗"与"处理紧急的事情"本来毫不相干,但是由于有了共同的逻辑思维联系,即"因果关联"构成的逻辑语境,"处理紧急的事情"就被限定成"不能帮忙开窗"的原因了。在现实生活中,存在着很多看起来并没有直接联系的对话,人们运用此种对话委婉地表达拒绝等心理活动,从而也保全了对话双方的面子。

例如:

A:How are you?

B:I am in bad condition.

在上面的例子中,condition前面有了bad的修饰限定,因此表示"我很不好"的意思。然而,如果没有bad的修饰,句中condition指的是什么,就不得而知了。

语词的逻辑搭配只有在语法规范下才能完成语义理解,这不同于背景平面中的固定习惯搭配。在英语中存在着大量的同音词和多义词,由围绕该词与其他词组合的搭配展开联想,可将其折射出多种不同的词义。所以,如果没有逻辑语境的限制,话语理解将会变得很困难。

2. 心理平面

心理层语境平面表现为以下几个方面：①心态和意图：肯定、否定、模糊三个层次；②情感：喜、恶、怒、思、悲、忧、恐、惊等；③以副语言和语气为显性表现形式，以“言外之意”为隐性表现形式。

人们在心理情感上的共鸣是人的共同属性和基本特征。语言是思维和心理活动的反映，交际中的话语都或多或少镶刻着心理的印迹。平常人们所说的“听话听音”，实际上就是依据心理情感在语言上的表现形式，推测出交际者的心态、情感和动机。两个语句结构一样的句子，因为重读的位置不同，也会表现出两种截然不同的心理状态，即语境意义。如“This is interesting”这句话，如果说成“That is INTERESTING”或“THIS is interesting”则意思大不相同。前者表示说话人确实相信是如此，后者却颇有几分怀疑。如果说成“This IS interesting”便流露出说话人的惊喜之情。可见，话语在反映心理语境方面起着非常重要而微妙的作用。

心理语境一般通过语音、语调、重音、停顿以及话语中的笑声、哭喊、尖叫与低语、呻吟与悲叹、打嗝与打呵欠等多种副语言形式表现出来。副语言或称语言的附加值是表达心理思维的重要手段，它与言语“形影不离”，又是言语行为的重要表现形式。这样可以透过副语言的某些特征，了解到交际者的心态和情感，正确理解话语所反映出的心理语境意义。

3. 背景平面

背景层语境平面表现在两个方面，即场景和社会文化背景。

（1）场景

场景包括特定环境中的共知信息背景，交际时间、地点，交际者性别、年龄、职业、身份等一般背景。

（2）社会文化背景

一个民族共同的生活形式构成了该民族语言的文化大背景，在这种大背景下，交际者双方的许多信息都不言而喻，语言的社会文化背景都无形地融入该民族的语感之中，语感产生于使用某一语言的民族的历时经验与共时应用。中国学生往往觉得英语语义理解困难，这正是因为他们生活在与使用英语国家完全不同的民族文化氛围中。这种不同的社会文化背景所构成的反差，往往成为干扰英语语义理解的重要因素。

社会文化背景的表现形式之一是历史遗留与习惯约定。特定的文化现象常常把某种烙印牢牢地刻在语言中，像成语、俗语、俚语、典故等都承载着深刻的文化价值。

在文化背景中，认知点不同所构成的文化感知差异常常成为干扰听力理解的障碍。如“black tea”表示红茶，而在英语中表示“眼红”一词却用“a green eye”来表示。同样地，在中国的文化里，“龙”是权力、高贵的代表，而在西方文化里，“龙”却被认为是邪恶的。这样看来，对于中国学生而言，只有把自己置于目标语国家的历史和文化的坐标中，以目标语国家的各种习惯约定性为参照，才能较好地理解背景平面中的语境意义。

（三）语境对语言运用的作用

语言运用包括听、说、读、写四个方面。从交际过程来说，听、读是理解语言的过程，属于接收信息；说、写是语言表达的过程，属于发送信息。理解和表达虽属于交际过程的不同阶段，但都受制于语言环境。

狭义的语境对语言的理解和表达影响最大。同样一句话，在这个场合由这个人说出，与在另外一个场合由同一个人说出，表达的意思可能不同；同样一个意思，在这个场合对这个对象说，与同样在这个场合对另外一个对象说，使用的语言也可能不同。一般来说，在口语交际中，有了狭义的语境，再加上谈话时的一些辅助性的非语言手段，如表情、手势、态度、语调等，要达到相互理解并不难。但是把语言写到书面上就不同了，孤立的一句话，如“你怎么回来得这么晚呀”就很难理解，是谁对谁说的？到哪儿去了？是责备、爱护，还是撒娇？这时就要依靠狭义的现实语境来理解。

广义的语境对语言的理解和表达也有较大的影响，比如一个人说话粗声粗气，可能有几种情况：第一，对对方有意见；第二，刚刚生过气，心情还没有平定下来；第三，性格、语言习惯就是这样，等等。到底是哪一种意思，需要根据广义的语言环境去理解。

大致来说，语境对语言的运用有两种作用，一是限制作用，二是补充作用。

1. 限制作用

语境对语言运用的限制作用，首先表现在对词语的理解和选用上。同样一个词语，在不同的语境中，表达的意思可能不同，这时就要依据具体的语境做出准确的理解。语境对词语表达的限制作用突出表现在同义词语的选择上；语境对语言运用的限制作用，表现在对句子的理解和组织上。一般的句子都不难理解，但有些句子，离开一定的语境，理解就会遇到困难。语境对句子的组织也有限制作用。比如同样一个意思，既可以组织成主动句，也可以组织成被动句，组织的标准是什么呢？就是语境——由语境决定组织成哪种句子效果最好。

语境对语言运用的限制作用，还表现在对段乃至整篇的理解和安排上。讲一篇课文，常常要先给学生介绍一下时代背景、作者简况等，就是因为这些语境有助于理解文章或文章中的某些语句。至于段的组织、篇的安排，同表达的目的、场合、对象等，都有直接的关系。

2. 补充作用

语境对语言理解的补充作用，主要表现在对语言的深层含义和言外之意的理解上。一个句子，表达的可能只是很简单的字面上的意义，也可能是语境所赋予的一种深层的含义，还有可能是一种言外之意。字面意义的理解比较容易，只要弄懂每个词的意义以及词与词组合起来的意义就可以了。语言的深层含义和言外之意则不同，必须结合具体的语境，透过字面所表达的意义去深入理解。比如：一个不太熟悉的人到家里来做客，那天天气比较冷，客人有点轻微感冒，主人家则开着窗子，客人说：“今天可真冷啊！”如果只把它看成一句普通的话，认为客人只是想告诉主人天冷这个事实，那就错了，客人实际上是在暗示主人把窗子关上。这种暗示就是语境给这句话补充的信息。大多数情况下，由于语境所起的补充作用，

人们都能理解语言的深层含义和言外之意。语境对语言表达的补充作用主要表现在两个方面：一是充分利用特定语境，当省则省；二是表达语境临时赋予的意义或言外之意。

二、语境的特征

考察和研究语境的特征，有助于揭示语境问题的本质。

（一）语境的关联性和具体性

语境必须与特定的语言活动相关联，必须由与特定的语言活动发生直接或间接的、显现或隐蔽的联系的条件或因素所构成。不与特定的语言活动相联系的社会现象或自然现象不能构成语境。语言是一种社会现象，社会上的一切都可能成为语境，语境包括大至社会环境，小至上下文的一系列因素。但是，这些现象和因素也仅具有成为语境的“可能”，要成为现实的语境必须与特定的话语相关联。

语境必须与特定的语言活动相关联，正是从另一个侧面肯定了语言活动对于语境的依赖性，肯定了任何语言活动总是限定在一定的语境范围之内。构成语境的因素很多，但对于特定的语言活动却不会全都起限制作用，亦不可能是所有的因素都与特定的语言活动发生联系。语境是很广泛的，与特定语言活动发生联系的却往往是有限的。

书面语言作品和口头言语作品的语境不完全相同。语境对于两种不同的言语活动的限制作用和联系方式也不完全相同。书面言语作品是单方言语表达，即使是戏剧脚本上的人物对白，也是作者单方言语的表现形式。因为作品仍是作者单方围绕一个中心思想整体构思，统一进行组织安排的。书面作品中无论句群、段落或全篇，都要求中心鲜明、突出且条理清楚、前后连贯。然而口语表达，特别是人际对话，很难做到话语作品句际关系符合逻辑、条理清晰、衔接紧密。特别是日常生活会话的随意性很强，话题跳跃性很大。跳跃的话题不一定都与交际场合的客观现实有联系，也不一定都与社会时代背景有关联。日常生活的随意性会话，前言后语往往联系不稳定，此前言或后语对于某种话语不一定成为必然联系的语境条件。

书面语言交往方式与口语交往方式中，交际双方的时空位置也很不相同。书面语交往，交际双方分别处在不同的时空环境里，书写者一方在此时此地写，阅读者在彼时彼地看。书写者不可能直接观察与了解对方的心理境况，从而及时调整自己的言语行为。然而口语交往的双方却是处于同一时空环境里，双方可以根据彼此的言语行为不断调整自己说的话，因为口语交际中的信息传播是双向的，不是如书面语单向的传播形式。此外，书面交往中交际双方角色固定，而口语交往的交际双方却随时交换角色，角色位置不固定。书面语的交往，表达者总是表达者，接收者总是接收者；口语交往中一会儿表达者变为接收者，一会儿接收者又变为表达者。

通过两种不同语言活动方式的比较，可以看出不同的语言活动有不同的语境，由此可以断定，世上任何特定的语言活动都没有绝对相同的语境。特定的语言活动必受特定语境的制约。换一个角度说，语境也总是特定的、具体的，它必然是与具体的言语行为联系在一起的。

言语行为是人的具体行为。具体的行为只能发生在现实的环境之中，现实的环境也总是由具体的环境条件构成的。

语境因素对于语言活动的联系总是具体的，还可以从另两个方面来说明这一点。一个方面是，有的语境因素对于社会集团全体成员的语言运用具有共同制约性，有的语境因素却只对社会集团中个体的语言运用起制约作用。前者如宏观的社会政治环境、经济环境、文化背景、社会心理环境等；后者如特定的前言后语、特定的人际关系环境和交际场合、独特的个人心理环境等。由此，可把含有共同因素构成的语境叫作共同语境，把含有个体区别特征构成的语境叫作特殊语境。每个社会成员的语言活动都必然处于这两种语境之中，都必然受这两种语境因素的制约，而其制约功能都要具体反映到语言活动的全过程。另一个方面是，有的语境因素对于个体语言活动的全部（或全过程）产生整体制约作用，而有的语境因素只对个体语言活动的部分起制约作用。前者叫作整体制约语境，后者叫作部分制约语境。一个人的语言活动大体都要与整体制约语境和部分制约语境发生联系，而这种联系也是具体的。语境的关联性是语境对于语言活动产生制约功能的前提。

（二）语境的层次性和整体性

语境的层次性和整体性是语境系统性的反映。

语言是一个系统，语言运用的环境也是一个系统。任何系统都是相互联系、相互制约的若干要素组成的具有特定功能的综合整体。作为综合整体的系统是由不同层次结构组成的。系统都具有一定层次性，系统内部各要素都是按一定的联系方式和作用方式分层次组织而成的，它不是各要素的杂乱堆集。对语境系统，也应该这样认识。语境是由若干不同的要素构成的，语境系统内的要素不是孤立的，它们彼此相互联系、相互作用，从而形成一个有机的语境整体。

1. 语言因素语境

语言因素语境是一种语言运用的客观环境，也是现实语境。语言因素语境是由语言活动过程中影响其语言行为的多种语言现象所构成的语境。有哪些语言因素呢？除了前言后语（上、下文）以外，还应该包括语体和社会特殊习俗用语。

语言运用，实际上就是言语活动。言语活动既是一种活动，必体现为一定的过程。这种过程的结局会产生一种结果。语言学通常把这个言语活动的结果，也就是说出来的话或写出来的文章称为言语作品。人们只要说出一句话，便往往给自己或人际交往造成一种前言语境和语体语境，写文章更不必说，一个标题，便设置下控制全文的“上文”语境和语体语境。

前言后语（上、下文）可以构成特定语言活动的语境。如果按语用方向和语用单位分类，前者可划分为前言语境和后言语境，后者可划分为词、短语、句子、句群或段、节、章的前言后语。古人的所谓炼词、炼句，其实就是为词和句选择一个最适合的上、下文语境。托尔斯泰说：

“语言艺术家的技巧就在于寻找唯一需要的词的唯一需要的位置。”“唯一需要的词”是从“唯一需要的位置”中显示出来的。锤炼词语就是把这“唯一需要的词”安放在“唯一需要的位置”上，力求做到“一字不易”。一个词语要适应前言后语的语境，然而它不仅仅是为了适应，不仅仅是接受前言后语的限制，它也可以改变前后文语境，使前后文语境得以更换品位。

从词语、句子等语言单位所形成的前言后语或上下文语境的制约范围看，还可以分为整体制约语境和部分制约语境。书名和文章的标题是对全书和全篇文章的后向整体制约，著作的“前言”或“序”是对全书的后向整体制约。“后记”是对全书的前向整体制约。文章的论点放在前面是对后文的整体制约，放在后面是对前文的整体制约。“凡是、所有、总而言之、一言以蔽之……”是对后文相关语言单位的整体制约，而“某些、一些、个别、局部……”是对相关语言单位的部分制约。一句之中，主语、话题、句首状语是句子后向的整体制约，状语对中心语、定语对中心语可看作是后向的部分制约。

语体是受制于非语言因素语境而形成的使用语言的特点的综合体系。语言的运用一经接受有关语境因素的制约而形成一个言语特点的体系以后，那么这一套言语特点的综合体又会继续对语言的使用产生约束力，这一点很像上、下文语境。语体是在语言使用中逐步固定下来的，大体相同的语境对语言的使用有大致相同的限制，这种大体相同的语境类别及其对语言运用的限制逐步固定下来，便形成了语体。语体的形成虽然含有语言的环境因素和非语言的环境因素，但究其实质而言，语体是一种语境限制表现的言语变体。因此，语体基本上属于语言因素语境。语体具有相对的固定性、限制性和整体性，这也就是语体语境的特点。影响语体形成的语境因素如交际场合、交际双方情况、交际话题和意图等，对语言的使用如选择什么样的语言材料和组织方式等提出了种种规定，这些规定在长期的语言实践中得到人们普遍认同以后，便相对稳定下来形成一种规范，人们又用这种规范来制约同类语境下的语言运用。

不同的语体语境对语言的运用有不同的适应要求与限制。例如口语语体中的演讲语体，要求语言具有简明性、可听性和生动性。书面语体中的应用语体，要求语言的明确性、简要性、文明性和程式性。而应用语体的下位分体——公文体、司法文书体、外交文书体、新闻体、广播体、书信体、文摘体等，又对相应的语言运用进行种种语境限制。

语体语境对语言运用提出适应要求最多的是文学作品，无论是小说、诗歌、散文，还是剧作，其语体语境对语言材料的选择、组织结构、表现方式提出了很多严格的要求。因此，人们常说文学是语言的艺术。

社会特殊习惯用语也是一种语言因素的语境。每个社会集团、每个民族都有其本民族的文化和民族心理沉积下来的特殊的习惯用语。这些用语一经流传下来，便制约着人们的语言运用，成为语言运用必不可少的语境条件。

社会特殊习惯用语是指称谓用语、礼貌用语、委婉用语、典故用语和熟语。例如汉民族的称谓用语就异常丰富多彩。中国是有五千年文明的礼仪之邦，央央大国的礼仪促使人际交往的活动产生了复杂的人际称谓。称谓，就是人们由于亲属和其他方面的相互关系，以及由身份、职业等而来的名称，汉语称谓系统的复杂性表现为：一是同一称谓在不同时代，所指不同；二是多种称谓，实际为同一对象；三是称谓类别繁多，区别细致；四是感情色彩丰富。就类别而言，粗说就有亲属称谓、社会关系称谓、年龄性别特征称谓和代称。单就亲属称谓而言，就有按血缘关系、姻缘关系和长辈、晚辈、平辈以及男女不同性别等交织形成的庞大系统。就称谓色彩而言，就有褒称、誉称、尊称、敬称、美称、昵称、爱称、雅称、婉称、恭称、贬称、讥称、谀称、戏称、贱称、恶称、诬称、谑称、憎称、卑称、狎称、泛称、通称、兼称等。人际交往，称谓为先导，交谈时脱口而出，撰文时信手拈来。如果不接受约定俗成的这一套称谓系统的制约，就有可能导致交往的失败。

因禁忌而产生的委婉语叫禁忌委婉用语。我国的禁忌委婉用语植根于古老的民俗文化的土壤之中，表现了中国人民用语的智慧。从禁忌的内容粗分，有信仰禁忌、生产禁忌和生活禁忌；细分就有所谓岁时禁忌、信仰禁忌、婚姻禁忌、丧葬禁忌、生育禁忌、两性禁忌、饮食禁忌、行业禁忌、生产禁忌、服饰禁忌、名字禁忌、数字禁忌等。多数禁忌习俗都有相应的委婉语表述。

社会禁忌委婉用语也是社会语言的一种变态语言。这种变态语言对人们的语言活动也有很强的制约力，是语言因素语境中的一个重要方面。

礼貌用语包括的范围很广，也可以包括例如上表述的部分称谓用语、部分禁忌委婉用语，还包括招呼语、寒暄语、祝福语、迎宾语、赞美语、慰问语、致谢语、自谦语等。礼貌用语是人们交际活动中不可少的部分。善于恰当地使用礼貌语言，可以显示一个人的文明修养水平。礼貌用语具有很强的社会性，而且形成了一个用语系统，对社会集团的每个成员的语言交往活动也具有很强的控制力。因此，它应该是语言因素语境的一个方面。

熟语，包括成语、惯用语和歇后语。熟语是人们常用的定型化了的固定短语。由于它们结构的定型化和语义的整体性，所以熟语是一个语汇系统。人们在语言活动过程中须严格遵守其熟语运用的规律。所以，笔者认为熟语也应该看作语言因素语境的一个方面。此外，典故用语和吉祥用语也都是构成语言因素语境的不同侧面。

2. 非语言因素语境

非语言因素语境系统是由与语言活动有关联的种种非语言因素构成的语境系统。该系统下位划分三个小的子系统，即交际双方境况、社会文化环境、时空环境。在非语言因素语境系统里，对语言活动影响最直接的是交际双方境况，因为语言活动是在人际交往之间进行的。人是语言的使用者或操纵者，人使用语言进行交际和交流。语言是人们交际的重要手段，人使用语言这个工具进行交际活动，就是语言活动。语言活动既是人的一种具体行为，又是社会的一种社会现象。因此，影响语言活动的因素常涉及社会的文化环境和具有一定社会属性的时空环境。然而，重要的社会文化环境因素和具有一定社会属性的时空因素不可能直接影响语言活动。语言活动不是一个脱离开人的独立活动，它不能脱离开人的操纵直接与社会现实环境发生联系，而社会现实环境当然也不可能与语言活动直接发生联系。社会现实环境种种条件总是通过对人的影响去进一步影响语言活动。生活在现实社会中的人，

无不受到客观环境的影响。首先是人的思想意识和情感受到影响，接着便自然地由人的思想意识和情感过滤后又折射到语言行为上来。语言行为就是这样接受非语言因素语境各子系统语境条件制约的。

（三）语境的稳定性和变化性

语境的稳定性和变化性是相对的。从根本上讲，语境是个动态的范畴，因此变化性是经常的、主要的。就语言使用者而言，其性别、民族、性格、人生观等是稳定性因素，而说话时的心境和情绪、动机和目的等则是变化性因素。至于交际对象，对于交际者来说，更是一个变化性因素。交际双方的心理环境和语言因素环境都处于不断变化之中。社会文化环境稳定性大，宏观时空环境稳定性也大。时间和空间相比较，空间环境稳定性较大，时间环境像流水一样不断地发生变化。

"言语流"就是语言中的音和词在时间轴上按单一方向、一定顺序线性连续运动的一种现象。人体在不断运动，所以也常常带来空间位置的变化。

（四）语境的客观性和主观性

语境具有客观性和主观性，就其根本而言，语境是客观的。相对来说，说话主体的心理环境是一个主观世界，说话人对语言的使用是一种主观的控制，但自然时空环境和社会文化环境是以客观的形式独立存在着的。人们说出的话，就立刻构成一种客观的语言因素环境。交际的对象是一种客观环境。严格地说，对于言语活动，说话者身上的多种特征，其实就是一种客观存在，诸如性别、民族、身份、性格、志趣、情操、价值观、道德观等生理的和心理的因素等，都是以客观存在的形式影响着语言的使用，就连说话时的心理状态也应看作一种客观存在。

（五）语境的显现性和隐蔽性

如前面所述语境的显现因素和隐蔽因素，显现性是指对语言活动有影响的、可以具体把握的种种语境因素。如前言后语语境、交际的对象、交际的场合等。隐蔽性是指对语言活动有影响的而又不易具体把握的、隐含的种种语境因素。如交际双方的心理世界、交际双方的信息背景、社会文化环境等。

（六）语境的宏观性和微观性

语境的宏观性和微观性是语境系统层次性的一种反映。前言后语有宏观、微观之分，人际关系有宏观、微观之分，心理世界有宏观、微观之分，社会文化环境和时空环境更有宏观、微观之分。人的语言活动总是具体地存在于这两种语境之中。

（七）语境的社会性和自然性

语言本身是一种社会现象。而构成语言活动的语言因素中，有的具有社会属性，如社会文化环境、人际关系环境、信息背景、交际双方的心理世界、由语言活动造成的前言后语等；有的具有自然属性，如自然时空环境。语境就是这两种属性语境的综合系统。

（八）语境的直接性和间接性

语境中的有些因素跟语言运用联系最紧密、作用最为直接，如语言表达者，自身的各种因素，特别是说话的意图和心理状况；其次是说话的对象、交际的场合。间接的语境因素往往是宏观的社会文化环境和宏观的时空环境。

通过以上对语境的特征的研究可以这样来解释语境：语境是指交际过程中各种表现为语言的和非语言的因素，以直接或间接、显现或隐蔽等多样方式影响语言活动的言语环境。

第二节　语境与语言人文教学

一、英语教育过程中存在的语境文化问题

（一）未能转变文化学习目标

伴随着全球经济一体化的迅猛发展，无论是媒体报告，还是学术交流以及商务洽谈都变得越来越国际化，也就使得英语成为国际上的通用语，且被赋予全新的交际特点。与此同时，不同文化语境的使用者也成为英语的使用主体，并且改变了传统英语所具备的单一性、主体性等特点，产生了多种文化、多种语言相互交叉融合的全新现象。而如若语言学习缺乏文化底蕴，偏离实际生活，那么语言学习也会变得越发的枯燥乏味。所以在英语人文教育中，传统的侧重于语言知识的教育模式必须加以改变，也就是说必须转变自身的教育方向与学习目标，探索全新的路径，将语言知识逐渐转变成为文化知识。

（二）学生缺乏跨文化语用能力

无论是听力能力，还是写作、翻译的运用能力都是现如今绝大多数学生的软肋。造成这一问题的关键在于听力材料与阅读材料提供的语境，仅能从语言的表达层面进行阐述，而根本没有反映出语篇的真实含义，也就无法培养语言的应用能力，以至于在涉外交际中，因为跨文化运用能力的缺失，常常会出现语用失误问题。何自然认为：“语用失误不是一般遣词造句中出现的语言运用错误，而是说话不适时宜的失误，或者说话方式不妥、表达不合习惯等导致交际不能取得预期效果的失误。”

（三）中国文化出现了严重的失语现象

深刻了解文化，有利于学生的跨文化语言交际，这也充分体现出语言学习离不开文化。然而，现如今绝大多数的学生对中国传统文化缺乏足够的认识，并且对东西方文化差异认识不足，也就造成了学生在英语口语的交际中过于被动，甚至到了无话可说的地步。同时，因为缺乏对本土文化的深入理解，也不利于学生批判性思维的培养，极易造成学生过于单一的思维模式。

二、在英语教育中文化语境差异带来的启示

（一）英语教师提出了提升人文素养的要求

英语人文教育是由外在教师因素与内在学生自主因素共同组合而成的。而教师对英语教学的基本认识与看法、和英语文化接触的程度、对授课班级学习潜力的期待恰恰会影响到英语文化教学的开展。尤其是教师对西方文化的认识，会对文化教学能力产生直接的影响。所以，要想做好人文教育工作，教师就必须努力提高自身的文化素养，并且选择适合英语文化教学的语用互动模式，鉴于文化动态发展的特性开展教学。为此可以通过引入例子分析东西方文化的差异性。可以让学生从第三视角入手对东西方文化进行对比，并且还要基于西方大众文化背景对那些与人们工作接近的小众文化进行探究。这是因为小众文化之中所具备的英语表达形式几乎已经涵盖了西方国家日常生活的方方面面。而让学生自己去总结文化差异，不仅能够增进学生对西方文化的理解，更能够提高学生的思维判断能力和自主学习能力。

（二）提升跨文化交际能力

要想提升跨文化交际能力，就必须要熟悉英语文化背景及其特点，了解西方的基本文化思维，正确地认识到中西方文化差异。如：西方国家推崇个人主义，并且以柏拉图等圣贤精神为旨；而我国则推崇儒家思想，并以儒家理念作为指导，以期使国家达到稳定和谐的良好状态。这些都使中西方文化存在巨大差异。所以在英语文化教育过程中，必须正确地认识西方思维定式，理解并且尊重西方的个性主义，对不同文化语境差异下的交谈增强理解。因此，在实际翻译的过程中，首先要了解中西方文化教育上的差异性，对于西方先强调个人，后强调整体的思维方式加以重视，可采取逆译技巧。如“Most of the protesters were student radicals”，radicals 修饰 student，并构成了名词短语，突出“抗议者和学生”。在翻译过程中应该将词句翻译为“在抗议者中绝大多数都是激进的学生”，而不是翻译成“绝大多数的抗议者都是学生中的激进分子”。西方人相较于东方人更加具有实践探索精神，更加注重实际的操作。所以在低语境表达中动词往往作为主体。因此，在动词的口语化表达时，应该多考虑到其在具体文化语境中的实际情况，对西方的思维习惯进行了解。此外，在英语学习过程中还要多掌握英语委婉语的文化语境及其思维模式。这也是因为西方的文化强调自我意识，突出自我需求，很少会有牺牲自我、委曲求全、违背自我意愿的事情发生。所以在委婉表达过程中，西方人对规则具有较强的依赖性，更加强调于个人的原则，这也是西方人的一种自我保护。而这也是英语交流过程中学习者最难掌握的一点，是需要进行深入学习与思考的地方。如 more than 在“That’s really more than I can tell you”中的使用，表达的含义要比“I can’t tell you”委婉得多。

（三）强化母语知识，使跨文化分析更加具有客观性

学习者的母语会对目标语口语学习产生巨大的影响，主要体现在加速或者是延缓习得

过程之上。所以说，文化底蕴与语言学习之间呈现的是相互依托的局势。因此，英语的学习是离不开汉语主体文化的，只有对本土文化拥有深刻的感知，才能够在西方文化的学习过程中及时地发现问题、解决问题。为此，文化语境差异也成为跨文化交际中最为直接的体现，为了能够进一步提高学生的跨文化语用能力，英语人文教育的开展过程就必须结合文化动态的实际变化，转变文化学习目标，使用恰当的语言学习互动模式，分析与探讨交际策略，总结英语表达逻辑与思维差异。在相对客观的母语文化氛围下，对学生的自主能力加以培养，提升学生的英语文化辨别能力，使其能够更好地理解文化差异，从而通过语言促进中西方文化的良好交流。

三、文化语境的具体作用——以翻译为例

整个翻译活动实际上表现为一种社会信息的传递，表现为传播者、传播渠道、接受者之间的一系列互动关系。与普通传播过程不同的是，翻译是在两种文化之间进行的。操纵者所选择的符号不再是原来的符号系统，而是产生了文化换码，但其原理却是与普通传播相同的。

从翻译的运作程序上看，实际包括了理解、转换、表达三个环节。理解是分析原码，准确地掌握原码所表达的信息；转换是运用多种方法，如口译或笔译的形式、各类符号系统的选择与组合、引申或浓缩等翻译技巧的运用等，将原码所表达的信息转换成译码中的等值信息；表达是用一种新的语言系统进行准确的表达。

“没有一种语言不是根植于具体的文化之中的，也没有一种文化不是以某种自然语言的结构为中心的。”正因为语境具有制约及解释功能，人们在翻译过程中必须具备相当的文化知识及文化背景，诸如社会习俗、宗教信仰、审美取向、思维方式等，才能选择恰当的语言进行翻译，最大限度地忠实于原文。语境制约翻译，翻译依赖于语境。

例如：

It’s freezing cold here.

我们可以张口即出“这里冷得要死”。然而，缺少了语境，就无法确定词义及句义。可能有下述几种含义：第一，作为直接话语，仅仅提供信息，向在场的听者说明“那里太冷”，即上述译文所表达的意思；第二，作为间接言语行动，表示请求，希望听者打开暖气（译文接近说话人的意思）；第三，作为反语，抱怨说话的地方太热（译文未能表达说话人的本意）。

例如：

The most powerful traveling telephones are the ones used on ships. Here is no problem of weight, there is like on airplane.

译 1：功率最大的旅行电话是在船上使用的，这里没有重量的问题，像在飞机上那样。

译 2：船舶上使用的是功率最大的旅行电话，因为这里不像在飞机上那样存在着重量问题。

在该句的翻译中，译文 1 合乎语法，但违背事理，原因是没有从逻辑上、从客观道理上来

验证自己的理解，船舶虽对重量的要求不像飞机那样严格，但译文的结论却是飞机和船一样不存在重量问题。因此在翻译本句时，应把否定语气从主句转移到从句中才符合事理，译文2的翻译才是恰当的。

例如：

They have, by this very act, opened a Pandora's box.

译：正是通过他们的这种做法，打开了希腊神话中潘多拉的盒子，造成了混乱和不幸。

潘多拉，是希腊神话中主神宙斯用黏土做成的从天宫下凡的第一个女人。潘多拉之盒，即灾难之盒，在希腊神话中这个“box”里面装有疾病、灾难等。现代人更多地用潘多拉的盒子来代表所有的难题。若直译 Pandora's box 为潘多拉的盒子，而不增补，会使读者难以理解其真正喻义。

例如：

The Wooden Horse of Troy.

译：特洛伊木马。

在希腊神话中，希腊人攻打特洛伊城九年攻不下。到了第十年，希腊英雄奥德修斯想了一条计策。他命人做了一只特制大木马，里面藏有数十名勇士。希腊人把木马扔在特洛伊城门外，佯装撤退，并称木马用来祭奉神灵，保佑他们平安返回希腊。特洛伊人信以为真，把木马当成战利品拖入城内，到了夜里，木马内的勇士出来杀死放哨的士兵，打开城门，与埋伏在外的希腊军队里应外合，终于攻进城内，并放火将其烧毁。后来，人们用它来指“潜伏在内部的敌人”，或指一种“潜伏到敌方内部进行破坏和颠覆活动”的计策——“木马计”。

例如：

床前明月光，
疑是地上霜。
举头望明月，
低头思故乡。

唐代诗人辈出，“诗仙”李白可谓唐代诗人中的佼佼者，其诗歌是唐诗的一座丰碑，代表了唐诗的最高水平。如李白的《静夜思》，脍炙人口，妇孺皆知。它不知勾起了多少异乡游子的思乡愁肠，正因其高超的写作手法，真挚感人的艺术魅力，此诗深受国人推崇，颇受翻译家青睐，译成英语的译文就达20多种。

译1：Before my bed,
There is bright moonlight,
So that it seems
Like frost on the ground.
Lift my head,
I watch the bright moon,
Lowering my head,

I dream that I'm home.

这是英籍匈牙利作家阿瑟・库拍翻译的《静夜思》，译文基本上做到了对原诗内容的忠实，或者说达到了"意美"的传递，但却未能做到形式上和音韵上的和谐统一，即形美和音美。他把原诗四句拆成八句，而且原诗固有的由平仄和尾韵构成的很强的音乐感荡然无存了。

译 2：A bed. I see a silvery light.

I wonder if it's frost aground.

Looking up, I find the moon bright.

Bowing, in homesickness I'm drowned.

这是我国翻译家许渊冲翻译的《静夜思》。与阿瑟・库拍翻译的《静夜思》相比，许渊冲的译文更好地传达了原诗的形美和音美。

语境是理解与表达的重要依据。在翻译过程中，译文表达上必须密切联系语境，以达到"准确、达意、传神"的目的。英语教师在平时的英语翻译教学中要注意强化学生的语境意识，选择适宜的教学文章，通过讨论、提问等方式对文章上、下文进行正确的推测判断，通过比较不同的译文来增强学生的语境意识；鼓励学生博览群书，多渠道增加自己的百科知识并尽量了解西方国家的历史、文化的背景知识，以缩小文化差异，并扩大共有知识。

西方人重形式分析和逻辑推理，注重由一到多的思维传统，因此英语语言具有高度的形式化和严密的逻辑性。如果完全按照源语的句法结构，译成汉语之后，译文晦涩难懂。这篇译文不注重空间构架的完整，而采用线形的流动转折，追求流动的韵律节奏，不滞于形，以意统形，自上而下是一个形散意合的系统。这种手法巧妙地表达出英文的动静反衬感觉，充分体现了原文的源言风格。"The first snow came"译成"初雪飘落雪"，一种轻柔的动感穿透而出，令人感受至深。第二句"How beautiful it was, falling so silently all night long, all night long, on the mountains, on the graves, of the dead"特意分成两句来译，变换结构，却毫不失去内容和语言风格。其重复特征达到意境创造的效果，体现了原文的哲理性，因为"生者"与"逝者"使人想到"生生灭灭"的人类繁衍与消逝，与时空的无限形成对照。"世人"有芸芸众生、世俗之人的心理感受。大雪日夜不停地纷纷飘落，难以停息，自然万物，不择生死，由物及人，给人以人生苦短而时空无限的哲理思考。随后的译文"在一片洁白之中"追求一个纯净的世界，一个超尘脱俗的境界。结尾巧用拟声词，奏出和谐的乐声产生了较强的音响听觉效果，与上文所传达的宁谧与幽静的感觉效果形成对照，给读者带来心理上的反应，追求精神上的崇高境界，显示了大自然与人类世界的盎然生机。

这是《尤利西斯》中的一段经典。原文使用冒号和各种短句，将一系列动作和思维连在一起。这段文字是对人物内心的描写，从其结构看来其连贯性并不容易在形式上体现，但是追究起语篇意义来，句子之间实际上是有密切关联的。文本的译者没有盲目地为追求形式连贯而改变文章的结构。译者深知如果按照自己的理解把人物内心世界一一剖析开来似有英语文化失真之嫌。因此，译文选择对这种特殊形式的保留，如"也买腰子吗？她的手都皱了""这是青春的血液""可不许跟在后面"等，其实这更能使中国读者了解异国风情、欣赏源语文化。

综上可见，语境在语言中起着非常重要的作用。同一个词语在不同语境下具有不同的意义。如果不了解词的语境，就很容易造成误解甚至引起误会。因此，语境对语言学习者、使用者、研究者来说，非常重要。

第三节　语境视角下翻译教学探索

一、语境对翻译教学的重要影响

在日常生活和工作中，人们在运用自己的母语进行交际时，都不能脱离具体的语言环境，更何况作为外语而加以研习的英语教学。为了培养学生对英语的听、说、读、写、译等能力，自然就更不能脱离具体的语言环境。

在英语教学过程中，一旦脱离特定的语境，学生的言语行为和语言规范之间就会产生矛盾，其语言能力的迁移就无法形成。在传统的英语教学中，教师往往过分注重语言本身的分析，而忽视语境以及语言功能的实现，最终导致学生对语言运用能力的欠缺。先请看一句汉语："我叫他去。"对于这句话，几乎 100% 的学生理解为："去"为动词，我叫他"去"（而不是叫他到这儿"来"）。因此英语译文应为"I Want him to go."。但是，根据不同的语境，也可以把"去"理解为语助词，口头表达时要弱读，意即"我去叫他"。此时，译文应为"I will go to get him."。再请看一句英语："He loves her more than you."针对该句话，也要考虑交际行为所发生的语境。如果对话中的 you 为男性，那么此时的 you 便看作主格，其后省略了 do（即 over her），因此，译文应为"他比你更爱她"。然而，假如对话中的 you 是女性，此时的 you 则须看作宾格，前面省去了 he loves，这时，译文应适当地调整为"他爱她胜过爱你"。由此看来，不同的语境，其语义自然有所不同，而这些不同一定要在译文里体现出来，否则，就难以实现翻译的目的。为了确保学生正确地理解原文，并且恰如其分地提供译文，应该将英语教学和英语的特定语境有机地结合起来。

就翻译教学来讲，教师的职责就是要提供、设计鲜活的语境，激励学生的创造性思维，在翻译实践中感悟、分析、重组源语言信息，将原文风格及其所包含的意义真实地再现出来。彼得·纽马克指出："语境在所有翻译中都是最重要的因素，其重要性大于任何法规、任何理论、任何基本词义。"（NeWmark 1982：113）。由于语境在很大程度上制约和影响语义，因此，在翻译过程中，如果对源语的语境缺乏了解，那么就会导致理解失误，从而不可避免地造成译文走样。由此可见，语境在翻译教学中有着举足轻重的地位。英语教师应该给予高度关注，并适时地对学生给予强调，逐步培养学生的语境意识，在翻译实践中绝不可以流于表面上的理解，而要对原文所处的语境进行深入分析，进而确保理解正确，最终选择恰当的词语将原文所包含的意义如实再现，使译文读者能够像原文读者一样，理解和欣赏原文。

二、语境视角下的翻译实例剖析

任何交际活动都是在特定的语境下进行的，孤立的话语无法让交际双方相互理解，因此，语境对语言的语义和语言风格都起着制约作用。因此，为了说明准确理解语境对翻译所起的重要作用，同时也为了让学生正确理解原文并准确地将其翻译成汉语，英语教师要在实际教学过程中，适时地给他们创设各种各样的语境，并且提供一定数量的实例进行详细讲解，让他们观察各种语境，把语言教学跟特定的语境联系起来，帮助他们想象并领悟各种语境，深刻透彻理解不同语境下的语义，从而进行完整而又正确的表达。在教学实践中加以强调，让学生清醒地认识语境与语义及其翻译之间的关系，实现语境与翻译教学的有机结合，并进行大量的训练，然后通过仔细推敲、悉心衡量；也进而深刻领会，最终译出恰当的译文。德莱顿在其著名的文章《论翻译》中曾提出：“举例比谈规则更有说服力。”

（一）语境直接影响译文的措辞风格

理解是表达的基础。不同的语境，交际双方所使用的语言风格会随之发生改变。这就要求在教学过程中，教师应培养学生对语境变化的敏感度，使之心领神会，并随各种变化而调整译文措辞。

例：What shall we do if anything happens to him?

对于该句的理解和表达，教师应提醒学生，一定要考虑交际双方所处的语境，特别要根据其不同身份进行措辞。如果交际双方为普通百姓，那么可以较为通俗而且口语化地译为：“要是他出了什么事，我们该咋办？”如果交际双方略有文化，译文措辞就要稍作改进，适当调整为：“万一他有个什么三长两短，我们怎么办？”但是，如果言语表达比较讲究，或者是处于正式场合，那么译文措辞就要进一步调整为：“万一他遭遇不测，我们该怎么办？”

（二）语境直接制约着语义

不同的语境，语言交际所传达的信息自然会有所改变。这就要求译者必须领会原文，并随语境的变化调整译文。

1. 语调重音的不同直接影响语义

例如：

They are entertaining women.

如果教师不提供语境，那么学生对本句的意思就很难确定。如果教师给出一个特定的语境，说明该句话用以回答“What are they doing?”那么，学生就较容易理解句中的entertaining应为entertain的现在分词，意为“招待”，译文就应该是：“他们正在招待妇女。”如果提供另一种语境，表明该句话用来回答“What are the women?”，那么此时的entertaining则为动名词，用来修饰women。译文应随之改为“她们是招待女郎”。不过，在很多情况下，教师并不能总跟学生在一起，因此，学生要学会通过自己不断的探究和摸索辨别不同语境。

2. 交际双方的身份和亲疏关系直接影响语义的变化

例如：

—He does not like you.

—So what?

如果教师让学生自己翻译“So what?”，80%以上的学生不能提供合适的译文，主要原因是在很多教科书中学生很少见到，因而不能正确理解。这就需要教师进行详细解释。可以根据本组对话语境理解为：“那又怎么样?”当然，如果换作其他语境，那么就要根据对话双方的身份或亲疏关系等，相应地翻译为“那又有什么了不起?”“那又有什么法子呢?”或者“你无聊不无聊?”等。

3. 交际双方所处的时间、地点直接影响语义的变化

例如：

Mrs. Brown can't bear children, so she never talks about them.

在进行翻译时，学生应该铭记：语境决定语义。针对本句话的分析和理解，可以从不同角度展开。如果布朗太太因不能生育而感到遗憾伤心，从而不愿谈及该话题，那么本句话就应翻译为：“因为布朗太太不能生育，所以她从不谈论孩子。”但是，假如是布朗太太有几个孩子，只是由于这些孩子调皮、捣蛋，或者给家庭声誉抹黑，使得她无法忍受而不愿意谈及他们，那么该句的译文应为：“布朗太太不能忍受这些孩子，所以从不谈论他们。”

4. 语境的改变使得短语产生歧义，改变语义

例如：

She brought you up, didn't she?

首先要让学生明白的是，由于语境的变化，句中短语“bring up”会有不同的含义。如果指在他人引导下，来到了一个难以寻找或一般人员不得入内的地方，该短语意为“引领、带……上来”等，那么正确的译文应该是：“她带你上来的，不是吗?”如果是在亲人相认、家庭教育或其他类似场合，其意则为“抚养、养育”等，那么正确的译文应该是：“是她把你养大的，不是吗?”

由此可以看出，语境对理解起着制约作用，并最终左右着译文的正确与否。对此，教师应在翻译教学过程中给予充分强调，让学生心领神会，注意观察。如果是单句翻译练习，则要发挥想象，创设不同语境，确定其不同语义，从而给出恰当的译文。

朝鲜战争时期，任新华社英文编译工作的陈封雄翻译一篇抨击美帝国主义蛮横的侵略行径文章时，其中有一句话：美帝国主义者的侵略意图是司马昭之心，路人皆知。

当时关于翻译有规定：“翻译时不得做任何有违原意的更动，遇到困难也必须硬译或直译，不可意译，然后再由外国专家修改润色，使之能被外国读者接受。”虽短短一句话，如不小心，翻译过程中遇到陷阱的机会就可能大增。把翻译和修改这句的过程重现一遍，可看到何处有陷阱，问题出在什么地方，是怎么出现的。对译者来说，源语是母语，这句话的意思清楚明了。问题出在“司马昭之心，路人皆知”，因为对文化信息丰富的句子如

果机械僵硬地照搬原文，就会让其成为阻碍创造性思维的羁绊。然而，译者明知外国读者不可能知道司马昭的出典，踌躇良久后，硬着头皮把这句直接译了出来。送交英国专家改稿时，他自然不懂这句，于是直问译者："谁是司马昭？路人皆知，我怎么不知？你估计别国人能知吗？这种句子发出去是无效句，也可能有反效果。"这篇译文的问题其实不止于此。原句中的"路人"指的是一般人，所有的人。译者把它译成"pedestrian"，不就是"行路的人"了吗？不管译者的主观意愿如何，实际上这恰是有违原意的变动，因原句中的"路人"绝非"在路上行走的人"。读者不知司马昭何许人也，译文可能无效，英国专家为何称有反效果的可能呢？问题大抵出在司马昭之"心"了。把他的心译成"heart"是个错误，这其实又是一例"有违原意的变动"。此处的"心"当然是做"意图"解了，如"害人之心不可有"里的"心"。就算要硬译，用同样与"心"有关系的"mind"一词也好得多。"heart"的基本意义是指情感方面的。原文不是在谴责帝国主义者的侵略意图吗？如此严重的信息扭曲，便是所谓的反效果。不可简单地归咎于直译，因为直译不等于不假思索地翻译。回到译文用到司马昭的出典上来。改稿的英国专家不解其意，经解释后，意思是明白了，但修改起来，仍费踌躇，思来想去末了找到"notorious"这个词。虽算不上独辟蹊径的佳译，但由于使用了变通手法，基本意思传达到了。原译者并不满意，认为"和原文的意思就不大一样了"，把中国古代的人物司马昭不经处理地直接音译（本是一种直译，但在这儿是硬译），犯了翻译的大忌。司马昭在文中是修辞的引喻，间接指历史上或其他文学作品里的人或事或物，其所指作者无须解释，读者自然心领，这里显然是硬译。这里的引喻包含了一个浓缩了的文化信息。

如果引喻对象属于"文化特有项"，外国读者自然不知所云。译者必须加以处理。如果认为出典十分重要，不可取而代之，那只能加注解释一番。但在此似乎并无必要，在这里的语境里，帝国主义者的侵略野心和中国古代蓄意篡权的阴谋家没有直接的联系。这里只是借用，指包藏的祸心已很明显。加注解释，反而分散读者的注意力，削弱译文的效果。原译者没有提供用了"notorious"一词译文全句是什么样，但相信由于去掉了"Sima Zhao"，他的"heart"也不能独立存在了。用了"notorious"，就不必提或改"pedestrian"。由于选了这个词，避免了两处选词错误。但令原译者不甚满意的大概是它的意思太直、太白。虽然司马昭的野心天下皆知，但他本人还以为别人不知道，故还要秘而不宣。但对司马昭而言，他自己的目的，还是要保密。是"secret"。孤立看一个句子，语境的信息自然十分有限。如有可能，对于一句话的翻译处理，也应与整个文章通盘结合在一起考虑。除了风格和语气的不同外，以上两种译法在"信"的程度上也有差别，但似乎可以说没有做"有违原意的变动"。那英国专家用的"notorious"，其意是"臭名昭著"。原句里有"臭名"的含义吗？那首先要看，司马昭在中国历史上有无臭名。大概是有，故取"臭名"一层意思，似无可厚非。"notorious"一词缺少的是原文里的欺骗动机。在翻译过程中，在以操纵为手段进行重编时，仍离不开对作者初时编码方式的考虑和比较。唯有如此，才能较为完整无缺地翻译。

语境在翻译中对理解和表达起着至关重要的作用。理解原文必须依靠特定语境，要反

复推敲，字斟句酌，充分再现原文的语境内涵，从而使译文读者切实领会原文所要表达的意义。为此，在翻译教学过程中，教师要培养学生对语境的敏感性，让他们养成探究的习惯，重视语境的创设，善于识别不同语境带来的不同内涵。只有在一定语境中产生的语言才更为生动，更为真实。恰当的语境有利于培养学生的学习兴趣，有利于学生对语言内容的理解和把握，有利于培养学生的语言创造力。通过对不同特定语境的模拟，可以让学生产生较为真实的感受，并且可以激发他们的表达欲望。如此，学生对语言的理解能力和翻译表达能力才能得以提升。

参考文献

[1] 杨桦．网络智能化对高校英语翻译教学中交互模式的应用与影响［J］．电脑与信息技术，2022，30（6）：68-70，113.

[2] 张海峰．基于课程思政视角的高校英语翻译教学改革策略探析［J］．才智,2022（36）：73-76.

[3] 常锟,尤晓刚．地方高校商务英语专业翻译教学创新研究［J］．湖北开放职业学院学报，2022，35（21）：9-10，13.

[4] 符曼．跨文化角度下的翻译教学优化策略［J］．英语广场：学术研究，2022（32）：68-71.

[5] 钟翀．情景认知理论与高校英语翻译教学融合途径分析［J］．海外英语，2022（21）：107-108.

[6] 薛俊杰．基于功能翻译理论探讨高校英语翻译教学创新策略［J］．英语广场：学术研究，2022（31）：91-94.

[7] 陈振媛．高校英语课堂翻译教学内容设计原理与实践［J］．食品研究与开发，2022，43（21）：239-240.

[8] 陆莲枝．高校英语翻译教学如何培养学生文化语用能力［J］．海外英语，2022（20）：109-110.

[9] 彭阳华．当代高校英语翻译理论与实践的多角度探究——评《新时期英语翻译理论与实践的多维度研究》［J］．外语电化教学，2022（04）：106.

[10] 陈华杰,卓玛．当代高校大学生英语翻译教育教学实践［J］．校园英语,2021（51）:3-4.

[11] 高敏娟．线上线下混合式大学英语“金课”教学模式分析——评《当代高校英语教学与混合式学习模式探究》［J］．热带作物学报，2021，42（09）：2750.

[12] 曾宇钧．高校英语教学中学生翻译能力培养问题对策探讨——评《新编当代翻译理论》［J］．中国教育学刊，2021（08）：151.

[13] 刘文勤．浅谈当代高校学生商务英语翻译能力的培养［J］．校园英语，2021（31）：19-20.

[14] 宋利华．当代高校大学生英语翻译教育教学实践［J］．食品研究与开发，2021，42（04）：236-237.

[15] 陈灵．浅谈当代高校学生商务英语翻译能力的培养［J］．佳木斯职业学院学报，2017（04）：269-271.

[16] 胥娟．汉英口译中的中式英语处理策略研究［D］．长沙：湖南师范大学，2015.

［17］王岩．翻译工作坊在大学英语专业翻译教学中的应用［D］．呼和浩特：内蒙古师范大学，2013.

［18］薄振杰．中国高校英语专业翻译教学研究［D］．济南：山东大学，2010.

［19］孙利苹．非文学文体翻译及高校英语专业翻译教学的转向［D］．济南：山东师范大学，2010.

［20］曹传锋．乌鲁木齐高校英语专业学生英语学习中翻译使用观念及翻译使用策略研究［D］．乌鲁木齐：新疆师范大学，2008.